living
French

T W
Knight

Revisions by
Muriel Marty

Hodder & Stoughton

A MEMBER OF THE HODDER HEADLINE GROUP

British Library Cataloguing in Publication Data

A catalogue for this title is available from the British Library

ISBN 0 340 59669 4

First edition published 1952
Fifth edition published 1994
Impression number 10   9   8   7   6   5
Year   1998   1997

Typeset by Transet Typesetters, Coventry, England.
Printed in Great Britain for Hodder & Stoughton Educational, a division of
Hodder Headline Plc, 338 Euston Road, London NW1 3BH
by Cox & Wyman Ltd, Reading, Berks.

Contents

CONTENTS

Abbreviations

m. = masculine
f. = feminine
adj. = adjective
adv. = adverb
pres. = present
pron. = pronoun

subj. = subject
ind. = indicative
sing. = singular
pl. = plural
conj. = conjunction

Preface to the fifth edition

Living French, first published in 1952, has become a highly respected and well established coursebook. It has remained popular during a period when language teaching methods have changed constantly and this ia a tremendous testimony to the thoroughness and effectiveness of T W Knight's original course.

This book continues to be useful for learners seeking an organised course which pays careful attention to the systematic building of grammar and vocabulary.

Teachers who are looking for additional exercises to supplement other courses will also find this book of great value.

In this edition, Muriel Marty has retained the careful structured approach of the original and has modified the content where appropriate to bring the material fully up to date.

The course comprises a full introduction to modern French, containing sections on all the grammatical and structural essentials of the spoken language.

John Langran
Series Consultant

Accents, elision, punctuation

ACCENTS

1 The circumflex

This accent is used (*a*) to show the lengthening of the vowel owing to the dropping of **s**: **fenêtre** (Latin: fenestra); (*b*) to show some other contraction: **sûr** (Latin: securus); (*c*) to distinguish two words spelt alike: **cru** (*believed*), and **crû** (*grown*).

2 The acute accent

This indicates a closed, sharp e, and occurs when the next syllable is sounded.

    ému

and always on a final e, if accented.

    donné, fatigué

3 The grave accent

This indicates an open e, and occurs before a silent or mute e or -ent.

    le père, ils donnèrent

This is also always used on a and u to show differences in meaning.

    a – *has* **à** – *to*

    ou – *or* **où** – *where*

Note also the grave accent on:

    très – *very*, **près** – *near*, **après** – *after*.

(Initial capital letters do not, as a rule, take the accent, except E.)

4 The cedilla

This is used to make the letter c soft (like an s) before the letters a, o, u.

le garçon

Note that c is naturally soft before i or e.

ici, ce

5 The tréma

This is used over the second of two vowels, when this is not to be merged with the preceding vowel in a diphthong, but is to be pronounced separately.

haïr – *to hate* (a and i pronounced separately – not as in **j'ai** – *I have*).

ELISION

In French the final vowel of the following words is elided and replaced by an apostrophe when it comes before another word beginning with a vowel (a, e, i, o, u and y) or h mute.

1 -e in **je, me, te, se, le, ce, de, ne, que** always; and in **lorsque, puisque, quoique** before **il, elle, on, un, une** only; and in **quelque** before **un, une** only.

2 -a in **la.**

3 -i is elided only before another i, hence only in **si** before **il, ils.**

-e	**j'ai, l'enfant, l'homme**
	lorsqu'il
	quelqu'un
-a	**l'amie**
-i	**s'il**

The letter h

The letter h is generally mute or silent in French, but in certain cases it is aspirate or breathed and this is indicated by absence of elision.

la haie (*the hedge*)

PUNCTUATION

.	le point	« »	les guillemets
,	la virgule	( )	les parenthèses
:	le deux points	–	le tiret
:	le point virgule	-	le trait d'union
?	le point d'interrogation	...	les points de suspension
!	le point d'exclamation		

Note: To conform with the usual practice in examination papers, and for simplification, English quotation marks are used in this book.

Pronunciation

The following notes are for the benefit of students working on their own. The English sounds given as a guide are in many cases only approximately similar.

The French alphabet consists of the same twenty-six letters as the English alphabet, but certain accents and other signs are used in French with some letters (see pp. 8–9). *W* is called **double v** and *y* is **'i' grec** (i.e. Greek 'i'), while *g* is **gé** (zhay) and *j* is **gi** (zhee).

French cannot be spoken without opening the mouth and moving the lips – though English often is!

SYLLABLES AND STRESS

Stress on each syllable of a word is practically equal, but the last syllable of a word of more than one syllable is slightly stressed – not unstressed and almost unheard as is often the case in English.

NOTE: DIVISION INTO SYLLABLES
1 A single consonant between two vowels always belongs to the syllable following it, e.g. **café** = ca-fé (not caf-é).
2 Combinations of consonants between vowels are divided: e.g. **im/por/tant** – but if the last of a group of consonants is l or r it counts as one with the preceding consonant, e.g. **ta/bleau**, **ven/dre/di**. For mm and nn see Nasal Vowels.
3 gn always begins its syllable, e.g. **compa/gnon**.

CONSONANTS

When a consonant ends a word in French it is usually not pronounced, though final c, f, l and r in words of one syllable are generally pronounced. Most consonants, except when final, are pronounced as in English, but note the following points:

c before e, i, y
ç before a, o, u $\Big\}$ = s in sea $\Big\{$ (**ce, ici, cygne**)
(**ça, garçon, reçu**)

c before a, o, u = k (**car, côte, curé**)
(For **cui** . . . see Diphthongs.)

ch = sh (**champ**)

g before **e, i** = s in pleasure (**âge, agir**)

gn = n in o*ni*on (**signe, campagne**)

gu = g in go, in most cases ignoring the u (**guerre**) but as **gw** in a few cases

h is never pronounced ((**h**)**omme**) (see p. 10)

-il, -ill- = y in yes (the l not being sounded at all) (**gentil, grille**) but there are a few words in which the **l** in **-il** and **-ill-** is pronounced as **l** (**fil, ville, village, mille**, etc.), and initial **il** and **ill** are always pronounced normally (**île, illustration**), i.e. with l sounded

-ail, -aille = a(h)ee (**travail, paille**)

-eil, -eille = ayee – but only when final (**pareil, pareille**)

j = s in pleasure (**je, jeter**)

qu = k (**qui, que, quand**)

r must be either trilled or rolled in the throat (**rat, grand, Paris**)

s at beginning of a word
ss, s in st, sp, sc $\Big\}$ = s in sea (**si, chasse, station, espèce, science**)

s between two vowels = z as in nose (**maison, rose**)

s at end of a word is not pronounced (e.g. **les livres**) but **fi(l)s** is an important exception

-isme = issme (**tourisme**)

th = t (**thé**)

-tion = -sion (**station**)

-stion = -stion (**question**)

w = v (**wagon**) except in words borrowed from English, when w sound is retained (**tramway**)

x = s in numbers **six**, **dix** (when not followed by a noun, e.g. **si(x) sous**) but silent when final otherwise (**tableau(x)**). See also, Liaison.

VOWELS

a = a in papa when short (**lac**, **la**), or in father when long (**pas, mât**), i.e. followed by s, or with circumflex

e = e in quiet when not final (**revenir**) and in one-syllable words with only one consonant preceding e (**le, me, te, se, ne**)

final e When unaccented e occurs as the final letter of a word of more than two letters it is silent, and is called e mute (**porte, chaise**). The plural ending -ent in tenses of verbs is also never sounded (**donn(ent)**, **allai(ent)**)

é = ay in day, a short, quick sound (**été**, **café**); -er at the end of words of more than one syllable (**donner**); -ez (**allez**); -ai (**lait**), except followed by n or m (see Nasal Vowels)

è = e in met (**mère**). E(s) (except in termination -es showing the plural) and es in the same syllable (**espèce, succès**); -et (**complet**). One-syllable words like **mer**, however, sound the r, so pronounce as mare

i, y = i in machine (**il, nid, y**)

o = o in so (**gros, mot**) when a silent consonant closes the syllable; otherwise as o in not (**or, porte**)

u has no equivalent in English and must never be pronounced like the English sound you or yew. Round the lips, pushing them forward, and then try to say the French sound for i. A true Scotsman saying 'rude' is a good attempt (**tu, sur**)

A circumflex (see p. 8) on a vowel – â, ê, î, ô, û – requires the vowel to be carried on longer (**mât, fête, île, rôle, sûr**)

NASAL VOWELS

(Vowels pronounced through the nose)

These have no equivalent in English (unless one has a cold) and occur in French when a vowel precedes in, or n at the end of a syllable (**an, en, vin, on, un**). The n or in is then not pronounced, but the preceding vowel is pronounced by letting the breath pass through the nose instead of through the lips.

There are four nasal vowel-sounds in French:

1 **am, an** } aun in aunt without { (**champ, dans**)
  em, en } the t { (**exemple, dent**)
2 **im, in, ym, yn** } = ang { (**timbre, vin, sympathie,**
  aim, ain } without the { **syndicat**)
  ein, ien g (**faim, main**)
  (**teint, parisien**)
3 **om, on** = ong without g (**nombre, bon**)
4 **um, un** = earn without n (**parfum, brun**)

The phrase **un**[1] **bon**[2] **vin**[3] **blan**(c)[4] contains the four different nasal sounds (final c after nasal is silent), but mm and nn do not usually cause a nasal sound, and are pronounced (**homme, bonne**).

DIPHTHONGS

Two vowels coming together are called a diphthong when they make one sound, and in French there are cases of three vowels coming together and forming only one sound.

ai, ay } = ay in day (**mai, payer, peine, asseyez**)
ei, ey }
au, eau = o in note (**saut, peau**)
eu, œu = u in urn (**feu, cœur**)
oi = wa (**moi**)
ou = oo in pool (**vous**)
oui = we, sharply (**oui**)
(c)ui = queer (**cuisine**)

There are exceptions to many of the above notes, which can be learnt only by the study of a dictionary giving phonetic pronunciation, or the help of a teacher or a French-speaking friend.

LIAISON

Liaison (a French word meaning 'joining' or 'linking') occurs in French when a word ending in a consonant is immediately followed by a word beginning with a vowel or silent h (h mute). This final consonant is pronounced and carried on to the initial vowel of the word that follows. In such cases, s and x are pronounced like z (e.g. **les ‿enfants, six‿élèves, un petit‿enfant, ils‿ont**); d is pronounced like t (e.g. **vend-‿il**); and f like v (e.g. **neuf‿ heures**). Such liaison occurs particularly in words closely connected grammatically (e.g. adjective + noun, pronoun + verb) but **et** (*and*) is never run on, e.g. **et il** (never **et‿il**). Avoid confusion with **est-‿il?** (*is he?*).

THE FRENCH ALPHABET

LETTER	FRENCH NAME AND PRONUNCIATION	LETTER	FRENCH NAME AND PRONUNCIATION
a	**a**	n	**enne**
b	**bé**	o	**o**
c	**cé**	p	**pé**
d	**dé**	q	**ku**
e	**e**	r	**erre**
f	**effe**	s	**esse**
g	**gé**	t	**té**
h	**ache**	u	**u**
i	**i**	v	**vé**
j	**ji**	w	**double vé**
k	**ka**	x	**iks**
l	**elle**	y	**i grec**
m	**emme**	z	**zède**

I

GRAMMAR

Gender of nouns

In French all nouns are either masculine or feminine.

You will have no difficulty in deciding the gender of people, but the gender of things and abstract nouns is determined, with few exceptions, by the ending of the noun.

Nouns ending in -e mute have developed from Latin nouns with the feminine ending -a, and are therefore usually feminine. Most abstract nouns are also feminine.

The definite article

	Singular	Plural
Masculine	**le** (**l'** before vowel or mute h)	**les** (*the*)
Feminine	**la** (**l'** before vowel or mute h)	

m.	le père, l'enfant, l'homme	les pères,
	the father, the child, the man	les enfants,
f.	la mère, l'église, l'heure	les hommes,
	the mother, the church, the hour	and so on.

The indefinite article

	Singular	Plural
Masculine	**un**	
	un père, un enfant, un homme	**des** (*some*)
Feminine	**une**	des pères,
	une mère, une église, une heure	and so on.

Plural of nouns

In French the plural of nouns is formed, with few exceptions, by adding -s as in English. If the noun already ends in -s in the singular, no addition is necessary.

Singular	Plural
le père	les pères
le fils (*the son*)	les fils (*the sons*)

Present tense of avoir (to have) and être (to be)

Avoir *to have*		**Être** *to be*	
j'ai	*I have*	je suis	*I am*
tu as	*you have*	tu es	*you are*
il elle } a	*he has she has* } *it has*	il elle } est	*he is she is* } *it is*
nous avons	*we have*	nous sommes	*we are*
vous avez	*you have*	vous êtes	*you are*
ils elles } ont	*they* (m) *have they* (f) *have*	ils elles } sont	*they* (m) *are they* (f) *are*

Note that **tu** is singular only, and is used when speaking to a relative, a close friend, a child or an animal. And **vous** is used for *you*, both for singular and plural, in all other cases.

Remember to write **j'** instead of **je** when the verb begins with a vowel, such as **j'ai**.

If a noun is the subject of the verb the pronoun must be omitted.

Le père est dans le salon.
(*not* Le père il est . . .)   *The father is in the lounge.*

VOCABULARY

le canapé	*settee, sofa*	le feu	*fire*
le chat	*cat*	le fils	*son*
l'enfant (m/f)	*child*	le journal	*newspaper*
le fauteuil	*armchair*	le mur	*wall*
le livre	*book*	le tableau	*picture*
le père	*father*	le tapis	*carpet*
le plancher	*floor*	Pierre	*Peter*
le salon	*lounge,*	Monsieur	*Mr*
	sitting-room	deux	*two*
la chaise	*chair*	et	*and*
la cheminée	*fireplace,*	où?	*where?*
	mantelpiece	qui?	*who?*
la famille	*family*	assis	*sitting, seated*
la fenêtre	*window*	aussi	*also*
la fille	*daughter*	avec	*with*
la maison	*house*	dans	*in*
la mère	*mother*	derrière	*behind*
la pendule	*clock* (small)	devant	*in front of*
la porte	*door*	sur	*on*
Madame	*Mrs*	sous	*under*
Marie	*Mary*		

Note that words spelt identically, or almost identically, in each language (and whose gender, in the case of nouns, is clearly indicated in the reading matter) are omitted from the vocabulary.

Verbs and any other special words which have been dealt with in the Grammar preceding each lesson will also be omitted.

READING PASSAGE

Le salon

Le salon a une porte et deux fenêtres. Il a aussi une cheminée, une table, des chaises, deux fauteuils, un canapé, et un poste de télévision.

Le tableau est sur le mur; la pendule est sur la cheminée; le tapis est sur le plancher; la lampe est derrière la table; la télévision est dans un coin.

La famille Dubois est dans le salon. Monsieur Dubois est le père; il est assis dans un fauteuil devant le feu. Il a un journal et une pipe.

Madame Dubois est la mère; elle est sur le canapé, sous la lampe, et elle a un livre.

Monsieur et Madame Dubois sont les parents; Pierre et Marie sont les enfants. Pierre est le fils; il est devant la fenêtre, avec Marie, la fille. Ils ont un chat; il est sous la table.

QUESTIONS

1 Où est le père?
2 Qui est sur le canapé?
3 Où est le chat?
4 Qui a un livre?
5 Où est la mère?
6 Qui sont les parents?
7 Où est le tapis?
8 Qui a un journal?
9 Où est la pendule?
10 Qui est devant la fenêtre?

EXERCISES

A Write **le**, **la**, **l'** or **les** before the following:

| pendule | famille | père | livre | murs |
| fauteuil | enfant | fenêtres | cheminée | tableau |

B Write **un**, **une** or **des** before the following:

| pipe | canapé | mère | murs | enfant |
| salon | chats | fenêtre | journal | tables |

C Replace the infinitive, in brackets, with the appropriate form of the verb:

1 Nous (être) dans le salon.
2 Ils (être) devant la lampe.
3 Je (être) derrière la table.
4 Vous (être) le père.
5 Marie (être) la fille.
6 Il (avoir) un journal.
7 Vous (avoir) des livres.
8 Ils (avoir) un chat.
9 Je (avoir) une pipe.
10 Nous (avoir) une pendule.

D Fill in the appropriate missing word or words:

1 Le salon a ____ fenêtres et ____ porte.
2 La pendule ____ ____ la cheminée.
3 Monsieur Dubois est ____ un fauteuil ____ le feu.
4 ____ est la mère; elle ____ un livre.
5 Pierre ____ le fils; Marie est la ____.

E Translate into French:

1 We are in the house.
2 The children are in front of the window.
3 You are behind the table.
4 Mary is the daughter.
5 She has a newspaper.
6 The books are on the mantelpiece under the picture.
7 We have two windows and two doors in the lounge.
8 I am behind the armchair in front of the lamp.
9 The father has a pipe, and he also has a book.
10 Mr and Mrs Dubois have a family, a son and a daughter.
11 The television set is in a corner.

F Write in French a few lines about **La famille**.
Look at the word lists on p. 253 and p. 255 to help you.

2

GRAMMAR

The partitive article (some, any)

In English you often omit the partitive article, and say *We have pens and paper* instead of *some pens and some paper*, but in French the word *some* must never be omitted, and it is expressed by the words *of the* (some bread = of the bread).

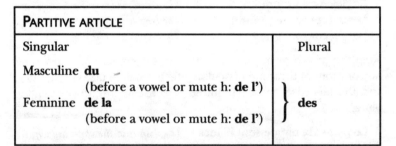

PARTITIVE ARTICLE		
Singular		Plural
Masculine **du**		
(before a vowel or mute h: **de l'**)		
Feminine **de la**		**des**
(before a vowel or mute h: **de l'**)		

du pain	*some bread*
de l'eau	*some water*
de la viande	*some meat*
des tables	*some tables*

(Never use de le for **du**, or de les for **des**.)

Le garçon a **du** pain et **des** biscuits.	*The boy has bread and biscuits.*

Agreement of adjectives

Adjectives in French, unlike adjectives in English, must agree with the nouns to which they refer, showing by their endings whether they are masculine or feminine, singular or plural.

AGREEMENT RULES

Singular Add **-e** to form the feminine, unless the adjective already ends in **-e** in the masculine, in which case no change is required.

> rouge (*red*)

Note, however, that adjectives ending in **-é** in the masculine require an additional **-e** to form the feminine.

> fatigué (*tired*)   fatiguée

Plural Add **-s** to masculine or feminine singular.

Le garçon est grand.	*The boy is big.*
La pièce est grande.	*The room is big.*
Les garçons sont grands.	*The boys are big.*
Les pièces sont grandes.	*The rooms are big.*

Note that if two or more nouns are the subject of a sentence, and one or more of these are masculine, the masculine takes preference, and the adjective ending required is consequently the masculine plural.

> **Le** plat et **la** nappe sont blancs.   *The dish and the cloth are white.*

Il y a

A very common and useful expression in French, used in making statements, is **il y a** . . . (*there is* or *there are*).

Il y a un livre sur la chaise.	*There is a book on the chair.*
Il y a des fleurs sur la table.	*There are some flowers on the table.*

Questions

The simplest way of asking a question in French is to put: **Est-ce que** . . . (literally, *Is it that* . . .) before a statement.

| Est-ce que le père est dans la pièce? | *Is the father in the room?* |
| Est-ce qu'il y a des fleurs sur la table? | *Are there any flowers on the table?* |

Note that **que** becomes **qu'** before a vowel.

| Est-ce qu'il y a un livre sur la table? | *Is there a book on the table?* |

VOCABULARY

le beurre	*butter*	pur	*pure*
le buffet	*sideboard*	rouge	*red*
l'assiette (f)	*plate*	vert	*green*
la cuiller ⎫ la cuillère ⎭	*spoon*	l'eau (f)	*water*
		la fleur	*flower*
le café	*coffee*	la fourchette	*fork*
le couteau (pl. couteaux)	*knife*	la nappe	*tablecloth*
		la salle à manger	*dining-room*
le fromage	*cheese*	la tasse	*cup*
le lait	*milk*	la viande	*meat*
le légume	*vegetable*	de (d')	*of*
le pain	*bread*	ou	*or*
le plat	*dish*	oui	*yes*
le sucre	*sugar*	pour	*for*
le vase	*vase*	trois	*three*
le verre	*glass*	quatre	*four*
le vin	*wine*	Comment est le vase?	*What is the vase like?*
blanc (f. blanche)	*white*	De quelle couleur?	*Of what colour?*
brun	*brown*		
grand	*big, large*	Qu'est-ce qu'il y a?	*What is there?*
joli	*pretty*		
noir	*black*		
petit	*little, small*		

READING PASSAGE

La salle à manger

La salle à manger est grande. Dans la salle à manger il y a un buffet, une table et quatre chaises. Sur la table il y a une nappe. Elle est blanche. Sur la nappe il y a des serviettes, des couteaux, des fourchettes, des cuillers, des assiettes et trois verres. Il y a aussi trois tasses pour le café. Les tasses sont petites. Il y a du pain, du beurre et du fromage sur une assiette. Il y a aussi de la viande et des légumes sur un plat, une carafe d'eau et une bouteille de vin.

Qu'est-ce qu'il y a dans les verres? Dans les verres il y a du vin ou de l'eau. Le vin est rouge ou blanc. Le café est noir. Le sucre et le lait sont blancs. Est-ce qu'il y a des fleurs sur la table? Oui, il y a des fleurs dans un vase. De quelle couleur sont les fleurs? Les fleurs sont blanches et rouges. Et comment est le vase? Le vase est joli; il est brun et vert.

QUESTIONS

1 Où est la nappe?
2 Est-ce qu'il y a une tasse sur la table?
3 De quelle couleur est le vin?
4 De quelle couleur sont les fleurs?
5 Où est la viande?
6 Est-ce qu'il y a de l'eau dans le verre?
7 Où est le fromage?
8 Comment est le vase?
9 Qu'est-ce qu'il y a dans la tasse?
10 Qu'est-ce qu'il y a sur le plat?

EXERCISES

A Put the correct form of the partitive article (**du, de la, de l', des**) before the following nouns:

café	sucre
tasses	fromage
viande	beurre
eau	couleur
vin	plats
verres	lait
pain	assiettes
légumes	

B (a) Alter, if necessary, each adjective to make it agree with its noun:

La table est (petit)	Les vases sont (joli)
Les fleurs sont (rouge)	L'eau est (pur)
Le café est (noir)	Le vin est (rouge)
Les tasses sont (petit)	Les légumes sont (vert)
L'assiette est (grand)	La nappe est (blanc)

(b) Fill in a suitable adjective, and make it agree with its noun:

la lampe est ___   les filles sont ___

les tapis sont ___   la pendule est ___

le livre est ___

C Translate:

some coffee	the chairs are big
some cups	the water is pure
some water	the milk and the sugar
some meat	are white
there are three chairs	Is there some bread?
they have four plates	Are there some flowers?
the cup is small	What colour is the wine?
the flowers are pretty	What is the dining-room like?

D Translate:

The dining-room is small. There are four chairs and a table in the
dining-room. On the table there is a tablecloth. It is green. There
are also plates, knives, spoons and forks.

Is there a cup on the table? Yes, there are three cups and a
glass. The cups are small.

What is there in the cups? There is coffee in the cups. What is
there in the glass? There is some wine. The coffee is black and the
milk is white. There is also meat on a dish, and there are vegetables
on a plate.

Are there any flowers? Yes, there are some flowers in a vase.
What is the vase like? It is pretty; it is green and brown. What
colour are the flowers? They are red and white.

E Write in French a few lines about **La table**.

3

GRAMMAR

Present tense of verbs ending in -er (Group I, regular verbs)

Most verbs in French, with the exception of about thirty common irregular verbs, which you will learn by degrees, form their tenses in a regular way, following definite rules. There are three groups of these regular verbs. The largest and most important group is those whose name, or infinitive, ends in **-er**, such as **donner** (*to give*).

All verbs whose infinitive ends in **-er** are conjugated like **donner**, except **aller** (*to go*) and **envoyer** (*to send*).

The **-er** is called the ending, and the **donn-** the stem. To make the present tense of Group I regular verbs, we remove the **-er**, and put on the endings: **-e, -es, -e, -ons, -ez, -ent**.

Donner *to give*

je donne	*I give*
tu donn**es**	*you give* (sing. familiar only)
il elle } donne	*he* *she* } *gives*
nous donn**ons**	*we give*
vous donn**ez**	*you give* (sing. or pl)
ils elles } donn**ent**	*they give*

The present tense in French translates both the simple present and the continuous present in English: je donne *I give* or *I am giving* and so on.

Note that there are a few verbs in Group I with the vowel **e** as stem vowel, and this must take a grave accent before a final mute syllable (one that ends in **-e** without an accent, **-es** or **-ent**).

Acheter *to buy*

j'achè**te**	nous achetons
tu achè**tes**	vous achetez
il achè**te**	ils achè**tent**

Similarly: **lever** (*to lift*), **mener** (*to lead*), **promener** (*to walk*).

Showing possession

The French do not use 's to show possession as you do in English, but always say *the hat of John, the book of the boy*. The French for *of* is **de**.

    le chapeau de Jean.   *John's hat.*

But when **de** is combined with **le**, **la**, **les** for *of the* it becomes exactly like the partitive article, *some*, which you have already learnt.

SINGULAR	PLURAL
Masculine **du** (**de l'** before a vowel or mute h) Feminine **de la** (**de l'** before a vowel or mute h)	} **des**

Singular		Plural
du garçon	*of the boy*	des garçons
de l'homme	*of the man*	des hommes
de la femme	*of the woman*	des femmes
de l'école	*of the school*	des écoles

28

le livre du garçon	*the boy's book*
les livres des garçons	*the boys' books*

To *or* at

à Jean	*to John*
à Paris	*to* or *at Paris*
à un magasin	*to* or *at a shop*

but when **à** is combined with **le, la, les** it becomes:

SINGULAR	PLURAL
Masculine **au** (**à l'** before a vowel or silent h) Feminine **à la** (**à l'** before a vowel or silent h)	} **aux**

Singular		Plural
au garçon	*to the boy*	aux garçons
à l'homme	*to the man*	aux hommes
à la femme	*to the woman*	aux femmes
à l'école	*to the school*	aux écoles

Je donne le livre au garçon et à la fille.	*I give the book to the boy and to the girl.*

Irregular verbs

You will need to learn by heart the present tense of some twenty common irregular verbs, which are summarised in a table at the back of the book. You have already learnt **avoir** (*to have*) and **être** (*to be*). The next important irregular verb is **aller** (*to go*).

All irregular verbs will be indicated in the English–French vocabulary by an asterisk.

Aller *to go*

je vais	*I go, am going*
tu vas	*you go*
il (elle) va	*he (she) goes*
nous allons	*we go*
vous allez	*you go*
ils (elles) vont	*they go*

VOCABULARY

l'agent		la boutique	*small shop*
(de police)	*policeman*	la femme	*woman, wife*
l'argent (m)	*money*	l'heure (f)	*hour (o'clock)*
l'autobus (m),		la maison	*house*
le bus	*bus*	la place	*square*
le chapeau	*hat*	la pomme	*apple*
le coin	*corner*	la robe (de soie)	*dress (of silk)*
le déjeuner	*lunch*	la rue	*street*
l'épicier	*grocer*	la ville	*town*
le franc	*franc*	la vitrine	*shop-window*
le magasin	*shop*	la voiture	*car*
le marchand	*shopkeeper*	cinq	*five*
le marché	*market*	cinquante	*fifty*
le médecin	*doctor*	douze	*twelve*
le panier	*basket*	quatre-vingts	*eighty*
le prix	*price*	six	*six*
le ticket de bus	*bus ticket*	beau (f. belle)	*fine, beautiful*
le sac en		gai	*bright, cheerful*
plastique	*carrier-bag*	demander	*to ask, ask for*
admirer	*to admire*	entrer (dans)	*to enter*
apporter	*to bring*	monter (dans)	*to get or climb into*
arriver	*to arrive*		
déjeuner	*to have lunch*	porter	*to carry, wear*
l'amie (f)	*friend*	quitter	*to leave*

regarder	*to look at*	puis	*then, next*
rencontrer	*to meet*	quand	*when*
rentrer	*to come back,*	quel (f. quelle)	*what*
	return home	qui	*who, which*
chez	*to or at the*		*(subject)*
	house or shop of	Quel beau	*What a fine*
combien?	*how much?*	marché!	*market!*
d'abord	*firstly*	Qu'est-ce	*What is it*
de bonne heure	*early*	que . . .?	*that . . .?*
ensemble	*together*	Qui est-ce	*Who is it*
en ville	*in town*	que . . . ?	*that?*
près de	*near*		

You will learn more numbers in lessons 9 and 11.

On French buses and at French stations you are required to push your ticket into a machine which marks it with the date. When you do this, **vous compostez.**

READING PASSAGE

En ville

Madame Dubois, qui porte un joli chapeau, quitte la maison de bonne heure. Il y a un arrêt de bus au coin de la rue. Il y a un agent de police près du coin. Madame Dubois monte dans le bus, et puis elle composte un ticket de bus.

Elle arrive en ville, et va d'abord chez l'épicier, où elle achète des provisions. Elle donne quatre-vingts francs à l'épicier.

Puis elle va dans les grands magasins, qui sont très gais. Les vitrines des magasins sont jolies.

Elle regarde les robes, et elle achète une robe de soie dans une boutique près de la place du marché.

Elle rencontre la femme du médecin, et elles vont ensemble au marché.

Quel beau marché! Elles admirent les fruits, les légumes, et les belles fleurs.

Madame Dubois demande au marchand le prix des pommes: 'Combien le kilo?' 'Douze francs, madame.' Elle donne de l'argent au fils du marchand, qui apporte les fruits dans un sac en plastique.

Puis les amies entrent dans un restaurant, où elles déjeunent.

Après le déjeuner elles vont au cinéma, et elles rentrent à la maison à six heures dans la voiture de l'amie de Madame Dubois.

QUESTIONS

1 Qu'est-ce que Madame Dubois porte?
2 Où est-ce qu'elle monte?
3 Où est-ce qu'elle arrive?
4 Qu'est-ce qu'elle regarde?
5 Qu'est-ce qu'elle achète?
6 Qui est-ce que Madame Dubois rencontre?
7 Où est-ce qu'elles vont ensemble?
8 Qu'est-ce qu'il y a au marché?
9 Qu'est-ce que Madame Dubois donne au fils du marchand?
10 A quelle heure est-ce que les deux amies rentrent à la maison?

EXERCISES

A Replace the infinitive, in brackets, with the appropriate form of the verb:

1 Elle (porter) un costume.
2 Nous (arriver) à la ville.
3 Ils (acheter) des tickets.
4 Vous (regarder) la vitrine.
5 Il (aller) au marché.
6 Je (entrer) dans le restaurant.
7 Elle (demander) des pommes.
8 Ils (aller) au cinéma.
9 Nous (rentrer) à six heures.
10 Vous (quitter) la maison

B Put *of the* (**du, de la, de l'**, or **des**) before the following nouns:

marchand	restaurant	coin
médecins	pommes	autobus
amie	maison	rue
femme		

C Put *to the* (**au**, **à la**, **à l'**; or **aux**) before the following nouns:

ville	marchand	médecins	voiture	magasins
amie	cinéma	place	coin	marché

D Fill in the appropriate missing word:

1 Madame Dubois porte un ___ chapeau; elle va ___ magasins.
2 Madame Dubois ___ un ticket de bus.
3 Marie ___ de l'argent au marchand qui ___ un sac en plastique.
4 Les amies ___ les vitrines, ___ sont très gaies.
5 La femme ___ médecin et Pierre ___ au cinéma.

E Translate:

early	to the market square
at the corner of the street	the doctor's son
to the shops	we go to the cinema
near the shop	What a fine hat!
the windows are bright	firstly
the shopkeeper's wife	six francs a kilo
the price of the vegetables	I get in the bus
at five o'clock	Do they have lunch at the
the friend's car	restaurant?
Mrs Dubois' hat	Where does he go?

F Translate:

Mrs Dubois arrives early at the town. She goes to the shops with a friend who is the doctor's wife. They buy two dresses, which are very pretty. Then they go together to the market where they admire the vegetables and the beautiful flowers. They also look at the fruit. The shopkeeper's son brings a carrier-bag and he gives some apples to Mrs Dubois' friend.

They have lunch at a restaurant near the market. At two o'clock Mrs Dubois goes to the cinema, but the doctor's wife gets into a bus at the corner of the street.

G Write in French a few lines about **Le marché** or **La ville**.
Look at the word list on p. 257 to help you.

4

GRAMMAR

Question forms of verbs

Although the expression **Est-ce que**, which has been used to ask a question in previous lessons, can be used at all times, a simpler and more usual method of asking a question in French is to invert the subject and verb.

QUESTIONS		
Être	**Avoir**	**Donner**
suis-je?	ai-je?	**est-ce que** je donne?
am I?	*have I?*	*do I give?*
es-tu?	as-tu?	donnes-tu?
est-il (-elle)?	a-t-il (-elle)?	donne-t-il (-elle)?
sommes-nous?	avons-nous?	donnons-nous?
êtes-vous?	avez-vous?	donnez-vous?
sont-ils (-elles)?	ont-ils (-elles)?	donnent-ils (-elles)?

Remember the following points.

When the verb ending before **il** or **elle** is a vowel a **t** is inserted.

a-t-il?   *has he?*

Similarly, in the case of **il y a** (*there is, there are*), write **y a-t-il?** (*is there? are there?*).

Although you can use **suis-je** and **ai-je**, you should generally use **est-ce que** before **je** to avoid an awkward sound.

Est-ce que je donne?
(Never donne-je? – but donné-je is found in literary French.)

When there is a noun subject to a verb instead of a pronoun, you should place the noun first, then invert the verb and add the necessary pronoun.

L'homme, donne-t-il?   *Does the man give?*
But you can always avoid this if you wish by using **est-ce que**.

Est-ce que l'homme donne?

Negatives

To express not with a verb, e.g. *I do not give*, you should put **ne** (**n'** before a vowel) before the verb, and **pas** after.

NEGATIVES	
Donner	**Avoir**
je ne donne pas	je n'ai pas
I do not give	*I have not*
tu ne donnes pas	tu n'as pas
il (elle) ne donne pas	il (elle) n'a pas
nous ne donnons pas	nous n'avons pas
vous ne donnez pas	vous n'avez pas
ils (elles) ne donnent pas	ils (elles) n'ont pas

Notice the position of **ne**:

When asking a negative question
Ne suis-je pas?   *Am I not?*
Ne donnons-nous pas? *Don't we give?*
N'a-t-il pas?   *Hasn't he?*

With **il y a**
Il n'y a pas.   *There is not, are not.*
N'y a-t-il pas?   *Is there, are there not?*

In everyday conversation the French often omit the **ne** (but never the **pas**) so **Je n'aime pas les pommes** (*I don't like apples*), for example, may be said as **J'aime pas les pommes**.

Use of de

De (**de'** before a vowel or h mute) is used instead of **du**, **de la**, **de l'**, **des** for *some, any* in the following cases:

AFTER A NEGATIVE

Je n'ai pas de stylo.	*I haven't a (any) pen.*
Il n'y a pas d'eau.	*There is no water* (= not any).

AFTER EXPRESSIONS OF INDEFINITE QUANTITY

Other than the words *some, any*, which are translated by **du**, **de la**, **de l'**, **des**; and the adjectives **quelques** (*a few*) and **plusieurs** (*several*).

beaucoup **de**	*many, a lot of*	trop **de**	*too many,*
assez **de**	*enough*		*too much*
tant **de**	*so much,*	autant **de**	*as much,*
	so many		*as many*
un peu **de**	*a little*	combien **de**?	*how many,*
peu **de**	*few, little*		*how much?*

beaucoup **de** pommes	*a lot of apples*
trop **d'**eau	*too much water*
un peu **de** vin	*a little wine*

Also after such expressions as:

Adjective	plein **d'**eau	*full of water*
Nouns	un verre **de** vin	*a glass of wine*
	un sac **de** blé	*a sack of corn*

EXCEPTIONS

bien **des** pommes	*many, a lot of, apples*
encore **du** pain	*some more bread*
la plupart **des** maisons	*most of the houses*

Possessive adjectives

SINGULAR		PLURAL	
m.	f.	m. and f.	
mon	ma	mes	*my*
ton	ta	tes	*your*
son	sa	ses	*his, her, its*
notre	notre	nos	*our*
votre	votre	vos	*your*
leur	leur	leurs	*their*

These agree in gender and number with the noun possessed, and not with the possessor.

ma mère et **mon** père   *my mother and father*
son mari   *her husband*

In other words, they agree with their adjacent noun, just like **le, la, les**.

Before a feminine noun beginning with a vowel or mute h write **mon, ton, son** instead of **ma, ta, sa**.

mon amie   (not: ma amie)

Note that **ton, ta** and **tes**, like **tu**, are used only when addressing a relative, a close friend, a child or an animal.

Present tense of dire, lire, partir *and* prendre

Dire *to say*	**Lire** *to read*
je dis	je lis
tu dis	tu lis
il (elle) dit	il (elle) lit
nous disons	nous lisons
vous dites	vous lisez
ils (elles) disent	ils (elles) lisent

Partir *to leave*	**Prendre** *to take*
je pars	je prends
tu pars	tu prends
il (elle) part	il (elle) prend
nous partons	nous prenons
vous partez	vous prenez
ils (elles) partent	ils (elles) prennent

Note that compound forms of any verb are conjugated like their parent verb. For example, **repartir** (*to leave again*) is conjugated like **partir**; **reprendre** (*to take again*), **comprendre** (*to understand*) are conjugated like **prendre**.

VOCABULARY

l'ami (m)	*friend*	le dîner	*dinner*
l'après-midi	(*in the*)	le facteur	*postman*
	afternoon	l'arrivée	*arrival*
le billet	*rail ticket*	la dactylo	*typist*
le bureau	*office, desk*	la gare	*station*
le bureau de		la lettre	*letter*
poste, la poste	*post office*	la machine	
le courrier	*mail*	à écrire	*typewriter*
la réponse	*answer*	huit	*eight*
la serviette	*brief-case*	après	*after*
fatigué	*tired*	aujourd'hui	*today*
la métro	*Underground*	avec	*with*
le parapluie	*umbrella*	d'accord?	*O.K.? agreed?*
le petit		encore	*again, more*
déjeuner	*breakfast*	jusqu'à	*until*
le repas	*meal*	midi	*12 noon*
le temps	*time*	mais non!	*oh no!*
le timbre	*stamp*	oui	*yes*
le travail	*work*	pour	*in order to*

causer	*to chat*	en retard	*late* (for a
chercher	*to look for*		fixed time)
dicter	*to dictate*	tard	*late* (at a
téléphoner	*to telephone*		late hour)
sept	*seven*		

Note that, in everyday conversation, the French often make a question simply by raising their voice, in preference to the inversion and the **est-ce que** forms.

READING PASSAGE

Au bureau

Monsieur Dubois entre un peu tard dans la salle à manger. La famille est à table.

Il prend généralement le petit déjeuner à sept heures. Il demande à sa femme: 'Je suis en retard?' 'Oui,' dit-elle. 'Tu n'as pas beaucoup de temps.'

Il cherche son parapluie et sa serviette et part pour la gare. A la gare il prend son billet et il achète un journal au kiosque. Puis il composte son billet et monte dans le train.

Quand il arrive à Paris il prend le métro, et entre dans son bureau à huit heures.

A son arrivée il demande à sa dactylo: 'Y a-t-il du courrier, mademoiselle?' Elle est assise devant sa machine à écrire, et elle donne cinq lettres à Monsieur Dubois. 'Il n'y a pas beaucoup de courrier aujourd'hui,' dit-il, et il lit les lettres de ses clients et dicte les réponses jusqu'à midi.

A midi Monsieur Dubois et son ami Monsieur Lebrun déjeunent, et après le repas Monsieur Dubois téléphone à sa femme. Il dit: 'Il n'y a pas trop de travail aujourd'hui. Je vais rentrer par le train de six heures trente. Nous allons au cinéma après dîner, d'accord?'

L'après-midi il cause avec des clients. Le facteur apporte encore des lettres. Sa dactylo dit: 'Je n'ai pas de timbres. Je vais acheter des timbres au bureau de poste.'

Monsieur Dubois ferme son bureau à six heures, prend un taxi pour aller à la gare, et rentre à la maison. Sa femme dit: 'Tu n'es pas fatigué?' 'Mais non,' dit-il. 'Est-ce que les enfants vont au cinéma avec nous?'

Après le dîner, à huit heures, Monsieur et Madame Dubois partent au cinéma avec leurs enfants.

QUESTIONS

1 A quelle heure Monsieur Dubois prend-il son petit déjeuner?
2 Qu'est-ce qu'il demande à sa femme?
3 Qu'est-ce qu'il cherche?
4 Où entre-t-il à huit heures?
5 Qu'est-ce qu'il dicte jusqu'à midi?
6 Son ami, déjeune-t-il avec Monsieur Dubois?
7 La dactylo, a-t-elle des timbres?
8 A quelle heure Monsieur Dubois ferme-t-il son bureau?
9 Est-il fatigué?
10 Combien d'enfants a Monsieur Dubois?

EXERCISES

A Replace the infinitive, in brackets, with the appropriate ending:

1 Vous (dire)   6 Je (partir)
2 Ils (dire)   7 Vous (partir)
3 Elle (lire)   8 Ils (prendre)
4 Nous (lire)   9 Nous (prendre)
5 Ils (lire)   10 Vous (être)

B Make each of the following sentences (a) interrogative and (b) negative:

1 Monsieur Dubois porte un chapeau.
2 Il est en retard.

3 Il a un parapluie.
4 Monsieur Dubois et son ami déjeunent.
5 Il y a beaucoup de lettres.
6 Je dicte une réponse.
7 Les enfants vont au cinéma.
8 Je suis fatigué.
9 Le monsieur prend un billet.
10 Elle achète un journal.

C Insert a suitable possessive adjective (e.g. **mon**, **ma**, **mes**, and so on):

1 Il porte ___ parapluie.
2 Nous lisons ___ lettres.
3 Ils parlent à ___ amis.
4 Elle rencontre ___ amie.
5 Je lis ___ courrier.

6 Vous achetez ___ billet.
7 Tu prends ___ serviette.
8 Nous cherchons ___ train.
9 Elle parle à ___ père.
10 Ils entrent dans ___ bureau.

D Insert correctly: **du, de la, de l', des** or **de, d'** before the following:

_ billets
_ viande
_ eau
_ pain
beaucoup _ café

je n'ai pas _ vin
_ légumes
peu _ lettres
elle n'a pas _ timbres
trop _ eau

E Translate:

How many clients?
few trains
a little water
enough work
too many apples

a glass of milk
several books
most of the letters
we have no stamps
Haven't you any tickets?

F Translate:

Mr and Mrs Dubois and their children have breakfast at seven o'clock. Mr Dubois has not too much time. He leaves for the station, where he buys his newspaper.

When he arrives in Paris he meets his friend Mr Lebrun and they go together to their office. Mr Dubois asks (to) his typist:

'Are there many letters today?' She says: 'No, there are few letters, sir.' She is seated in front of her typewriter, and she has a lot of paper, pens and pencils. Mr Dubois dictates letters until twelve o'clock. Then he goes to have lunch.

After the meal he chats with his clients, and at four o'clock he telephones to his wife: 'We are going to the cinema after dinner, O.K.? There are few clients, and I have not too much work. I am returning by the six thirty train.'

G Describe in French, from memory, **La journée de Monsieur Dubois**.

Note that **la journée** means the whole day (not *journey*).

5

GRAMMAR

Present tense of verbs ending in -ir
(Group II, regular verbs)

Verbs of this group are not nearly so numerous as those belonging to Group I. In the plural, they insert **-iss** after the stem. The endings are: **-is, -is, -it, -issons, -issez, -issent**.

Finir *to finish*	(Stem: **fin-**)
je finis *I finish*	nous finissons
tu finis	vous finissez
il (elle) finit	ils (elles) finissent

There are a few important verbs ending in **-ir** which are irregular and do not insert **-iss** in the present.

Note particularly: **dormir** (*to sleep*), **partir** (*to leave* or *to set off*), **servir** (*to serve*), **sortir** (*to go out*). These are all conjugated like **partir** (Lesson 4).

Position of adjectives

In French, with a few exceptions, adjectives are placed after the nouns they describe.

Adjectives placed after their nouns include all adjectives of colour and nationality, and all long adjectives.

le chien noir	*the black dog*
une maison anglaise	*an English house*
une leçon intéressante	*an interesting lesson*

Two or more adjectives following a noun are joined by **et**.

l'herbe verte et épaisse	*the thick green grass*

ADJECTIVES PLACED BEFORE THEIR NOUNS

The following list of common adjectives which generally precede their nouns should be learnt by heart:

autre	*other*	large	*broad*
beau	*beautiful, fine*	long	*long*
bon	*good*	mauvais	*bad*
gentil	*nice*	méchant	*wicked, nasty*
grand	*great, large, big*	meilleur	*better*
		même	*same*
gros	*big, fat*	petit	*little, small*
haut	*high, tall*	vieux	*old*
jeune	*young*	vilain	*nasty, ugly*
joli	*pretty*		

un beau jour	*a beautiful day*
une jolie petite maison	*a pretty little house*

All numeral adjectives also precede their nouns; as do **chaque** (*each*), **plusieurs** (*several*), **quelque** (*some, a few*), and **tout** (*all*).

trois livres	*three books*
plusieurs livres	*several books*
le troisième livre	*the third book*

ADJECTIVES PLACED BEFORE, OR AFTER, ACCORDING TO MEANING

BEFORE NOUN		AFTER NOUN
brave	*worthy, good*	*brave*
cher	*beloved*	*expensive*
dernier	*final*	*past*
nouveau	*fresh, another*	*recently-made*
pauvre	*to be pitied*	*penniless*
propre	*own*	*clean*

Note that the above rules are given for general guidance; the position of the adjective in modern French is not always a question of rule, but one of style or of emphasis, and many adjectives other than those listed above will often be found placed before the noun.

Use of de

De (**d'** before a vowel or mute h) is written instead of **des** for *some, any* when an adjective comes before a noun in the plural.

    de bons livres   *some good books*

Note: **une jeune fille** (*a girl*), **des jeunes filles**, as the adjective is really part of the noun in such cases.

Feminine forms of adjectives

(You learnt the rule for forming regular feminines in Lesson 2.)

Notice the following irregular groups:

    Masculine ending   Feminine ending

(1) **-er**   **-ère**

        cher, chère (*dear*)

(2) **-f**   **-ve**

        actif, active (*active*)

(3) **-x**   **-se**

        heureux, heureuse (*happy*)

(4)

-on		-onne
-ien	These double	-ienne
-eil	the final	-eille
-el	consonant	-elle
-et		-ette

bon, bonne	*good*
parisien, parisienne	*Parisian*
pareil, pareille	*similar*
cruel, cruelle	*cruel*
muet, muette	*mute*

(5) You will need to learn the following irregular feminines:

MASCULINE	FEMININE	MEANING
bas	basse	*low*
blanc	blanche	*white*
doux	douce	*sweet, soft*
épais	épaisse	*thick*
favori	favorite	*favourite*
frais	fraîche	*fresh*
gentil	gentille	*nice*
gras	grasse	*fat*
gros	grosse	*big, fat*
long	longue	*long*
sec	sèche	*dry*

(6) Three common adjectives which come before the noun have a special form before a masculine noun beginning with a vowel or mute h, as well as an irregular feminine form:

MASCULINE		FEMININE	MEANING
(Consonant)	(Vowel or mute h)		
beau	bel	belle	*beautiful*
fou	fol	folle	*mad*
nouveau	nouvel	nouvelle	*new*
vieux	vieil	vieille	*old*

un bel été	*a beautiful summer*
un nouvel ami	*a new friend*
un vieil oncle	*an old uncle*

See pages 55 and 56 for the special masculine plural of adjectives ending in **-au** and in **-x**.

On

French expresses *people go, you go, one goes,* by **on** with the 3rd person singular of the verb. (An **l'** may be inserted before **on** to avoid an awkward sound, e.g. **si l'on** = *if one*.)

On va à l'église.   *One goes to church.*

Present tense of jeter

Note that the Group I verb **jeter** (*to throw*) doubles the t before a mute syllable in the present tense.

Jeter *to throw*

je jette	nous jetons
tu jettes	vous jetez
il (elle) jette	ils (elles) jettent

VOCABULARY

le bœuf	*beef, ox*	le rez-de-	
le chien	*dog*	chaussée	*ground-floor*
l'escalier (m)	*staircase*	le rôti	*roast*
l'étage (m)	*storey, floor*	le toit	*roof*
le fond	*bottom, end*	l'entrée	*hall*
le jardin	*garden*	aimer	*to like*
les meubles (m)	*furniture*	jouer	*to play*
le potage	*soup*	la balle	*ball*

la banlieue	*outer suburbs*	comment?	*how?*
la chambre		de	*of, from*
à coucher	*bedroom*	dix	*ten*
la cheminée	*chimney*	entre	*between*
la cuisine	*kitchen*	quand	*when*
la dent	*tooth*	très	*very*
la haie	*hedge*	bon (f bonne)	*good*
l'herbe (f.)	*grass*	chaque	*each*
la pelouse	*lawn*	confortable	*comfortable*
la plate-bande	*flower-bed*	délicieux	*delicious*
la pomme		élégant	*elegant*
de terre	*potato*	entouré (de)	*surrounded*
la salle de bain	*bathroom*		*(by)*
la salle de séjour	*living room*	fier (f. fière)	*proud*
obéir	*to obey*	frais (f. fraîche)	*fresh*
préparer	*to prepare*	gentil (f. -lle)	*nice, kind*
punir	*to punish*	haut	*high*
saisir	*to seize*	large	*broad*
*sortir	*to go out*	long (f. longue)	*long*
travailler	*to work*	premier	*first*
trouver	*to find*	rôti	*roast*
à côté	*at the side*	situé	*situated*
au milieu	*in the middle*	vieux (f. vieille)	*old*
c'est	*it is*		

Note the following abbreviations:

M. (Monsieur)	*Mr*
Mme (Madame)	*Mrs*
Mlle (Mademoiselle)	*Miss*

READING PASSAGE

La maison et le jardin

La belle maison de M. et Mme Dubois est située dans la banlieue, à dix kilomètres de Paris. C'est une grande maison blanche. Au milieu du toit rouge, il y a une haute cheminée. Il y a un grand garage sous la maison.

Au rez-de-chaussée, il y a une entrée, une petite salle à manger, un salon élégant, et une cuisine.

Madame Dubois travaille dans la cuisine, où elle prépare le dîner: un potage délicieux, un rôti de bœuf avec des pommes de terre rôties, du fromage, et des fruits. Elle choisit aussi un bon vin rouge pour M. Dubois.

On monte par un large escalier au premier étage, où il y a trois chambres à coucher et une salle de bain. Dans chaque chambre on trouve de jolis meubles. Les fenêtres ont des volets verts.

Derrière la maison et à côté, il y a un joli jardin. Il y a de belles fleurs dans les longues plates-bandes près de la pelouse verte. Le jardin est entouré d'une haie épaisse.

A huit heures M. et Mme Dubois et leurs deux enfants finissent leur repas et sortent dans le jardin. Leur chien, Bijou, joue dans l'herbe fraîche avec une balle. Les enfants jettent la balle au fond du jardin, et Bijou saisit la balle entre ses dents. La famille Dubois aime le gentil Bijou, et on ne punit pas le vieil animal quand il n'obéit pas. Mme Dubois est très fière de son beau jardin.

QUESTIONS

1 Où est la maison de M. Dubois?
2 De quelle couleur est le toit?
3 Qu'est-ce qu'il y a au rez-de-chaussée?
4 Qui prépare le dîner?
5 Qu'est-ce que Madame Dubois choisit?
6 Comment est-ce qu'on monte au premier étage?
7 Qu'est-ce qu'il y a dans chaque chambre?
8 Où est-ce qu'on trouve de belles fleurs?
9 Qui jette la balle du chien?
10 Comment Bijou saisit-il la balle?

EXERCISES

A Replace the infinitive, in brackets, with the appropriate form of the verb:

1 Nous (finir) le repas.
2 (finir)-il le travail?
3 Je ne (finir) pas le livre.
4 Vous (jeter) le fruit.
5 Ils ne (obéir) pas toujours?
6 Il (jeter) la balle.
7 (punir)-vous le chien?
8 Nous (saisir) le chat.
9 Ils (sortir) dans le jardin.
10 Elle ne (jouer) pas dans la maison.

B Give the feminine of the following adjectives:

large	heureux	cruel	nouveau
situé	doux	vieux	frais

cher	actif	parisien	muet
bon	long	rouge	gros
beau	blanc	sec	épais

C Make the adjectives in brackets agree with their nouns:

une maison (blanc)
un (beau) ami
de (bon) chambres
une haie (épais)
l'herbe (frais)

de (long) plates-bandes
une femme (fier)
la (vieux) cheminée
des pelouses (vert)
une pomme de terre (délicieux)

D (a)   Place the adjectives in brackets before or after their nouns, as required, and make the necessary agreement:

1 (frais) l'herbe
2 (beau) l'auto
3 (nouveau) l'ami
4 (fatigué) la mère
5 (vieux) la maison
6 (bon, confortable) une chambre
7 (vert, premier) la maison
8 (blanc, rouge) des fleurs
9 (haut, noir) les cheminées
10 (joli, petit) des jardins

(b)   Fill in suitable adjectives, making the necessary agreement:

1 ___ maison ___.
2 Nous avons des fleurs ___ et ___.
3 Un ___ escalier monte au ___ étage.
4 Les cheminées sont ___ et ___.
5 ___ amis sont ___.

E Translate:

some good friends
an old animal
we punish sometimes
in the country
one throws a ball

some comfortable beds
near the pretty garden
in the middle of the lawn
on the first floor
some bad wine

F Translate:

Our pretty house is situated in the middle of the country, (at) nine kilometres from Rouen. It has two floors, and four chimneys, and it is surrounded by a thick hedge.

On the ground-floor you find a small entrance hall, a lounge, a dining-room, and a big kitchen where my mother prepares the meals.

You go up to the first floor by a long staircase. There are three comfortable bedrooms and a white bathroom. Each bedroom has some fine furniture, and green shutters.

In front of the house there is a pretty garden, with a broad lawn and flower-beds. The flowers are very beautiful, and my father is proud of his green lawn. At the bottom of our garden our dog Bijou plays with his old ball in the thick grass. We seize and throw the ball, and he brings the little red ball between his teeth.

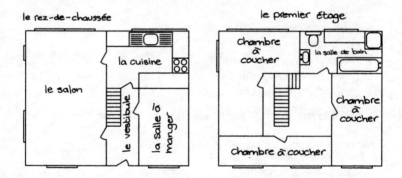

G Write in French a few lines about:

(a) **Ma maison**, (b) **Mon jardin**, or (c) **Mon chien**.

REVISION

Lessons 1 – 5

A Translate:

They are, are you?
Have they?
There are, is there?
There is not, she is not, we are not, has he?
They are giving, do I give?
We do not speak, does she speak?
I buy, he does not finish, we finish, does he choose?

They go, does she go?
They read
She does not read
you say
Does he take?
We take
I do not go out, do they go out?
they throw, we throw, you buy

B Translate:

some water
some bread
some meat
some cups
the man's newspaper
the door of the house
the son's book
the windows of the rooms
Mary's friend
at the market

to the man
to the gardens
near the wall
a lot of dogs
too many plates
a glass of wine
his mother
her cat
our friends
their car

C Translate:

1 The little green book is on the lounge mantelpiece.
2 On the dining-room table there are plates and glasses.
3 I buy some beautiful red apples at the market.
4 Mary's mother wears a pretty white dress.
5 We finish our lessons and we go to the cinema.

6 Their friends have a lot of pencils, but few pens.
7 His car is not red; it is black and green.
8 Her father goes to the office, and reads his letters.
9 Do you sell wine? No, we have no wine.
10 The merchant's son is giving a carrier-bag to the old man.

D Write in French a few lines about: (a) **Une visite à la ville** or (b) **Notre maison**.

E Answer in French the following questions, making a complete sentence in each answer:

1 Qu'est-ce qu'il y a dans le salon?
2 Qui est dans le salon?
3 Qu'est-ce qu'il y a sur la table de la salle à manger?
4 Où est-ce que Madame Dubois achète des pommes?
5 Qui est-ce qu'elle rencontre?
6 A quelle heure Monsieur Dubois part-il pour la gare?
7 Combien d'enfants a-t-il?
8 Où achetez-vous des timbres?
9 De quelle couleur sont les fleurs?
10 Comment est le jardin de Monsieur Dubois?

6

GRAMMAR

Present tense of verbs ending in -re (Group III, regular verbs)

Endings: **-s**, **-s**, **—**, **-ons**, **-ez**, **-ent**.

Vendre *to sell*	(stem: **vend**-)
je vend**s** *I sell*	nous vend**ons**
tu vend**s**	vous vend**ez**
il (elle) vend	ils (elles) vend**ent**

Notice the following points:

(1) **prendre** (*to take*) is irregular (see Lesson 4) and its compounds **reprendre** (*to take again, to take back* or *to repeat*), **surprendre** (*to surprise*), **apprendre** (*to learn*), **comprendre** (*to understand*), are conjugated similarly.

(2) When the verb stem does not end in **-d**, a **t** is added to the 3rd person singular.

rompre (**to break**), il rompt.

Irregular plural forms of nouns and adjectives

If the singular ends in **-s**, **-x**, **-z**, no change is made in the plural.

le fils (*son*)	les fils
le nez (*nose*)	les nez
vieux (*old*)	vieux

Nouns and adjectives ending in **-au** and **-eu** add **-x**.

le couteau (*knife*)	les couteaux
le feu (*fire*)	les feux
beau (*beautiful*)	beaux

Note the following exception to the above rule:

bleu (*blue*)	bleus

Nouns and adjectives ending in **-al** change to **-aux**.

le journal (*newspaper*)	les journaux
principal (*principal*)	principaux

but principale (f.) principales (pl.)

A few nouns ending in **-ou** add **-x**.

le bijou (*jewel*)	le caillou (*pebble*)
le chou (*cabbage*)	le joujou (*plaything*)
le genou (*knee*)	le hibou (*owl*)

All other nouns and adjectives ending in **-ou** add **-s**.

le trou (*hole*)	les trous

You will need to learn the following irregular plurals:

Singular	Plural
Monsieur (*Mr or gentleman*)	Messieurs (MM.)
Madame (*Mrs*)	Mesdames (Mmes)
Mademoiselle (*Miss*)	Mesdemoiselles (Mlles)
le ciel (*sky*)	les cieux
l'œil (*eye*)	les yeux
le travail (*work*)	les travaux

Remember that proper names take no **-s** in the plural.

les Smith	*the Smiths*

Use of tout

The adjective **tout** (*all*) is irregular in the masculine plural.

	SINGULAR	PLURAL
Masculine	**tout**	**tous**
Feminine	**toute**	**toutes**

It precedes the article as in English.

tous les hommes *all the men.*

Tout can also be used alone, as a pronoun, for *all, everything,* and **tous** and **toutes** are also used in the plural as pronouns, placed after the verb.

Tout est perdu. *All is lost. Everything is lost.*
Ils sont tous ici. Elles sont toutes ici. *They are all here.*

The final s of **tous** is pronounced when it is a pronoun – but not when it is an adjective.

The demonstrative adjective (this or that)

	SINGULAR	PLURAL
Masculine	(*this* or *that*) **ce** (**cet** before a vowel or mute h)	(*these* or *those*) **ces**
Feminine	**cette**	
ce chien	(*this dog*)	ces chiens
cet homme	(*this man*)	ces hommes
cette femme	(*this woman, this wife*)	ces femmes

For emphasis, or when two nouns are mentioned in comparisons, and it is essential to distinguish between them by using *this* and *that* or *these* and *those,* you should add **-ci** to the nouns for *this, these* and **-là** to the nouns for *that, those.* These suffixes are formed from the adverbs **ici** (*here*) and **là** (*there*).

J'ai deux crayons: ce crayon-ci est noir, ce crayon-là est bleu.
I have two pencils; this pencil is black, that pencil is blue.

Voici (here is, here are) and voilà (there is, there are)

These are used in conversation when pointing out some person or thing.

Voici mon père!	*Here is my father!*
Voilà les livres!	*There are the books!*

Remember that **il y a** (*there is, are*) is used in making a statement, but not when an object is pointed out.

Present tense of boire and faire

Boire *to drink*	**Faire** *to do* or *make*
je bois *I drink*	je fais *I do* or *make*
tu bois	tu fais
il (elle) boit	il (elle) fait
nous buvons	nous faisons
vous buvez	vous faites
ils (elles) boivent	ils (elles) font

The verb **faire** (*to make*) is used in expressions dealing with the weather (**le temps**).

Quel temps fait-il?	*What is the weather like?*
Il fait beau (temps).	*It is nice (weather).*
Il fait mauvais (temps).	*It is bad (The weather is bad).*
Il fait chaud	*It is hot.*
Il fait froid.	*It is cold.*
Il fait jour.	*It is daylight (light).*
Il fait nuit (noir).	*It is night (dark).*

VOCABULARY

le banc	bench, seat	occupé (à)	occupied (in)
le bateau	boat	la brioche	bun
le canard	duck	la chose	thing
le cygne	swan	la pâtisserie	pastry-shop
le gardien	keeper	la promenade	walk
le gâteau	cake	la rive	bank
le gazon	lawn	la rivière	river
le lac	lake	la vitesse	speed
le morceau	piece	au bord de	on the edge of
l'oiseau (m)	bird	au bout de	at the end of,
le pain	loaf of bread		after
le pêcheur	fisherman	au soleil	in the sun
le petit pain	bread roll	comme	as
le poisson	fish	ensuite	next
le retour	return	midi	midday
le tour	tour, trip	loin	far
attendre	to wait	pendant que	while
attraper	to catch	pour	in order to
crier	to call out	qui	who, which
louer	to hire		(subject)
pêcher	to fish	regardez!	look (at)!
bleu	blue	tiens!	just look!
chaud	hot	voici!	here is, are!
clair	clear	voilà!	there is, are!
fâché	angry	Que fait-il?	What is he
gris	grey		doing?
méchant	naughty		

READING PASSAGE

🔊 *Au parc*

Comme il fait beau M. Dubois et M. Lebrun font une promenade avec leurs fils, Pierre et Paul, au parc qui est près de la maison de M. Lebrun.

Au milieu du parc, il y a un petit lac, avec des bateaux. Les deux pères choisissent un banc confortable au bord de l'eau et, assis au soleil, ils lisent leurs journaux, pendant que leurs enfants louent un bateau pour faire un tour sur le lac.

Il fait très chaud, et au bout d'une heure ils entrent tous dans un café près du parc. Les garçons boivent une limonade, mais M. Lebrun prend un apéritif.

M. Dubois achète des croissants et des brioches dans une pâtisserie où l'on vend toutes sortes de gâteaux.

A leur retour ils vont ensuite à la petite rivière qui traverse le parc.

'Voici de beaux cygnes,' crie Pierre, et il jette des morceaux de pain aux oiseaux. 'Tiens, papa,' dit Paul, 'ce cygne-ci est blanc, mais ce cygne-là est gris. Et voilà de jolis canards bleus et bruns.'

Deux vieux messieurs sur la rive sont occupés à pêcher. M. Dubois demande à un des pêcheurs: 'Attrapez-vous beaucoup de poissons aujourd'hui?' 'Non, monsieur,' répond-il. 'Cette eau est trop claire.'

Pendant qu'ils parlent le méchant Bijou fait des trous dans le gazon, et le gardien, qui arrive à cet instant, est très fâché. 'Je vais punir ce chien,' dit-il, mais Bijou n'attend pas. Il part à toute vitesse pour la maison. A midi tout le monde rentre déjeuner.

QUESTIONS

1 Quel temps fait-il aujourd'hui?
2 Qui fait une promenade au parc?
3 Qu'y a-t-il au milieu du parc?
4 Qu'est-ce que les deux pères choisissent?
5 Que font leurs enfants?
6 Où est le café?
7 Qu'est-ce qu'on vend à la pâtisserie?
8 De quelle couleur sont les canards?
9 Que fait Bijou?
10 Le gardien du parc, aime-t-il Bijou?

EXERCISES

A Replace the infinitive, in brackets, with the appropriate form of the verb:

1 Ils (vendre) du vin.
2 Je (répondre) au pêcheur.
3 Elle ne (boire) pas.
4 (boire)-nous du lait?
5 (faire)-il beau?
6 Il (attendre) le bateau.
7 (vendre)-nous des gâteaux?
8 Ils (boire) de l'eau.
9 Vous (faire) une promenade.
10 Nous ne (faire) pas ces choses.

B Put into the plural:

madame   j'ai un vieux bateau
ce monsieur   tu es mon fils
le nouveau journal   il fait ce trou
il porte son chapeau gris   elle a un caillou blanc

C Fill in **ce**, **cet**, **cette** or **ces** appropriately:

___ bateau   ___ femmes   ___ bancs
___ rivière   ___ ami   ___ femme
___ homme   ___ lac   ___ garçon
___ pêcheurs

D Translate:

this boat   this bird
that river   this duck and that duck
all these cakes   we all (note position
it is very hot   in French) go
on our return   he goes for (makes) a walk
                                    at the edge of the lake

E Translate:

Mrs Dubois goes for a walk with her children in the park. The
weather is nice, and they hire a boat in order to go for a row on
the lake. On their return they go to a shop where one sells many
things, and, seated on the grass, they drink some lemonade. Mrs
Dubois also buys some rolls and some cakes.

'There is a pretty green duck,' cries Mary, and she throws some
pieces of bread to the bird.

'This swan is black,' says her mother, 'but that swan is white.'

While they are looking at some old gentlemen who are fishing
at the edge of the water, Bijou makes holes in the flower-beds.

At this moment the keeper arrives. He is very angry and he
shouts: 'What is this dog doing? Look at all these flowers.' Bijou
does not like this man; he sets off at full speed while Mrs Dubois
talks to the keeper.

F Write a few lines in French about **Une promenade**.

7

GRAMMAR

Personal pronoun objects of a verb (conjunctives, i.e. connected with verb)

In English you say *I sell it* but the French say *I it sell*, i.e. in French all personal pronoun objects must come immediately before the verb (except after the imperative).

There are twelve personal pronoun objects which precede the verb, and you will need to learn them by heart.

PRONOUN OBJECTS									
1		**2**		**3**		**4**		**5**	
me	*me, to me*	le	*him, it* (m)	lui	*to him, to her*	y	*there,*	en	*some, any*
te	*you, to you*	la	*her, it* (f)	leur	*to them*		*to it*		*of it,*
se	(see lesson 8)	les	*them*				(place)		*of them*
nous	*us, to us*								
vous	*you, to you*								

Remember to use **te** only for a relative, a close friend, a child or an animal.

It is very important to remember the order in which the above come (i.e. the order of a football or hockey team: 5 forwards, 3 halves, 2 backs, 1 goalkeeper, and 1 referee) since, though in English you can say either *I give it to you* or *I give you it*, French always requires the order indicated in this table when there are two objects.

je **le** vends	*I sell it*
il **leur** parle	*he speaks to them*
je **vous le** donne	*I give you it/I give it to you*

i.e. **vous** in column 1 comes before **le** in column 2.

Use **en** with expressions of quantity.

j'**en** ai deux.	*I have two of them.*

Remember the following points:
me, **te** and **se** become **m'**, **t'** and **s'** before a vowel or mute h.

il m'en donne	*he gives me some*
je m'habille	*I dress myself*

The position of the pronoun object in negative and interrogative sentences is still immediately before the verb.

Je ne **le** donne pas	*I do not give it.*
Le donnez-vous?	*Do you give it?*

When a verb is followed by an infinitive, be careful to put the pronoun object before the infinitive, of which it is obviously the object.

Je peux **le** voir	*I can see him*
(not 'je le peux voir')	

The pronoun objects precede the expressions **voici** (*here is, here are*) and **voilà** (*there is, there are*), which are made by adding **ici** (*here*) and **là** (*there*) to the verb **voir** (*to see*), and which are used when pointing out people or things.

Le voici!	*Here he (it) is!*
Les voilà!	*There they are!*

The imperative (order or command)

With the exception of a few irregular verbs (see verb table, pages 239–44) the imperative of all verbs is formed by dropping **tu, nous** and **vous** of the present indicative, and by using the 2nd person singular and the 1st and 2nd person plural of the verb alone, i.e. without the pronoun.

	Finir		**Vendre**	
(tu)	finis	*finish*	vends	*sell*
(nous)	finissons	*let us finish*	vendons	*let us sell*
(vous)	finissez	*finish*	vendez	*sell*

But all **-er** verbs drop the final -s of the 2nd person singular.

Donner		**Aller**	
donne	*give*	va	*go*
donnons	*let us give*	allons	*let us go*
donnez	*give*	allez	*go*

The 2nd person singular form is used only when addressing a relative, a close friend, child, or animal.

Note the irregular imperative of **avoir** and **être**:

Avoir		**Être**	
aie	*have*	sois	*be*
ayons	*let us have*	soyons	*let us be*
ayez	*have*	soyez	*be*

Note that the final -s is not dropped in the 2nd person singular of **aller** before the pronoun **y** (*there*):

vas-y! *go there!* (also, *go on!*)

Position of personal pronoun objects with the imperative

All personal pronoun objects are placed after an affirmative order, and joined to the verb by hyphens; and the direct object must always be placed before the indirect object (*to*) when there are two pronoun objects. **En** is not considered a direct object and is always placed last.

Donnez-le!	*Give it!*
Donnez-les (direct)-lui (indirect)!	*Give him them!*
Donnez-nous-en!	*Give some to us!*

Moi and **toi** are written instead of **me** and **te** when in the final position.

Donnez-le-**moi**!	*Give it to me!*
Donnez-**m**'en!	*Give me some!*

Negative orders do not follow this rule, however, but are treated as ordinary sentences, with pronoun objects in the usual position and order.

Ne le donnez pas	*Don't give it*
Ne me les donnez pas	*Do not give them to me*

Present tense of venir, voir and vouloir

Venir *to come*	**Voir** *to see*
je viens *I come*	je vois *I see*
tu viens	tu vois
il (elle) vient	il (elle) voit
nous venons	nous voyons
vous venez	vous voyez
ils (elles) viennent	ils (elles) voient

The verbs **tenir** (*to hold*), **devenir** (*to become*) are conjugated like **venir**.

Vouloir *to wish, to want*

je veux   *I want*
tu veux
il (elle) veut
nous voulons
vous voulez
ils (elles) veulent

Note that **venir de** + infinitive means *to have just* done something.

Je viens de voir mon ami   *I have just seen my friend*

VOCABULARY

l'album (m)	*album*	sympa (young people's	
le collectionneur	*collector*	short form of	
le Maroc	*Morocco*	sympathique)	*nice, pleasant*
le monde	*world*	l'Afrique du Nord	*North Africa*
l'oncle	*uncle*	la collection	*collection*
le pays	*country*	l'enveloppe	*envelope*
coller	*to stick*	la marque	*make*
chez toi	*at* (your) *home*	avec plaisir	*with pleasure*
*envoyer	*to send*	d'accord	*O.K., agreed*
oublier	*to forget*	donc	*then*
vouloir,	*to wish,*	en train de	*in the act of*
désirer	*to want*	il faut	*it is necessary to*
aimable	*kind*	moi aussi	*I too*
anglais	*English*	s'il vous plaît,	*please*
chouette (similar to		s'il te plaît	
sympa)	*nice, lovely*	tenez! tiens!	*here!*
gentil	*nice, kind*	tout de suite	*at once*
jaune	*yellow*	vite	*quickly*
nouveau	*new*	vraiment	*truly*
quelques	*a few*	à deux heures	*at two* (o'clock)
		seulement	*only*

READING PASSAGE

📰 *Les collectionneurs de timbres*

Pierre   Ah, te voilà, Jean-Marc. Je suis en train de coller quelques timbres dans mon album. Je vais te le montrer. Regarde.

Jean-Marc   Moi aussi, je suis collectionneur. Tu as de beaux timbres britanniques. Je les aime beaucoup. Tu en as du Maroc?

Pierre   J'en ai trois ou quatre seulement. Où sont-ils? Ah, les voici. Ils sont jolis, n'est-ce pas?

Jean-Marc   Mon oncle m'envoie souvent des timbres de l'Afrique du Nord. Si tu les aimes, je te les donne avec plaisir. Tiens, en voici deux sur cette enveloppe. Les veux-tu?

Pierre   Montre-les-moi, s'il te plaît. Oui, ils sont vraiment superbes, surtout ce timbre de 10 francs, bleu et jaune.

Jean-Marc   Prends-les donc. J'en ai d'autres.

Pierre   Merci. Tu es sympa. Je vais les mettre dans ma collection ce soir. Cet après-midi nous avons l'intention d'aller voir mon grand-père, qui demeure à Chartres. Nous y allons en voiture. Ah! Tu sais, nous avons une nouvelle voiture. Elle est très chouette! C'est une Renault. Mon père vient de l'acheter. Il faut venir avec nous. Mon grand-père a une magnifique collection de timbres de tous les pays du monde. Il faut absolument la voir.

Jean-Marc   Tu es chouette de m'inviter. D'accord, j'accepte.

Pierre   Bon. Maintenant, rentre chez toi tout de suite. Dis à tes parents que nous allons partir à deux heures. Demande-leur la permission de nous accompagner, et reviens vite. A deux heures. N'oublie pas.

Jean-Marc   J'y vais. A deux heures, alors.

QUESTIONS

1 Qui est en train de coller des timbres dans son album?
2 Qui est aussi collectionneur?
3 Quels timbres Jean-Marc aime-t-il beaucoup?
4 Qui envoie des timbres de l'Afrique du Nord?
5 Combien y en a-t-il sur l'enveloppe de Jean-Marc?
6 Où est-ce que Pierre et son père ont l'intention d'aller?
7 Qui vient d'acheter une nouvelle voiture?
8 De quelle marque est la voiture?
9 Est-ce que vous collectionnez les timbres?
10 Est-ce que les timbres anglais sont beaux?

EXERCISES

A Replace the infinitive, in brackets, with the appropriate form of the verb.

1 Nous (venir) d'acheter.
2 Ils (venir) à Paris.
3 Je (venir) avec Pierre.
4 (Regarder) l'album.
5 (Finir) la lettre.
6 Elle (voir) son ami.
7 Vous (voir) les timbres.
8 Elles (voir) M. Dubois.
9 (Parler) à nos amis.
10 (Vendre) votre collection.

B Replace the nouns in bold type by pronoun objects, and put them in their correct position:
e.g. Je vois **la voiture**. Je **la** vois.

1 Je regarde **les timbres**.
2 Il envoie **à Pierre**.
3 J'invite **mon ami**.

4 Nous avons beaucoup **de timbres**.

5 Ils vont **à Chartres**.

6 Vous donnez **l'enveloppe**.

7 Regardez **cet album**.

8 Parlez **à mes amis**.

9 Ne demandez pas **la permission**.

10 Il donne **les timbres à Jean-Marc**.

C Give in full (2nd person singular, 1st and 2nd person plural) the imperative of:

regarder

finir

faire

dire

être

D Translate:

(a) I give it, we have them, he sells to me, they speak to her, she goes there, you have some, I finish them, we give to them, here it is, there you are, are you speaking to him?, they do not sell them, he sees me, she speaks to us, I have a lot of them.

(b) I give you it, he sells it to me, we speak of it to them, I show her them, they give me some, do you give it to me?, we don't give them any, are you selling them to us?, I wish to see you, we go to find them.

(c) Give it, sell to us, let us finish them, let us give to him, go there, sell it to me, give me some, don't take it, don't let us give any to them, don't tell me it.

E Translate:

Peter	Come in, Jean-Marc! I have just found my stamp-album and I am sticking in some stamps.
Jean-Marc	Ah, I collect stamps too. Show it to me, please.
Peter	Here it is. Look at these stamps from Morocco. My aunt often sends them to me. If you want some, Jean-Marc, I have a lot of them. Let's see. Here are three of them. Do you want them? Take them, then.

Jean-Marc	Thank you very much. I am going to put them in this envelope until this evening, when I intend to stick them in my album.
Peter	Don't forget them. What are you doing this afternoon? My parents are going to Chartres by car. We often go there. The cathedral is beautiful. You must (it is necessary to) see it. Go home quickly, and tell your mother that you are going to come with (accompany) us.
Jean-Marc	You are very kind. I always ask her for permission.
Peter	Be here at two o'clock then.

F Write in French a short conversation about a proposed visit by car or bicycle (**à vélo**) to some person or place.

8

GRAMMAR

Reflexive verbs

When you say in English *I hurt myself* you are making the verb reflexive, i.e. the action turns back to the doer of the action.

The French use reflexive verbs more often than we do in English. Most reflexive verbs belong to Group I, i.e. their infinitive form ends in **-er**, and they are conjugated like **donner**.

The reflexive pronoun objects come, as you have already learnt, just before the verb. Reflexive verbs have **se** (**s'**) (*oneself*) before their infinitive form.

---

se laver (*to wash oneself*)
je **me** lave   *I wash myself,*
tu **te** laves   and so on.
il (elle) **se** lave
nous **nous** lavons
vous **vous** lavez
ils (elles) **se** lavent

Note that se is both singular (*himself, herself, itself*) and plural (*themselves*). All reflexive pronouns can also be indirect objects.
je **me** dis
   I say to myself.

Negative: je ne me lave pas
Interrogative: nous lavons-nous?
or   est-ce que nous nous lavons?

Note the following points:

The reflexive form of a verb may also be used to express *each other, one another.*

Ils se parlent.	*They speak to each other, to one another.*
Ils se regardent.	*They look at each other, one another.*

It must be clearly understood that many verbs have an ordinary as well as a reflexive form, the ordinary form being required when the object is not reflexive.

lever (*to lift, raise*)	se lever (*to get up, raise oneself*)
je lève la main	*I raise my hand*
je me lève	*I get up (raise myself)*

Many verbs which are not reflexive in English are reflexive in form in French.

s'approcher de (*to approach*)
s'écrier (*to cry out*)
Je m'approche de la maison   *I approach the house*

See that the correct reflexive pronoun object is used before an infinitive.

Nous allons **nous** coucher (not se coucher)
We are going to bed.

REFLEXIVE VERBS — IMPERATIVE
The imperative or reflexive verbs can now be learnt:

se laver (*to wash oneself*)

lave-toi	*wash (yourself)*
lavons-nous	*let us wash (ourselves)!*
lavez-vous	*wash (yourself or yourselves)!*

NEGATIVE

ne te lave pas	*don't wash (yourself)*!
ne nous lavons pas	and so on
ne vous lavez pas	

Formation and position of adverbs

FORMATION

Many adverbs can be formed by adding **-ment** to the feminine singular form of an adjective.

doux (f. douce) (*soft*)   doucement (*softly*)

If the masculine singular form of the adjective already ends in a vowel **-ment** is added to this.

vrai (*true*)   vraiment (*truly*)

Remember the following points:

Adjectives ending in **-ant** and **-ent** usually change the ending to **-amment** and **-emment** to form the adverb.

évident (*evident*)   évidemment (*evidently*)
Exception: lentement (*slowly*)

A few adjectives add an acute accent to the **e** of the feminine when forming the adverb.
profondément (*deeply*)

Learn these important exceptions:

Adjective	Adverb
bon (*good*)	bien (*well*)
petit (*little*)	peu (*little*)
mauvais (*bad*)	mal (*badly*)

In a few phrases adjectives are used with adverbial meaning.

je travaille **dur**.   *I work hard.*

je crie **haut**.	*I call out loudly.*

POSITION OF ADVERBS

In French, adverbs must be placed immediately after the verb.

Je vais **souvent** . . .	*I often go* . . .

However, when emphasis is required they may be placed at the beginning of a sentence.

Doucement je m'avance.	*Softly I advance.*

Present tense of ouvrir *and* mettre

Ouvrir *to open*	**Mettre** *to put*
j'ouvre *I open*	je mets *I put*
tu ouvres	tu mets
il (elle) ouvre	il (elle) met
nous ouvrons	nous mettons
vous ouvrez	vous mettez
ils (elles) ouvrent	ils (elles) mettent

The verb **couvrir** (*to cover*) is conjugated like **ouvrir**.

VOCABULARY

le balai	*broom*	*dormir	*to sleep*
le bruit	*noise*	écouter	*to listen*
le bureau	*study*	*s'endormir	*to fall asleep*
le cambrioleur	*burglar*	entendre	*to hear*
le coup	*blow*	frapper	*to strike*
le décapsuleur	*bottle opener*	s'habiller	*to dress*
les devoirs (pl)	*homework*	se lever	*to get up*
le frère	*brother*	se passer	*to take place*

minuit	*midnight*	ramasser	*to pick up*
le pied	*foot*	remarquer	*to notice*
le réfrigérateur	*fridge*	rendre	*to give back*
le soir	*evening*	se retourner	*to turn round*
la chaussure	*shoe*	se réveiller	*to wake up*
le tiroir	*drawer*	verser	*to pour out*
s'approcher		silencieusement	*silently*
(de)	*to approach*	simplement	*simply*
s'avancer	*to advance*	l'aventure	*adventure*
se coucher	*to go to bed*	la pantoufle	*slipper*
crier	*to call out*	la pendule	*clock* (small)
descendre	*to go down*	la pointe	*point, tip*
la robe de	*dressing-*	ensemble	*together*
chambre	*gown*	là-bas	*down there*
la tête	*head*	mais	*but*
blessé	*injured*	parce que	*because*
dur	*hard*	peut-être	*perhaps*
fini	*finished*	pourquoi?	*why?*
mystérieux	*mysterious*	profondément	*deeply*
ouvert	*open*	quelqu'un	*someone*
quelque	*some*	tout de suite	*immediately,*
attentivement	*attentively*		*at once*
brusquement	*abruptly*	vers	*towards*
certainement	*certainly*	vite	*quickly*
doucement	*softly*	toujours	*always, still*
en bas	*down below*	tout à coup	*suddenly*
encore	*again*	avoir soif	*to be thirsty*

READING PASSAGE

Le cambrioleur

Cette aventure se passe un soir à la maison des Dubois.

Pierre a beaucoup de devoirs ce soir. Il travaille dur, et quand ils sont finis à neuf heures, il se couche et s'endort immédiatement.

Il dort profondément, mais à minuit il se réveille brusquement.

Qu'est-ce qui le réveille? C'est un bruit en bas. Il écoute attentivement – il l'entend encore.

Il se lève, met ses pantoufles, et va trouver sa sœur dans la chambre à coucher voisine.

Il ouvre doucement la porte, la réveille, et lui dit:

'Lève-toi! Il y a quelqu'un en bas dans le salon ou dans la salle à manger. C'est peut-être un cambrioleur. Je vais descendre.'

'Je vais t'accompagner,' répond-elle, et elle s'habille vite.

Ils descendent l'escalier sur la pointe des pieds, et arrivent enfin dans l'entrée.

'Où est le balai de maman?' demande Pierre à Marie. 'Le voilà dans le coin, là-bas,' répond sa sœur, et elle le lui donne.

Son frère le saisit et ils s'avancent silencieusement vers la salle à manger, d'où sort toujours un bruit mystérieux.

La porte est ouverte. Devant le buffet il y a un homme qui cherche évidemment quelque chose dans un tiroir.

Les deux enfants attendent un moment. Pierre est sur le point de lui donner un coup de balai sur la tête quand l'homme se retourne.

Ils se regardent un instant. Les enfants s'écrient: 'C'est papa!'

'N'ayez pas peur, mes enfants,' s'exclame M. Dubois. 'Je cherche simplement un décapsuleur, car j'ai très soif et je veux boire quelque chose.'

Puis il va à la cuisine, ouvre le réfrigérateur et en sort une bouteille de limonade et leur verse à boire, puis, comme il a peur de réveiller sa femme, il leur dit: 'Ne faites pas de bruit. Couchons-nous tout de suite.'

QUESTIONS

1 Où se passe cette aventure?
2 Pourquoi Pierre travaille-t-il dur?
3 A quelle heure finit-il ses devoirs?

4 Qu'est-ce qu'il fait alors?
5 Qu'est-ce qui le réveille?
6 Que fait-il alors?
7 Qu'est-ce qu'il dit à sa sœur?
8 Où est le cambrioleur?
9 Qui est-ce?
10 Qu'est-ce qu'il donne aux enfants?

EXERCISES

A Replace the infinitive, in brackets, with the appropriate form of the verb:

1 Elle (ouvrir) la porte.
2 Nous (mettre) nos pantoufles.
3 Vous (ouvrir) la lettre.
4 Ils (mettre) leurs chaussures.
5 Elle (s'habiller) vite.
6 Nous (se coucher) tout de suite.
7 Ils (se lever) à huit heures.
8 Vous (se laver) le matin?
9 Nous ne (se parler) pas souvent.
10 Je (se réveiller) à minuit.

B Translate:

they see each other	wash yourself
they speak to one another	wake up
he doesn't get up	let us dress
do you wake up?	don't get up
let's get up	don't go to bed

C Form adverbs corresponding to the adjectives:

vrai	petit	mauvais
bon	évident	rare
facile	profond	premier
doux		

D Translate:

quickly	soon
down below	we often go
suddenly	he works hard
early	we slowly advance
at once	you work little

E Translate:

The children are doing their homework. There is a clock on the mantelpiece. Mrs Dubois looks at it, then she says to them: 'Go to bed now. It is late, and I am very tired. Father is working hard in his study.'

Mrs Dubois and the children go to bed, and soon fall asleep. Suddenly Mrs Dubois wakes up. She hears a noise below in the garden. She looks for her dressing-gown, puts it on, and approaches the window. She opens it softly and listens. She hears it again.

At that moment Mr Dubois hears it too. He goes out into the garden.

His wife says to herself: 'There it is again. It is certainly a burglar who is down there.' She quickly picks up a shoe and throws it out of the window. The shoe strikes M. Dubois on the head.

He calls out, 'Don't be alarmed. It is your husband.'

Then Mr Dubois sees his wife's shoe. He picks it up and gives it back to her.

F Relate briefly in French, from memory, the story: **Le cambrioleur**.

9

GRAMMAR

Numerals 1 to 60

Cardinal		Ordinal	
1	un (f. une)	1st	le premier, la première
2	deux	2nd	le (la) deuxième (of three or more)
			le second, la seconde (of two)
3	trois	3rd	le (la) troisième
4	quatre	4th	le (la) quatrième
5	cinq	5th	le (la) cinquième
6	six	6th	le (la) sixième
7	sept	7th	le (la) septième
8	huit	8th	le (la) huitième
9	neuf	9th	le (la) neuvième
10	dix	10th	le (la) dixième
11	onze	11th	le (la) onzième
12	douze	12th	le (la) douzième
13	treize	13th	le (la) treizième
14	quatorze	14th	le (la) quatorzième
15	quinze	15th	le (la) quinzième
16	seize	16th	le (la) seizième
17	dix-sept	17th	le (la) dix-septième
18	dix-huit	18th	le (la) dix-huitième
19	dix-neuf	19th	le (la) dix-neuvième
20	vingt	20th	le (la) vingtième
21	vingt et un	21st	le (la) vingt et **unième**
			(not premier)

22 vingt-deux, etc.	22nd le (la) vingt-deuxième, etc.
30 trente	30th le (la) trentième
40 quarante	40th le (la) quarantième
50 cinquante	50th le (la) cinquantième
60 soixante	60th le (la) soixantième

The numerals are completed in Lesson 11.

CARDINALS

Hyphens are used to join two numbers from 17 to 99, except in 21, 31, 41, 51, 61, 71, when **et** is used.

ORDINALS

Add **-ième** to the cardinal numbers, with the exception of first, but any cardinal ending in -e drops this in forming the ordinal. Note: **cinquième**, **neuvième**.

All ordinal numbers come before the noun, and agree like ordinary adjectives.

| le deuxième livre | *the second book* |
| la troisième classe | *the third class* |

Telling the time

| Quelle heure est-il? | *What time is it?* |
| Il est . . . | *It is . . .* |

deux heures

deux heures cinq

deux heures dix

deux heures **et quart**

deux heures vingt

deux heures vingt-cinq

After the half-hour use **moins** (*less*), and subtract the number of minutes from the next hour.

trois heures moins cinq

trois heures moins dix

trois heures moins **le quart**

trois heures moins vingt

trois heures moins vingt-cinq

deux heures **et demie**

The word *minutes* is always omitted.

Remember the following points:

12 noon **midi**   12.30 p.m. **midi et demi**
12 midnight **minuit**   12.30 a.m. **minuit et demi**

When referring to times of trains, planes, etc., **heures** may be followed by the number of minutes right round the clock.
   e.g. le train de deux heures quarante   *the 2.40 train*

The 24-hour clock is used to indicate times of trains and on digital clocks and watches.
   e.g. le train de 16 h.50   *the 4.50 p.m. train*

a.m. and p.m. are indicated thus:
   3 a.m.   trois heures du matin
   2 p.m.   deux heures de l'après-midi *or* quatorze heurs
   8 p.m.   huit heures du soir *or* vingt heures

Note the following points:

une demi-heure   *half an hour* (**demi** never
                                                agrees before a hyphen)
une heure et demie   *an hour and a half*
un quart d'heure   *a quarter of an hour*

à six heures précises   *at exactly 6 o'clock*
vers six heures   *at about 6 o'clock*

Seasons, months and days

Seasons, months, days are all masculine, and all begin with a small letter.

Les saisons *Seasons*

le printemps	*spring*	Note: **au** printemps	*in spring*
l'été	*summer*	**en** été	*in summer*
l'automne	*autumn*	**en** automne	*in autumn*
l'hiver	*winter*	**en** hiver	*in winter*

Les mois *Months*

janvier	*January*	juillet	*July*	Note:
février	*February*	août	*August*	in May
mars	*March*	septembre	*September*	**en mai**,
avril	*April*	octobre	*October*	or,
mai	*May*	novembre	*November*	**au mois**
juin	*June*	décembre	*December*	**de mai**

Note that *1st January* is **le 1er janvier** (**le premier janvier**) but all other dates except the 1st of the month employ the cardinal numbers, e.g. *2nd January* is **le 2 janvier** (**le deux janvier**).

Les jours *Days*		Note:
dimanche	*Sunday*	**dimanche** *On Sunday*, etc.
lundi	*Monday*	(*on* is omitted)
mardi	*Tuesday*	**le dimanche** *on Sundays*
mercredi	*Wednesday*	**tous les dimanches**
jeudi	*Thursday*	*Every Sunday*
vendredi	*Friday*	**le dimanche matin**
samedi	*Saturday*	*on Sunday mornings*

Here are some other ways of expressing time.

le matin	*in the morning*	
l'après-midi	*in the afternoon*	*in* is omitted in
le soir	*in the evening*	French
la nuit	*at night*	

but (toute) la matinée	*the whole morning*	
(toute) la soirée	*the whole evening*	duration
(toute) la journée	*the whole day*	of
(toute) l'année (f)	*the whole year*	time

l'année dernière (prochaine) *last* (next) *year*

but l'an (m) is used with numbers in most cases.

Quel âge **a**-t-il? *How old is he?*
Il **a** vingt ans. *He is 20*
('avoir' is used to express age)

Note also:

Il **est** âgé **de** vingt ans. *He is 20 years of age, aged 20.*

Present tense of irregular reflexive verb s'asseoir

S'asseoir *to sit down*

je m'assieds *I sit down*	nous nous asseyons
or je m'asseois	
tu t'assieds	vous vous asseyez
or tu t'asseois	
il (elle) s'assied	ils (elles) s'asseyent
or il (elle) s'asseoit	or ils (elles) s'asseoient

The cedilla

Any verb with infinitive ending in **-cer** requires a cedilla before a, o, u to make c soft.

Nous commençons.

VOCABULARY

l'âge (m.)	*age*	se baigner	*to bathe*
le billard	*billiards*	se laver	*to wash*
le café-bar	*café*	se promener	*to walk*
l'élève (m. or f.)	*pupil*	se raser	*to shave*
le jour	*day*	se reposer	*to rest*
le lycée	*school* (secondary)	*faire un tour en voiture	*to go for a run by car*
le mois	*month*	rendre visite à	*to visit somebody*
l'orchestre (m.)	*orchestra*		
le professeur	*teacher*	jouer à	*to play at (games)*
le roman	*novel*		
*s'en aller	*to go off, away*	jouer de	*to play (musical instruments)*
s'amuser	*to enjoy or amuse oneself*		

le combien *or* quelle date sommes-nous? }	*What is the date?*	précis	*exact*
		de	*from or of*
		de deuxième (classe)	*of Class II*
la carte	*card*		
la fin	*end*	en	*in (seasons, months)*
l'habitude (f.)	*habit*		
la leçon	*lesson*	en seconde	*in a second-class carriage*
la mer	*sea*		
la plage	*beach*	en vacances	*on holiday*
la saison	*season*	presque	*almost*
la salle de classe	*classroom*	quelquefois	*sometimes*
		si (s'il)	*if (if it)*
la semaine	*week*	toujours	*always*
la terrasse	*terrace*	C'est	*Today is the*
les vacances	*holidays*	aujourd'hui	*fifteenth*
intéressant	*interesting*	le quinze mai	*of May*

READING PASSAGE

Les habitudes des Dubois

Pendant presque toute l'année M. Dubois se lève de bonne heure, à six heures et demie. Il se lave, se rase, et s'habille; puis il descend prendre le petit déjeuner à sept heures précises.

A sept heures et demie il part pour la gare. Il voyage toujours en seconde. Il rentre le soir par le train de six heures vingt.

En hiver il passe la soirée à lire un roman intéressant, à jouer du piano, ou à écouter la radio; en été il travaille au jardin. Le jeudi soir, toute la famille va généralement au cinéma ou au théâtre.

Le dimanche matin M. et Mme Dubois et leurs enfants vont à l'église. Puis ils déjeunent à midi et demi. L'après-midi M. Dubois joue quelquefois au tennis; s'il fait mauvais temps, il se repose dans un fauteuil ou il joue aux cartes. Vers huit heures du soir il regarde la télévision; il se couche vers onze heures et quart.

Au mois d'août la famille part en vacances. M. Dubois choisit toujours les Sables d'Olonne, parce qu'ils aiment tous le bord de la mer.

Le matin ils se baignent et s'amusent sur la plage; l'après-midi ils font un tour en voiture; après le dîner ils s'asseyent à la terrasse d'un café, où joue tous les soirs un petit orchestre.

A la fin des vacances, le 6 ou le 7 septembre, les enfants rentrent au lycée. Marie a seize ans; elle est élève de seconde; Pierre a quatorze ans; il est élève de quatrième. Les classes commencent à huit heures précises. Il y a quinze salles de classe, vingt et un professeurs, et dans chaque classe il y a de trente à trente-cinq élèves.

QUESTIONS

1 En quelle saison allez-vous au bord de la mer?
2 Quel jour de la semaine est-ce aujourd'hui?
3 Quelle date sommes-nous?
4 Combien de jours y a-t-il au mois de janvier?
5 A quelle heure vous levez-vous le matin?
6 A quelle heure vous couchez-vous le soir?
7 Que fait M. Dubois le soir?
8 Qu'est-ce qu'il fait le dimanche matin?
9 Quel âge avez-vous?
10 Est-ce que vous jouez au tennis?

EXERCISES

A Translate:

she wakes up	we do not rest
we go to bed	he gets up
they wash themselves	do they bathe?
he sits down	they sit down
do you (vous) sit down?	does she go to bed?

B Translate:

15	the 1st week
40	the 5th day
51	the 9th year
19	the 12th hour
13	the 21st minute
60	
36	
14	
21	
16	

C Translate:

12 midnight	2 p.m.
12.30 p.m.	half an hour
9.10	a quarter of an hour
8.15	about 1 o'clock
3.30	at exactly 10 o'clock
4.45	the 5.40 p.m. train
11.50 a.m.	at 7 o'clock in the evening
6.55	

D Translate:

in winter	on Saturday
in spring	every Tuesday
last summer	next Thursday
August	in the evening

in April   last year
June 1st   How old are you?
February 20th   I am 25
Wednesday

E Translate:

I am 16 and I live in a little village in (à) the country, (at) 30 kilometres from Paris.

I usually wake up early, at 6.45, and I have breakfast with my parents at 7.30.

I leave for school at 7.50, and I often go in my father's car. I am a pupil in the second (class), and we begin our lessons at 8.00 in the morning, and we work until (jusqu'à) 12 noon.

After lunch we work until 4.20. In the evening I always have a lot of homework; on Thursday evenings I often go with my friends to the cinema, but my father goes off to the village café to play cards or billiards.

On Sundays I play tennis in the afternoon, if it is nice, or I read a novel if the weather is bad. After dinner I generally listen to my radio or I watch TV.

In August we go on holiday. We all like the seaside, and my parents always choose Les Sables d'Olonne.

Every morning I bathe, but sometimes in the afternoon we go for a run in the car in the country.

I enjoy myself very much at the seaside; I return to school on September 5th.

F Write in French a few lines on **Mes habitudes**.

10

GRAMMAR

Countries, inhabitants and languages

A list of countries, inhabitants and languages in French is given on page 262.

Most countries are feminine in French. Countries and inhabitants are written with an initial capital letter, but languages and adjectives of nationality are written with an initial small letter, e.g.

le pays (*country*)	l'habitant (*inhabitant*)
l'Angleterre (f) (*England*)	l'Anglais (*the Englishman*)
la France (*France*)	le Français (*the Frenchman*)

The feminine forms are obtained by following the usual rule for adjectives, e.g.

l'Anglaise	*the Englishwoman*
les Anglais	*the Englishmen*
les Anglaises	*the Englishwomen*

From the inhabitant both the language and the adjective can be obtained, simply by replacing the initial capital letter by a small letter, e.g.

j'aime l'anglais	*I like English*
un chien anglais	*an English dog*

(Adjectives denoting nationality always follow the noun.)

Make a careful note of the following special points:

FEMININE COUNTRIES, CONTINENTS, REGIONS

en meaning *to* or *in*
    en France   *to France, in France*
de (**d'**) meaning *from*
    il vient de France   *he comes from France*
or *of* as in titles:
    le roi de France   *the King of France*

MASCULINE COUNTRIES, PROVINCES

au (pl. **aux**) meaning *to* or *in*
    au Japon   *to Japan, in Japan*
    aux États-Unis   *to* or *in the USA*
du (pl. **des**) meaning *from*
    du Canada   *from Canada*
    des États-Unis   *from the USA*
Titles:
    L'empereur du Japon   *the Emperor of Japan*

LANGUAGES

(1) **le** is omitted with the verb **parler**
    je parle français   *I speak French*
    but j'aime le français   *I like French*
(2) **en** meaning *in*
    Répondez en français.   *Answer in French.*
(3) **de** meaning *of*
    un professeur de français   *a teacher of French*
    un professeur français   *a teacher of French nationality*

TOWNS

à meaning *in* or *to*
    à Londres   *in, to, London*
de meaning *from*
    de Paris   *from Paris*

ADJECTIVES

If a country or town is qualified by an adjective, simply use **dans** for *in*.

dans le beau Canada	*in beautiful Canada*
dans l'Afrique du Nord	*in North Africa*
dans le vieux Paris	*in old Paris*

Phrases with avoir

Avoir (*to have*) is used in French in many common phrases where English uses *to be*.

avoir chaud	*to be hot*
avoir froid	*to be cold*
avoir faim	*to be hungry*
avoir soif	*to be thirsty*
avoir envie de	*to want to do/to feel like doing*
avoir peur	*to be afraid*
avoir raison	*to be right*
avoir tort	*to be wrong*
avoir besoin (de)	*to be in need (of)*

Omission of the article

A is omitted in French when one is stating nationality, profession or occupation.

| il est Français | *he is a Frenchman* |
| il est soldat | *he is a soldier* |

The is used for parts of the body, when it is quite clear who the possessor is.

| il ouvre la bouche | *he opens his mouth* |
| elle a les yeux bleus | *she has blue eyes* |

Irregularities of some -er verbs

Regular verbs of Group I whose infinitives end in **-ayer**, **-eyer**, or **-oyer**, change **y** to **i** before a mute syllable. With **-ayer** verbs this change is optional.

Appeler (*to call*) and **s'appeler** (*to call oneself, to be called*) double the **l** before a mute syllable.

Payer to pay	**Appeler** to call
je paie, paye	j'appelle
tu paies, payes	tu appelles
il paie, paye	il appelle
nous payons	nous appelons
vous payez	vous appelez
ils paient, payent	ils appellent

Verbs whose infinitives end in **-ger** (e.g. **manger**, **voyager**) insert an **e** after the **g** before a, o, u, to make the g soft.

   nous mangeons   *we eat*

Word order

In French, the verbs *say*, *reply*, etc., always precede their subject after spoken words, e.g. **dit-il**, **répond-il**.

VOCABULARY

le bifteck	*beefsteak*	agiter	*to wave*
le bout	*end*	avoir mal	*to have a pain*
le bras	*arm*	commander	*to order*
le commerçant	*merchant*	*comprendre	*to understand*
le compatriote	*compatriot*	*découvrir	*to discover*
l'addition (f.)	*bill*	dessiner	*to draw*
l'Asie (f.)	*Asia*	expliquer	*to explain*
la bière	*beer*	goûter	*to taste*
la bouche	*mouth*	hocher	*to shake* (head)
la Chine	*China*	indiquer	*to indicate*
la chose	*thing*	manger	*to eat*
la feuille	*leaf*	oublier	*to forget*
l'erreur (f.)	*mistake*	perdre	*to lose*
l'estomac (m.)	*stomach*	refermer	*to close again*
les États-Unis	*United States*	sembler	*to seem*
le Japon	*Japan*	voler	*to fly*

le Japonais	*Japanese*	la mésaventure	*misadventure*
Londres	*London*	cru	*raw*
le papier	*paper*	content	*pleased*
le pâté	*pâté*	drôle	*funny*
le poulet	*chicken*	étroit	*narrow*
le poisson	*fish*	fait	*made*
le canard	*duck*	frit	*fried*
jeune	*young*	quoi	*what*
nouveau		sans	*without*
(f. nouvelle)	*new*	toujours	*always, still*
quelque	*some*	comment vous	*What is*
vide	*empty*	appelez-vous?	*your name?*
bientôt	*soon*	je m'appelle	*my name is . . .*
comme	*like, as*		(Lit.: *I call*
donc	*so, therefore*		*myself*)
ensuite	*next*	Il est dans les	*he is a*
malheureuse-		affaires	*businessman*
ment	*unfortunately*	(or C'est un	
par exemple	*for example*	homme d'affaires)	
par hasard	*by chance*		
parce que	*because*		

READING PASSAGE

Au restaurant

M. Dubois a un ami qui est très riche. Il est Anglais: il s'appelle M. Merchant, et il est dans les affaires.

M. Merchant voyage beaucoup. Il voyage en Europe, aux États-Unis, et en Asie. Il visite la Chine, et quand il part de la Chine il arrive au Japon.

Il visite d'abord Tokyo, et se promène dans les rues de cette ville; enfin il se perd, et se trouve dans une petite rue étroite devant un restaurant japonais. Il est fatigué, et il a faim, alors il y entre.

Il s'assied et appelle le garçon. Malheureusement, M. Merchant ne parle pas japonais. Il lui dit en anglais: 'Apportez-moi, s'il vous plaît, quelque chose à manger – du canard ou du poulet, par exemple.'

Le garçon ne le comprend pas. M. Merchant prend alors une feuille de papier et y dessine un canard, mais en vain. Ensuite il lui fait des signes; il se lève et agite les bras comme un oiseau qui vole. Le Japonais semble comprendre; il s'en va.

Au bout d'un moment le garçon lui apporte un pâté. L'Anglais en goûte un morceau, le trouve bon, et le mange.

Il désire découvrir de quoi il est fait.

Le garçon apporte enfin l'addition, et M. Merchant lui montre l'assiette vide, et dit: 'Couac, couac?' pour lui demander si c'est du canard.

Le Japonais comprend tout de suite; il hoche la tête et ouvre et referme la bouche sans dire un mot pour lui indiquer que c'est du poisson.

Le voyageur comprend aussi: c'est du poisson cru. Il a mal à l'estomac. Il paie l'addition et sort à toute vitesse.

Dans la rue il rencontre par hasard un compatriote, et il lui explique sa mésaventure.

'Dites-moi vite, s'il vous plaît, où il y a un restaurant anglais dans cette ville,' dit-il, 'parce que j'ai envie de manger un bifteck, et de boire de la bière.'

'Certainement, monsieur,' répond-il. 'Je vais vous accompagner et je vais vous le montrer.'

Ils partent ensemble et son nouvel ami dit bientôt: 'Le voilà: entrons-y tout de suite.'

M. Merchant est très content; il oublie vite le pâté de poisson cru et commande un bifteck, des pommes de terre frites, et un verre de bière.

QUESTIONS

1 Comment s'appelle l'ami de M. Dubois?
2 Où voyage-t-il?
3 Pourquoi entre-t-il dans un restaurant japonais?
4 Qu'est-ce qu'il dit au garçon?
5 Quel signe fait-il au garçon?
6 Qu'est-ce que le garçon lui apporte?
7 De quoi le pâté est-il fait?
8 Qui est-ce qu'il rencontre dans la rue?
9 Comment vous appelez-vous?
10 Êtes-vous Français(e)? Parlez-vous français?

EXERCISES

A Translate:

He speaks to me.	Let's go there!
I have some.	Bring me them!
He sells them to me.	Let us sell some to him!
We show them to you.	Don't sell it!
They go there.	Don't go there!

He gives it to me.
I give some to her.

Tell it to me!
Don't tell it to me!

B Translate:

In England.
a Japanese person.
Some Frenchmen.
She is an Englishwoman.
In Japan.
From France.
In Paris.
To London.
From Japan.
To England.

From Rouen.
I speak French.
A Chinese street.
Answer in English.
I like English.
He is called Charles.
I am a soldier.
You have brown hair.
We are cold.
They are thirsty.

C Translate:

A young Frenchman, who is travelling in England, goes one day into a little restaurant in London.

He is hungry, and he wishes to order some beef with some potatoes and mushrooms.

He does not speak English, so he draws on a sheet of paper an ox, some potatoes, and a mushroom.

Then he calls the waiter and shows them to him. The waiter seems to understand; he goes away and soon he brings (to) him beef and potatoes, but there are no mushrooms.

The Frenchman is not pleased. He shows him the mushroom on the sheet of paper, and says in French: 'Bring me some mushrooms too, please.'

The waiter goes out, and after some minutes he brings him an umbrella. 'Here it is, sir,' he says (says he). The Frenchman says to himself: 'These English are truly funny.' But the English waiter says to himself: 'Why isn't he pleased? He draws an umbrella on a sheet of paper and I bring one of them to him. Ah! but perhaps his umbrella is a mushroom!'

At that moment the Frenchman gets up, pays the bill and goes out into the street and the waiter laughs at his mistake.

D Write in French, from memory, the story: **Au restaurant**.

REVISION

Lessons 6 – 10

A Translate:

they are selling, do I sell? we drink, they are drinking, you make, do they make? he opens, I do not put, we eat, we begin, I get up, do you get up?, they go to bed, he does not dress, we turn round, does he wash himself?, she sits down, they sit down, they are coming, does he see?, let us finish, sell, let us have, be good (sage), tell me.

B Translate:

I sell it, we have some, they go there, she speaks to them, we give some to her, they tell us it, he sells them to me, let us finish them, sell it, give us them, give (2nd sing.) me some, get up, let us sit down, wash yourself (2nd sing.), don't do it, don't let us speak to them, don't get up, do it, do we eat some?, do you see them?

C Translate:

(a) 16, 39, 51, the 15th, the 1st, the 21st, at 12.30 p.m., ten past 6, a quarter to 9, five minutes to 8.

(b) in winter, in spring, in May, April 1st, July 14th, on Tuesday, every Sunday, in the afternoon, at 3 o'clock in the morning, good morning.

(c) in Spain, to England, in Japan, to Dover (Douvres), in London, a Frenchwoman, some Germans, he speaks Italian, answer in French, an English house.

D Translate:

these gentlemen, these women, this man, I am thirsty, we are hot, she is hungry, it is nice weather, it is very cold, he is a doctor, she has blue eyes.

E Translate:

1 These stamps are blue, those stamps are grey.
2 Those old French castles are really very beautiful.
3 Mr Smith often goes to France in summer.
4 My sister, who is sixteen, is arriving on Thursday from Nice.
5 Does she speak English? No, she doesn't speak it well.

F Write in French a few lines on one of the following subjects: (a) **Mes habitudes**; (b) **Ma journée**.

G Answer in French the following questions:

1 Comment vous appelez-vous?
2 Quel âge avez-vous?
3 Où habitez vous?
4 Quelle date sommes-nous?
5 Quel temps fait-il aujourd'hui?
6 Quelle heure est-il?
7 Où passez-vous généralement les vacances d'été?
8 Est-ce que vous jouez du piano?
9 Jouez-vous au tennis ou au cricket?
10 Aimez-vous le français?

II

GRAMMAR

Numerals from 60 onwards

Cardinals		Ordinals
61	soixante et un	Add
62, etc.	soixante-deux, etc.	**-ième**
70	soixante-dix	to
71	soixante et onze	cardinals
72, etc.	soixante-douze, etc.	(Lesson 9)
80	quatre-vingts	
81, etc.	quatre-vingt-un	
90	quatre-vingt-dix	
91, etc.	quatre-vingt-onze	
100	cent	
101	cent un	
200	deux cents	
but 201	deux cent un	
1,000	mille	
2,000, etc.	deux mille	

Remember the following points:

There is no special word for 70 or 90. From 61 to 99 count by twenties, not by tens.

21, 31, 41, 51, 61, 71 take **et**; 81, 91 have a hyphen and no **et**.

Quatre-vingts and **cents** (pl) drop the **s** when a number follows them.

Mille (*thousand*) never takes an **s**, to avoid confusion with **un mille** (*a mile*).

deux mille	*2,000*
deux milles	*2 miles* (nautical)

Hyphens from 17 to 99 (excluding 21, 31, 41, 51, 61, 71) only; no hyphen after **cent** or **mille**.

2242   *deux mille deux cent quarante-deux*

The forms **septante**, **octante** or **huitante**, and **nonante** are often used in Belgium and Switzerland.

Collective numerals and measurements, etc.

COLLECTIVE NUMERALS

There are several collective numerals, which are nouns of quantity, followed by **de**: most are formed by adding **-aine** to the 'round' numbers.

une dizaine de	*about 10*
une vingtaine de	*about 20*
une centaine de	*about 100*
un millier de	*about 1,000*
un million de	*a million*
une douzaine de	*a dozen (about 12)*
une quinzaine	*a fortnight (about 15 days)*
une douzaine d'œufs	*a dozen eggs*
des centaines de soldats	*some hundreds of soldiers*

but *about* + other numbers is translated by **environ**.

environ vingt-cinq	*about 25*

MEASUREMENTS

These are expressed by using **faire** or **être**.

Faire + noun

Cette boîte fait 6 centimètres de long (*or* de longueur) **sur** 4 centimètres de large (de largeur) sur 2 centimètres de haut (de hauteur).

This box is 6 cms long by 4 cms broad by 2 cms high.

Être + adjective

Cette boîte est longue, ou large, ou haute de 3 centimètres.
This box is 3 cms long, or broad, or high.

PECULIARITIES

Price.	*At 10 francs a dozen*	10 francs **la** douzaine (*at* is omitted)
First.	*The first six towns*	les six premières villes (*first* comes last in French!)
Multiplication.	3 x 5 = 15	trois fois cinq **font** quinze.
Half.	2 ¹/₂	deux et demi
	2.30 p.m.	deux heures et demie } Adj.
but	la moitié du pain	*half the bread* }
	la moitié des hommes	*half the men* } Noun
		}

THE YEAR

This is expressed either as in English:

en (l'an) dix-neuf cent quarante *in (the year) 1940*

or by using **mille**

en mille neuf cent quarante

KINGS

This follows the same rule as the date of the month:

Louis premier (Ier)   *Louis I*
Louis deux (II), etc.   *Louis II*, etc.

Comparative and superlative of adjectives

Adjectives add **plus** (*more*) or **moins** (*less*) to form the comparative; and add **le** (**la**) **plus** (*most*) or **le** (**la**) **moins** (*least*) to form the superlative: e.g.

	Comparative	Superlative
grand	un **plus** grand enfant une **plus** grande enfant (*a bigger child*)	le **plus** grand enfant la **plus** grande enfant (*the biggest child*)
intelligent	un enfant **plus** intelligent un enfant **plus** intelligente (*a more intelligent child*)	l'enfant l**e plus** intelligent l'enfant l**a plus** intelligente (*the most intelligent child*)

Notice that **le** (**la**) must be repeated when the adjective is one which comes after its noun.

Exceptions		
	Comparative	Superlative
bon (*good*)	meilleur	le meilleur
mauvais (*bad*)	pire	le pire
petit (*small*)	moindre	le moindre

plus mauvais, **le plus mauvais** and **plus petit**, **le plus petit** are also used.

| (People) | le plus petit garçon | *the smallest boy* |
| (Abstract nouns) | les moindres idées | *the smallest ideas* |

Note the following points:

Than **que**

   Il est plus âgé **que** Charles   *He is older than Charles*

In after a superlative   **de**

   Le meilleur hôtel de Paris   *The best hotel in Paris*

Than before a number   **de**

Plus de douze fois   *More than twelve times*

Equality is expressed by **aussi** (*as*)

Il est **aussi** grand que son père.   *He is as big as his father.*

After a negative, **si** is usually employed instead of **aussi**.

Il n'est pas **si** (*so, as*) grand que son père.

Titles

The article is omitted with a noun in apposition; and **de** is used alone in titles.

Louis XIV, roi de France . . .   *Louis XIV, the King of France . . .*

Present tense of connaître *and* savoir

Connaître *to know*	**Savoir** *to know*
je connais	je sais
tu connais	tu sais
il (elle) connaît	il (elle) sait
nous connaissons	nous savons
vous connaissez	vous savez
ils (elles) connaissent	ils (elles) savent

All verbs ending in **-aître** follow this pattern.

connaître is used when people or things are known (i.e. recognised) by the senses, e.g. sight, hearing, touch, etc.

Je connais Charles   *I know Charles*

Il connaît bien Paris   *He knows Paris well*

savoir is used when referring to knowing facts, knowing as a result of study, and knowing how to do something.

Savez-vous où il habite?   *Do you know where he lives?*

Il sait nager.   *He can swim.*

VOCABULARY

l'arbre fruitier	*fruit-tree*	l'île (f.)	*island*
le blé	*corn, wheat*	la montagne	*mountain*
le centre	*centre*	la partie	*part*
le château	*castle*	la province	*province*
le département	*department*	la tour	*tower*
l'est (m.)	*east*	agricole	*agricultural*
le fleuve	*river* (large)	carré	*square*
le monde	*world*	célèbre	*famous*
le nom	*name*	chaque	*each*
le nord	*north*	construit	*constructed, erected*
l'ouest (m.)	*west*		
le palais	*palace*	court	*short*
le pont	*bridge*	droit	*right*
le produit	*product*	élevé	*high, elevated*
le quai	*quay*	étendu	*extensive, large*
le quartier	*quarter, district*	exceptionnel	*exceptional*
le siècle	*century*	gauche	*left*
le sommet	*summit*	industriel	*industrial*
le sud	*south*	mort	*dead*
le tombeau	*tomb*	plat	*flat*
le trajet	*journey*	employer	*to employ, use*
ajouter	*to add*	indiquer	*to indicate*
*couvrir	*to cover*	manquer	*to miss, fail*
s'élever	*to rise (buildings, etc.)*	visiter	*to visit*
		sa propre langue	*its own language*
se diviser	*to be divided*	principal	*principal, chief*
la beauté	*beauty*	à l'exception de	*except*
la Bretagne	*Brittany*	avant tout	*chiefly*
la côte	*coast*	pour	*in order to*
la coutume	*custom*	que (conj.)	*that, than*
la ferme	*farm*	sans doute	*doubtless*
la fois	*time*	seulement	*only*
la Grande-Bretagne	*Great Britain*	tout le monde	*everybody*
l'histoire (f.)	*history, story*	Note: Lyon, Marseille do not end in s.	

READING PASSAGE

📖 La France

Pour connaître les Français il faut connaître leur pays.

Vous savez, sans doute, que la mer qui sépare l'Angleterre de la France s'appelle la Manche, et que le trajet le plus court entre les deux pays, de Douvres à Calais, est de trente-cinq kilomètres seulement.

La France est le pays le plus étendu de l'Europe à l'exception de la Russie. Elle couvre plus de 550.000 kilomètres carrés, et elle est quatre fois plus étendue que la Grande-Bretagne.

La France a 59 millions d'habitants. C'est, avant tout, un pays de services, et plus de la moitié de sa population est employée dans le tertiaire.

Ses produits agricoles les plus importants sont le blé et le vin. Ses vins sont les meilleurs du monde.

Elle se divise, pour l'administration, en quatre-vingt-quinze 'départements', ou en vingt-deux régions.

Chaque région a son caractère, ses coutumes, et ses costumes traditionnels et quelquefois son propre dialecte.

Paris et la région parisienne, l'Alsace dans l'est et la Haute-Normandie dans le nord, sont les régions les plus riches de France.

Tout le monde connaît les vins de la Champagne; la Normandie, avec ses fermes et ses arbres fruitiers; et, dans l'ouest, la Bretagne, région de pêcheurs.

Dans le centre se trouvent la Touraine et ses châteaux; et, dans le sud-est, la Savoie et ses montagnes, où le Mont-Blanc, sommet le plus élevé, a 4 800 mètres de haut.

Dans la France du Sud (qui s'appelle le Midi) se trouve la Provence, avec sa côte célèbre et son climat exceptionnel.

Paris, Toulouse, Lyon, et Marseille sont les quatre premières villes de France. Paris est situé sur la Seine, grand fleuve long de 600 kilomètres, qui ajoute beaucoup, avec ses quais et ses ponts, à la beauté de la capitale, centre depuis quinze cents ans de l'histoire de France.

La ville se divise en deux parties. La partie la plus importante est au nord, sur la rive droite, où se trouvent les Grands Boulevards, avec leurs magasins, leurs arbres, leurs cafés, et leurs milliers de touristes et de taxis, l'Arc de Triomphe, l'Opéra et le palais du Louvre.

Au milieu de la Seine, sur une petite île, s'élève la célèbre cathédrale Notre-Dame de Paris.

Sur la rive gauche se trouvent le Quartier Latin, quartier de l'Université; la Tour Eiffel, haute de plus de 300 mètres, et le tombeau de Napoléon 1er, mort en 1821.

Et ne manquez pas de visiter le palais de Versailles, monument superbe du XVIIe siècle, construit par Louis XIV.

QUESTIONS

1 Comment s'appelle la mer qui sépare l'Angleterre de la France?
2 Combien d'habitants a la France?
3 Quels sont ses produits agricoles les plus importants?
4 En combien de départements se divise-t-elle?
5 Combien de régions y a-t-il?
6 Quels sont les noms de quatre villes importantes?
7 Quelle est la hauteur du Mont-Blanc?
8 Combien de kilomètres de longueur a la Seine?
9 Où est Notre-Dame de Paris?
10 Où se trouve le Quartier Latin?

EXERCISES

A Translate:

61	94	300	5,000	the 205th
73	97	425	4,436	the 1,000th
80	100	1,000	the 70th	in the year 1950
81	101	1,001	the 81st	in the year 1789

B Translate:

a dozen shops
about twenty tourists
about a hundred books
about 75
thousands of books
this street is 300 metres long
a mountain 2,000 metres high

this room is 5 metres long
  by 4 metres broad
$3^1/_2$
half the country
$2 \times 12 = 24$
at 5 francs a dozen
the first three kings
Napoleon I

C Translate:

a bigger country
the biggest country
a better town
some nice shops
the nicest streets
the best districts in Paris
a more important region
greener fields

the richest department in France
a less important region
the least rich region
as big as England
France is not as large as Russia
the smallest bridges
the worst ideas

D Translate:

I know France
he knows French
do you know Peter?
we know that he is rich
they know the street

I know where he lives
he knows Paris
she knows how to swim
we know them
they know it (a fact)

E Translate:

In order to know the English it is necessary to know their language and their country.

Great Britain is much smaller than France. It covers 230,000 square kilometres, and it has 60 million inhabitants. London, its biggest city, has more than 10 million inhabitants.

It is divided into forty counties*, and each county has its character and its capital.

In the centre and in the north are to be found the most important industrial regions, with about twenty very large towns.

In the west are the counties of Devonshire, with its farms and its orchards, and of Cornwall, with its fishermen. Their coasts are the nicest in England, and thousands of tourists go there in summer.

In the east, a flat region, are found the best agricultural districts.

The Thames (la Tamise), the most important river, which is 350 kilometres long, divides London into two parts. Most of the principal buildings in London are on the left bank. Do not fail to visit Hampton Court, the palace of Henry VIII, built in 1520.

*Note that English counties are usually masculine, and take **dans** for *in*.

	le (comté de) Devonshire	*Devonshire*
	dans le Devonshire	*in Devonshire*
but	la Cornouailles	*Cornwall*
	en Cornouailles	*in Cornwall*

F Write down in French, from memory, some interesting facts about France, or Paris.

12

GRAMMAR

Relative pronouns

(*who, which, that*, relating back to persons, animals or things just previously mentioned).

PERSONS, ANIMALS, THINGS

{ Subject   **qui** (*who, which, that*)

{ Object   **que** (**qu'**) (*whom, which, that*)

Subject	L'homme ou le chien ou la table **qui** est ici
	The man or the dog or the table that is here
Object	L'homme ou le chien ou la table **que** je vois (qu'il voit)
	The man or the dog or the table that I see (that he sees)

(Note that **que** is shortened to **qu'** before a vowel or h, but **qui** never loses its **i**.)

After prepositions **qui** is used for persons, and **lequel** (f. **laquelle**) for animals and things; but **dont** (*whose, of whom, of which*) can be used for persons, animals and things, requires no alteration in spelling for agreement, and is used generally instead of **de qui** or **duquel**.

Persons

Preposition + **qui**	
dont (or **de qui**)	*of whom*
à qui	*to whom*
avec qui	*with whom*, etc.

La femme **dont** je parle	*The woman of whom I speak*
Les hommes **à qui** je parle	*The men to whom I speak*

Things or animals

Preposition	+ Singular	Plural
which	(m.) lequel	lesquels
	(f.) laquelle	lesquelles
of which	**du**quel	**des**quels
dont or	de laquelle	desquelles
to which	**au**quel	**aux**quels
	à laquelle	**aux**quelles
with which, etc.	avec lequel	avec lesquels
	avec laquelle	avec lesquelles

La maison **dont (de laquelle)**   *The house of which I speak*
   je parle
Le chien **auquel** je parle   *The dog to which I speak*
La plume **avec laquelle** j'écris   *The pen with which I write*

Remember the following points:
In French, **dont** must always come immediately after the noun to which it refers.

Une maison **dont** la porte   *A house the door of which*
   est ouverte   *is open*

Notice the difference in the word order between English and French when using **dont**.

L'homme **dont** je connais le fils   *The man whose son I know*
(subject + verb + object)

If there is a preposition before the preceding noun you must use **de qui** or **duquel** for persons and **duquel**, etc., for things or animals instead of **dont**.

L'homme à l'adresse **de qui**   *The man to whose address*
   (**duquel**) j'écris   *(to the address of whom)*
   I write
Le livre sur la page **duquel**   *The book on the page*
   j'écris   *of which I write*

Lequel, etc., must be used for persons to avoid ambiguity when two nouns are adjacent, the second governed by a preposition.

La mère du garçon **laquelle**   *The boy's mother who is here*
est ici

Never omit the relative pronoun in French, though it is often omitted in English.

L'homme **que** je vois   *The man I see*

Où can be used for place or time, instead of *in which, at which, on which.*

La maison **où** (dans laquelle)   *The house in which he lives*
il habite

Le jour **où** j'arrive   *The day on which (when) I arrive*

After a preposition, *which,* when referring to an idea and not to a definite noun, is translated by **quoi.**

Je le frappe, après **quoi**   *I strike him, after which he falls*
il tombe.

The prepositions **parmi**, **entre** (*among*) take **lequel**, etc., for persons as well as for things.

Les hommes parmi **lesquels** . . .   *The men among whom . . .*

When *what* is meaning *that which*, and *that* is meaning *that which*, use the following:

Subject: **ce qui** ⎫ that which
Object: **ce que** ⎭

   Subject:

Prenez **ce qui** est dans la boîte.   *Take what (that which) is in the box.*

   Object:

J'entends **ce que** vous dites.   *I hear what (that which) you say.*

Tout **ce qu'**il dit   *All that (that which) he says*

Use **que** for *when, as,* after **un jour**, **un soir**, etc.

Un jour que nous travaillions . . .   *One day when (as) we were working . . .*

The conjunction que (that)

The conjunction **que**, which joins two clauses, must never be omitted in French.

Il dit **que** nous sommes paresseux. *He says that we are lazy.*
Je crois **qu'**il est à Londres. *I think he is in London.*

VOCABULARY

le bout	*scrap, piece, end*	se rappeler	*to remember*
		rouler	*to roll*
le chef de train	*guard*	la chose	*thing*
la chemin de fer	*railway*	l'injure	*insult*
un employé	*employee*	la place	*seat*
le fourgon	*luggage-van*	la valise	*suitcase*
le numéro	*number*	ingrat	*ungrateful*
le poing	*fist*	seul	*alone*
le chariot à bagage	*trolley*	stupéfait	*astounded*
		dehors	*outside*
le pourboire	*tip*	paisiblement	*peacefully*
le quai	*platform*	par malheur	*unfortunately*
le wagon	*carriage*	profondément	*deeply*
s'arrêter	*to stop*	sauf (preposition)	*except*
bouger	*to move*	tant de	*so much*
*s'endormir	*to fall asleep*	tout (adverb)	*quite*
entraîner	*to drag*	tout à fait	*entirely*
s'étonner (de)	*to be astonished (to)*	violemment	*violently*
expliquer	*to explain*	dormir à poings fermés	*to sleep deeply*
se hâter (de)	*to hurry (to)*		
manquer (de)	*to fail (to)*	reçoit	*receives*
oublier	*to forget*		

READING PASSAGE

Une erreur d'identité

A la gare du Nord à Paris un voyageur monte dans un train qui est sur le point de partir pour Boulogne, met sa valise dans le chariot, et appelle ensuite un employé qui passe.

Il lui explique qu'il a l'habitude de dormir profondément quand il voyage par le train, et il lui demande de dire au chef de train de le réveiller à la gare de Choix, à laquelle il veut descendre. 'Ne manquez pas de me faire descendre, même s'il faut me jeter dehors,' ajoute-t-il.

L'employé comprend, écrit sur un bout de papier le numéro de la place où il se trouve, reçoit un pourboire du voyageur, et part pour expliquer au chef de train ce qu'il faut faire.

Le monsieur s'installe à côté de la fenêtre, et s'endort tout de suite.

Le chef de train s'occupe de tant de choses en route qu'il oublie tout à fait le voyageur qui dort.

Le train s'arrête enfin à Choix, où le chef de train se rappelle sa mission quelques secondes avant le départ.

Il se hâte de chercher le wagon qu'il faut trouver, mais par malheur il n'a plus dans sa poche le bout de papier qui porte le numéro dont il a besoin.

Il passe dans un wagon où il y a un monsieur tout seul qui dort à poings fermés, le secoue violemment, et comme il ne bouge pas, il l'entraîne dehors sur le quai. Puis il regagne son fourgon, et donne le signal du départ.

Le train repart, et le chef de train s'étonne de voir le voyageur qu'il vient de rouler sur le quai lui montrer le poing, et lui crier des injures.

'Voilà un monsieur bien ingrat,' se dit-il, stupéfait.

Arrivé à Boulogne, tout le monde descend, sauf un monsieur qui dort toujours paisiblement dans son coin à côté de la fenêtre.

QUESTIONS

1 Pourquoi le voyageur appelle-t-il un employé?
2 Qu'est-ce qu'il lui explique?
3 Sur quoi l'employé écrit-il le numéro?
4 Qu'est-ce qu'il reçoit du voyageur?
5 A qui l'employé donne-t-il le message?
6 Où s'installe le voyageur?
7 Pourquoi le chef de train oublie-t-il sa mission?
8 Que fait-il quand il trouve un monsieur endormi?
9 Que fait le voyageur qui se trouve sur le quai?
10 Qui ne descend pas au terminus à Boulogne?

EXERCISES

A Insert **qui** (subject) or **que** (object) in the following:

1 Le chien ___ est noir.
2 Les messieurs ___ parlent.
3 La maison ___ j'achète.
4 L'enfant ___ nous regarde.
5 Les fleurs ___ elle vend.
6 Voici une robe ___ est belle.
7 Le livre ___ est sur la table.
8 Les autobus ___ nous voyons.
9 La place ___ il cherche.
10 Un express ___ part à six heures.

B Translate the relative pronoun in brackets:

1 La femme (to whom) il parle.
2 La plume (with which) vous écrivez.
3 La rue (in which) j'habite.
4 Les pays (of which) ils parlent.
5 L'homme (whose) le fils est malade.
6 Le cinéma (at which) je la rencontre.
7 La dame (with whom) il se promène.

8 Montrez-moi (what) est dans la boîte.
9 Tout (that) nous disons est vrai.
10 Je ne sais pas (what) il fait.

C Translate:

1 The lady whose son we know.
2 The men among whom he works.
3 The road which the car takes.
4 The day on which he arrives.
5 He strikes his head, after which he falls.
6 The seat I choose is comfortable.
7 The cat which I speak to is intelligent.
8 What he is saying is interesting.
9 I think he is in Paris.
10 One evening when I am not working.

D Translate:

The suburb in which I live is very pleasant.

Our house is situated in a street bordered with trees, which are very beautiful in summer.

My bedroom, in front of which there is a balcony, looks out on (donner sur) our garden, of which my father is very proud.

Near our street there is a park, in the middle of which there is an ornamental pond (le bassin).

My Uncle Robert, of whom I often speak, and whom I like very much, is arriving from London this evening. He generally brings me some stamps, and I hope he does not forget them this time. The stamps he gives me are sometimes rare (rare).

E Recount in French, from memory, the story **Une erreur d'identité** or recount any amusing or interesting experience connected with a railway journey.

The words on p. 258-9, **La S.N.C.F.**, may help you.

13

GRAMMAR

Quel *and* lequel

ADJECTIVE

	Sing.	Plur.	
M.	**quel**	**quels**	} *which, what* (+ noun)
F.	**quelle**	**quelles**	

Quel magasin?	*Which shop?*
Quelles femmes?	*Which women?*
Quel est ce bruit?	*What is that noise?*
	(*What* separated from its noun in this case.)

Note that when **quel** is used as an exclamation the article is omitted.

Quelle jolie robe!	*What a pretty dress!*

PRONOUN

	Sing.	Plur.	
M.	**lequel**	**lesquels**	} *which one(s)?*
F.	**laquelle**	**lesquelles**	

Voici deux chapeaux.	*Here are two hats.*
Lequel préférez-vous?	*Which one do you prefer?*

Demonstrative pronouns

THIS ONE, THAT ONE, THESE, THOSE

	Sing.	Plur.		
M.	**celui** }	*this,*	**ceux** }	*these,*
F.	**celle**	*that,*	**celles**	*those,*
		the one		*the ones*

Quelle femme?	*Which woman?*
Celle qui parle.	*The one who is speaking.*
Votre chapeau et **celui** de Marie	*Your hat and Mary's*
	(that of Mary)

Note that when making a comparison or a contrast, you should add **-ci** (*the nearer, the latter, this one, these*) or **-là** (*the farther, the former, that one, those*) to these pronouns.

Voici deux chiens.	*Here are two dogs.*
Celui-ci est noir; celui-là est blanc.	*This one is black; that one is white.*

THIS, THAT

When no noun has yet been referred to, and no gender yet mentioned, and when something is merely pointed out, or some idea referred to, use:

ceci	*this*
cela	*that*

(**cela** is usually contracted to **ça** in conversation).

Ceci est joli.	*This is pretty.*
Regardez **cela**.	*Look at that.*
Je n'aime pas **ça**.	*I don't like that.*

USE OF C'EST (PL. CE SONT)

Ce (or **C'**) is used in French before **être** not only for *it*, but for *he, she, they,* when **être** is followed by:

Proper Noun	C'est Henri	*It is Henry*

Noun preceded by article or otherwise qualified (e.g. **quelque**, meaning *some, a few*).	C'est le (un) livre	*It is the (a) book*
	Ce sont les (des) livres	*They are the (some) books*
	Ce sont quelques amis	*They are a few friends*
Pronoun.	C'est vous	*It is you*
Superlative.	C'est le plus grand	*It is the biggest*

C'est means *it is, this is, that is,* when something is pointed to, or referred to, but not named (i.e. no gender known).

C'est joli.	*It is pretty.*
C'est ici.	*It is here.*
C'est vrai.	*It (an idea, statement) is true.*

But use **il (elle) est** (pl. **ils (elles) sont**) for *it is, he is, she is, they are* when not demonstrative but merely making a statement, the gender of the noun being known.

Voici une pomme.	*Here is an apple.*
Elle est rouge.	*It is red.*
Regardez cette femme.	*Look at that woman.*
Elle est belle.	*She is beautiful.*
Où sont les chiens?	*Where are the dogs?*
Ils sont ici.	*They are here.*

Note that before a clause beginning with **que** or before a phrase beginning with **de**, you should use **il est** (not **c'est**) for *it is*.

| Il est vrai **qu'**il est paresseux. | *It is true that he is lazy.* |
| Il est difficile **de** faire cela. | *It is difficult to do that.* |

Comparative and superlative of adverbs

Adverbs add **plus** (*more*) or **moins** (*less*).

	Comparative	Superlative
vite	plus vite	le plus vite
quickly	*more quickly*	*most quickly*

Exceptions					
beaucoup	*much*	plus	*more*	le plus	*most*
bien	*well*	mieux	*better*	le mieux	*best*
peu	*little*	moins	*less*	le moins	*least*
mal	*badly*	pire	*worse*	le pire	*worst*

Make a note of the following points:

Do not confuse **meilleur** (adj.) and **mieux** (adverb)

| Un **meilleur** livre | *A better book* |
| Il chante **mieux** que Charles. | *He sings better than Charles.* |

Plus and **moins** when followed by a noun take **de** like other expressions of quantity

| plus **de** vingt livres | *more than twenty books* |

More and more = **de** plus **en** plus.

Present tense of vouloir and pouvoir

You have already met **vouloir** on p. 67.

Vouloir *to wish, want to*	**Pouvoir** *to be able*
je veux *I wish*	je peux *I can,* or *am able*
tu veux	tu peux
il (elle) veut	il (elle) peut
nous voulons	nous pouvons
vous voulez	vous pouvez
ils (elles) veulent	ils (elles) peuvent

Use **je peux** but **puis-je** in interrogative form.

VOCABULARY

Au grand magasin   At the department store

l'ascenseur (m.)	*lift*	la marque	*brand*
le billet	*note, ticket*	une pièce	*a proof of*
le bureau		d'identité	*identity*
de tabac	*tobacconist*	la vendeuse	*saleswoman*
le chemisier	*blouse, top,*	à la mode	*fashionable*
	shirt	au troisième	*on the 3rd floor*
le chèque	*cheque*	bien	*well, very much*
l'escalier roulant	*escalator*	bon marché	*cheap*
le paquet	*packet*	bonjour	*good morning or*
le permis	*driving*		*good afternoon*
de conduire	*licence*	déjà	*already*
le rayon	*department*	enfin	*at last*
le rayon de	*dress*	vraiment	*truly, really*
confection	*department*	très	*very*
le sac	*bag*	cher	*expensive*
le tabac	*tobacco*	exquis	*exquisite*
le tissu	*material*	comment	
le vendeur	*salesman*	allez-vous?	*how are you?*
coûter	*to cost*	adorable	*charming, cute*
envelopper	*to wrap*	je vais bien	*I am well*
fumer	*to smoke*	n'est-ce pas?	*isn't that so?*
ruiner	*to ruin*	chic	*smart,*
cela vous va	*that suits*		*fashionable*
bien	*you well*	voulez-vous?	*do you want?*
comme	*how beautiful*	voyons!	*now look,*
(qu')elle	*she (it) is*		*look here!*
est belle		(robe) habillée	*dressy, smart,*
l'allumette (f)	*match*		*formal*
une blonde	*an English*	épatant	*delightful,*
	cigarette		*'super'*
la carte		seyant	*attractive,*
d'identité	*identity card*		*becoming*
l'étiquette	*label, price-ticket*		

READING PASSAGE

Un grand magasin à Paris

(*Mme Dubois et son amie, Mme Lebrun, arrivent au rayon des tissus.*)

La Vendeuse   Bonjour, mesdames. Vous voulez voir quelque chose?

Mme Dubois   Je veux voir quelques tissus, s'il vous plaît – pour faire une robe habillée.

La Vendeuse   Oui, madame. Voici quelques tissus très à la mode. Ce sont les plus jolis que nous avons. Celui-ci, par exemple? Regardez comme il est seyant.

Mme Dubois   Oui, j'aime bien celui-ci.

Mme Lebrun   J'aime mieux celui-là; je le trouve très bien.

Mme Dubois   C'est vrai. Combien coûte-t-il?

La Vendeuse   Il coûte cent quatre-vingt dix-huit francs quatre-vingt (198,80F) le mètre, madame. Ce n'est pas bon marché mais c'est de la belle qualité.

Mme Dubois   Vraiment? Alors, j'en prends cinq mètres.

La Vendeuse   Ça fait neuf cent quatre-vingt quatorze francs quarante, exactement, n'est-ce pas? Vous payez avec un chèque, oui? Alors, si vous voulez bien me donner une pièce d'identité.

Mme Dubois   Oh, je ne trouve pas ma carte d'identité. Est-ce que ça va avec le permis de conduire?

La Vendeuse   Très bien, madame. Voici votre paquet.

Mme Lebrun   Oh! Francine, regarde donc ça. (*Elle montre un chemisier à son amie.*)

La Vendeuse   Madame désire acheter un chemisier? Comment trouvez-vous celui-ci? Ces chemisiers-ci viennent d'arriver ce matin. Ils sont adorables, n'est-ce pas?

Mme Dubois   Je trouve que celui-là fait plus chic. (*Elle regarde l'étiquette.*) C'est combien? Ah! cinq cents soixante-quinze francs (575 F). Ça, c'est trop cher. (*A Mme Lebrun*) Lequel préfères-tu?

Mme Lebrun   J'aime mieux le chemisier vert; il est plus gai.

La Vendeuse	Et il est moins cher, madame. Trois cents quatre-vingt-dix francs (390 F) seulement.
Mme Dubois	Eh bien, je vais l'essayer. (*Elle se regarde dans la glace.*) Quel joli chemisier! Il me va très bien, n'est-ce pas? Alors, je le prends. (*Monsieur Dubois arrive.*) Tiens! Voilà mon mari.
M. Dubois	Ah! te voici enfin! Je te cherche partout, Francine. (*Il voit Mme Lebrun.*) Bonjour, Madame Lebrun. Comment allez-vous? Qu'est-ce que ma femme vient d'acheter? Un chemisier? Elle me ruine.

(*La vendeuse met le chemisier vert dans un sac, et le donne à Monsieur Dubois.*)

Descendons par l'ascenseur. C'est plus rapide que l'escalier roulant. Je veux acheter des cigarettes.

(*Ils descendent tous, et sortent du magasin. Ils entrent dans un bureau de tabac.*)

Le Buraliste	Bonjour, messieurs-dames. Vous désirez?
M. Dubois	Vous avez des blondes?
Le Buraliste	Mais oui, monsieur. Lesquelles désirez-vous? Nous avons des 'Silver Tip'. Elles coûtent huit francs soixante le paquet.
M. Dubois	Voulez-vous m'en donner trois paquets, s'il vous plaît. J'aime bien celles-là.
Le Buraliste	Oui, monsieur, ce sont les cigarettes qui se vendent le mieux. Ça fait vingt-cinq quatre-vingts (25, 80 F).
M. Dubois	Voyons! Il est déjà midi. Allons déjeuner le plus vite possible.

QUESTIONS

1 Comment allez-vous ce matin?
2 Laquelle préférez-vous, une cigarette ou une pipe?
3 Quelle marque de tabac fumez-vous?
4 Aimez-vous les cigarettes françaises?

5 Quel est votre journal favori?

6 Combien coûte le chemisier vert de Mme Dubois?

7 Où est-ce qu'on achète le tabac?

8 Combien de centimes font un franc?

9 Combien coûtent cent timbres de deux francs quatre-vingts?

10 Combien coûtent cinq paquets de cigarettes à neuf francs soixante le paquet?

EXERCISES

A Insert the correct form of **quel** (adj.) or **lequel** (pron.) as required:

1 ___ chapeau préférez-vous?

2 Voici deux chemisiers; ___ préférez-vous?

3 ___ de ces robes est la plus belle?

4 ___ robes voulez-vous voir?

5 ___ beau magasin!

6 ___ de ces livres est le plus intéressant?

7 ___ heure est-il?

8 ___ de ces journaux voulez-vous lire?

9 ___ aimez-vous mieux, celui-ci ou celui-là?

10 ___ cigarettes fumez-vous?

B Insert suitable demonstrative pronouns:

1 Voilà deux livres; ___ est vert.

2 ___ qui est sur la table est bleu.

3 ___ est vrai.

4 Regardez ___.

5 Regardez ces fleurs; ___ sont rouges, ___ sont blanches.

6 Je comprends ___.

7 Voici ma voiture; ___ de Charles est plus petite.

8 ___ qui est devant le magasin est plus grande.

9 ___ coûte plus que ___.

10 ___ est possible.

C Insert **ce** (**c'**) or **il** (**elle**), as required:

1 ___ est le plus grand magasin de la ville.
2 Regardez cette fleur; ___ est jolie.
3 Oui, ___ est une belle fleur.
4 ___ sont de belles fleurs.
5 Voici un chapeau; ___ est bon marché.
6 ___ est un chapeau élégant.
7 Aimez-vous cette robe? ___ est très gaie.
8 ___ est la meilleure vendeuse du magasin.
9 Ah! ___ est vous, Madame Lebrun?
10 ___ sont nos amis Charles et Henri, n'est-ce pas?

D Translate:

more often	on the fifth floor
most politely	I am very well
he reads better	they wish
she speaks least	do you wish?
a better fruit	they can
as quickly as possible	can I?
more and more expensive	we are able to go
more than 3,000 francs	

E Translate:

(*M. Dubois and his wife enter a tobacconist's*)

M. Dubois   Good morning. Have you any English cigarettes?

Tobacconist   Yes, sir, we have some. They have just arrived. Which brand do you like best?

M. Dubois   Give me a packet of Silver Tip, please, and a box of matches. I find Swedish (*suédoises*) matches are better than French matches.

Tobacconist   But we haven't any, sir. That makes 9 francs 70 (centimes).

M. Dubois   Thank you. Here is a twenty-franc note. (*The salesman gives him 10 francs 30.*)

(*M. and Mme Dubois go out. They stop in front of a department store.*)

Mme Dubois I want to see some dresses. Let us go to the dress department. We can take the lift to the fourth (floor).

(*They go up to the dress department.*)

Saleswoman Good morning, madam. Good morning, sir. What can I show you?

Mme Dubois I want to see some evening dresses, please.

Saleswoman Certainly, madam. Here are the best evening dresses in the shop. Do you like this one?

Mme Dubois No, I prefer that one, the white dress. I find it nicer than the black dress.

M. Dubois But it is also more expensive, isn't it?

Saleswoman Yes, that is true. It costs 1500 francs.

Mme Dubois Yes, the black dress costs less, but it is also less smart. Which one do you prefer, my darling?

M. Dubois You are ruining me. Let's go out as quickly as possible.

F Write in French a short imaginary conversation which takes place in a shop, a street, or a restaurant.

14

GRAMMAR

The future tense

To form the future tense of regular verbs, the endings -**ai**, -**as**, -**a**, -**ons**, -**ez**, -**ont** (which are the endings of the present tense of **avoir**) are added to the infinitive.

Remember that verbs of Group III (-**re**) drop the final -**e** of the infinitive.

donner	**finir**	**vendre**
je donner**ai**	finir**ai**	vendr**ai**
tu donner**as**	finir**as**	vendr**as**
il donner**a**	finir**a**	vendr**a**
nous donner**ons**	finir**ons**	vendr**ons**
vous donner**ez**	finir**ez**	vendr**ez**
ils donner**ont**	finir**ont**	vendr**ont**

All verbs have these endings in the future tense, but some irregular verbs make alterations in the stem, and the Verb Table at the end of the book can now be consulted when necessary.

You will need to learn the following common irregular futures by heart:

aller	j'irai	*I will/shall go*
avoir	j'aurai	*I will/shall have*
courir	je courrai	*I will/shall run*

être	je serai	*I will/shall be*
faire	je ferai	*I will/shall make*
pouvoir	je pourrai	*I will/shall be able*
recevoir	je recevrai	*I will/shall receive*
savoir	je saurai	*I will/shall know*
tenir	je tiendrai	*I will/shall hold*
venir	je viendrai	*I will/shall come*
voir	je verrai	*I will/shall see*
vouloir	je voudrai	*I will/shall wish*

Notice the following points:

The following regular verbs of Group I (**-er**) take a grave accent throughout the future (e.g. **j'achèterai**, and so on):

    mener (*to lead*)
    acheter (*to buy*)
    amener (*to bring along*)
    emmener (*to take along*)
    promener (*to walk*)

This is due to the fact that the **e** preceding the last syllable is mute.

The following regular verbs double the last consonant throughout the future:

    appeler (*to call*) j'appellerai
    jeter (*to throw*) je jetterai

Verbs ending in **-oyer** and **-uyer** change **y** to **i** throughout the future:

    nettoyer (*to clean*) je nettoierai
    essuyer (*to wipe*) j'essuierai
    Verbs ending in **-ayer** can retain **y** or change to **i**.
        payer (*to pay*) je payerai or paierai

Use of the future tense

The following points should be noted:

In French the future must be used instead of the English present when future time is really implied, i.e. after conjunctions of time:

quand, lorsque (*when*), **dès que**, **aussitôt que** (*as soon as*), and so on.

Quand il arrive**ra**, nous sortirons.	*When he arrives* (= will arrive) *we shall go out.*

but do not use the future in French after **si** (*if*); simply the present as in English.

S'il arrive demain, nous partirons.	*If he arrives tomorrow, we shall leave.*

When **si** means *whether*, the future is used, however, as in English.

Je ne sais pas s'il viendra.	*I don't know if* (= whether) *he will come.*

The immediate future can be expressed by the present of **aller** + the infinitive, as in English.

Je vais chanter maintenant.	*I am going to sing now.*

Will you?, when a request, is not a future, but is expressed in French by *Are you willing to?*

Voulez-vous fermer la porte, s'il vous plaît?	*Will you shut the door, please?*

In the interrogative form of the future of all verbs, a **t** must be inserted in the 3rd person singular.

Donnera-t-il (elle)?	*Will he (she) give?*

Emphatic pronouns

(Disjunctives, i.e. not connected with a verb – so separate, apart)

Singular		Plural	
moi	*I* or *me*	**nous**	*we* or *us*
vous	*you*	**vous**	*you*
lui	*he* or *him*	**eux**	*they* or *them* (m)
elle	*she* or *her*	**elles**	*they* or *them* (f)

Toi is used instead of **vous** in the singular for relatives and close friends, etc.

These are used in the following cases:

FOR EMPHASIS, COMPOSITE SUBJECT OR OBJECT, OR WHEN ALONE

Moi, je n'irai pas.	*I won't/shan't go, myself.*
Lui et moi (nous) allons sortir.	*He and I are going out.*
Qui est là? Moi.	*Who is there? I.*

AFTER PREPOSITIONS

avec **lui**	*with him*
l'un **d'eux**	*one of them*
chez **nous**	*at our house*

but remember that a transitive verb + *to* + pronoun requires a conjunctive pronoun, e.g. I give *to* her = 'je **lui** donne' and not 'je donne à elle'.

Verbs of motion take emphatic pronouns, e.g. **Il est venu à moi** *He came to me*; and they are used after reflexive verbs for the indirect object.

Il s'adresse à moi.	*He addresses himself to me.*

WITH VERB ÊTRE (WHICH CANNOT TAKE AN OBJECT)

C'est vous.	*It is you.*

Similarly, **c'est moi, toi, lui, elle, nous**
but Ce **sont** eux, elles

Note that **être** + emphatic pronoun can be used to show possession in French.

| A qui est ce crayon? | *Whose pencil is this?* |
| Il est à **moi**. | *It is mine.* |

IN COMPARISONS

Il est plus intelligent que **moi**.   *He is more intelligent than I.*

Note that **-même** (*self*) can be added to any of the emphatic pronouns, and agrees, being an adjective.

moi-même	*myself*
nous-mêmes	*ourselves*
Il le fera **lui-même**	*He will do it himself*

Do not confuse this with the reflexive pronoun, which is not emphatic.

| Il se coupe. | *He cuts himself.* |

Present tense of écrire *and* recevoir

Écrire *to write*	**Recevoir** *to receive*
j'écris	je reçois
tu écris	tu reçois
il (elle) écrit	il (elle) reçoit
nous écrivons	nous recevons
vous écrivez	vous recevez
ils (elles) écrivent	ils (elles) reçoivent

Similarly, all verbs ending in **-cevoir**, e.g. **apercevoir** (*to perceive*), are formed like **recevoir**.

VOCABULARY

| le camping | *camping* | la douane | *customs* |
| le cheval | *horse* | l'écurie (f.) | *stable* |

132

le collège	*college*	l'étable (f.)	*cowshed*
le départ	*departure*	l'excursion	*excursion*
la basse-cour	*poultry-yard*	la fois	*time*
la canne à pêche	*fishing-rod*	la grange	*barn*
la colline	*hill*	la main	*hand*
l'endroit (m.)	*place*	(la) maman	*mother*
le fermier	*farmer*	la poule	*hen*
le hangar	*shed*	la quinzaine	*fortnight*
le mouton	*sheep*	la sortie	*exit*
l'œuf	*egg*	la traversée	*crossing*
l'oncle	*uncle*	la truite	*trout*
Pâques	*Easter*	la vache	*cow*
le Parlement	*Parliament*	aimable	*kind*
le passeport	*passport*	calme	*calm*
le pied	*foot*	content (de)	*pleased (to)*
le poirier	*pear tree*	enchanté (de)	*delighted (to)*
le pommier	*apple tree*	heureux (de)	*happy (to)*
le pré	*meadow*	maintenant	*now*
le ruisseau	*brook*	peut-être	*perhaps*
le verger	*orchard*	tant de	*so much*
avoir cours (classe)	*to have a class (lesson)*	tout près	*quite near*
couler	*to flow*	en bus	*by bus/coach*
descendre	*to go down or get down*	en chemin de fer	*by rail*
		par le train	*by train*
		par le métro	*by Underground*
emmener	*to take away (people)*	par avion	*by air*
emporter	*to take away (things)*	faire une promenade (un tour) à pied,	*to go for a walk/trip on foot, by bicycle, on*
passer	*to spend (time)*		
prêter	*to lend*	à vélo, à cheval,	*horseback,*
prier	*to ask*	en auto,	*by car,*
remercier	*to thank*	en bateau,	*in a boat, in*
voyager	*to travel*	en avion	*an aeroplane*

READING PASSAGE

Une lettre de Paris

Chantenay, le 5 mars

Cher Jean,

Je te remercie beaucoup de ta lettre du 1er mars, et de ton aimable invitation. Je serai enchanté de passer une quinzaine de jours chez toi à Pâques. Remercie aussi tes parents mille fois, de ma part.

Je vais enfin voir l'abbaye de Westminster, le Parlement, la cathédrale St Paul, et la place Trafalgar. Nous pourrons aussi peut-être faire des excursions en voiture ou par le train à Oxford et à Windsor.

Je partirai de Paris le 9 avril par le train de 9 h 20, de la gare du Nord, et j'arriverai à Calais à 12 h 45. Ensuite je passerai la douane, et j'embarquerai pour Douvres.

Ce sera la première fois que je ferai un voyage en bateau, et j'espère bien que la mer sera très calme. Si nous faisons une bonne traversée de la Manche, j'arriverai à la gare Victoria vers 16 h 30, mais je ne sais pas si tu pourras venir me chercher.

Quand je descendrai du train je te chercherai à la sortie du quai. Si tu ne peux pas venir à la gare je prendrai un taxi. Naturellement, je ne connais pas Londres, mais je sais assez bien l'anglais pour donner ton adresse au chauffeur.

C'est demain mercredi et, tu sais, je n'ai pas cours mercredi après-midi.

Alors s'il fait beau mon ami Paul Lenoir et moi nous irons faire une promenade à vélo à la campagne. Il a deux ans de plus que moi, et son oncle a une grande ferme à vingt kilomètres de chez nous, et nous allons souvent chez lui.

C'est une belle ferme, avec des granges, des hangars pour les tracteurs et les machines, une écurie pour les chevaux de Monsieur Lenoir, des étables pour les vaches, et une basse-cour pleine de poules et de canards. Il y a aussi beaucoup de moutons dans les prés; et au pied de la colline, derrière la maison, il y a un beau verger avec des pommiers et des poiriers.

Dès que nous arriverons, nous irons voir les animaux. Je ferai peut-être un petit tour à cheval avec lui s'il a un peu de temps libre, parce que maintenant je sais monter à cheval. J'emporterai aussi ma canne à pêche, parce qu'il y a beaucoup de truites dans le ruisseau qui coule tout près de la ferme.

M. Lenoir me donnera, comme toujours, une douzaine d'œufs pour maman. Il a lui-même deux fils, et nous avons l'intention de faire du camping avec eux au mois d'août. Nous les connaissons bien, et ils sont très gentils.

Je viens d'acheter mon billet de train, et je serai bien content de voir arriver le jour de mon départ pour l'Angleterre.

Avant de partir j'achèterai des timbres français pour ta collection, et je te les apporterai.

J'attends avec impatience le jour de mon départ pour l'Angleterre.

Salut et à bientôt.

Pierre.

QUESTIONS

1 Qu'est-ce que Pierre verra à Londres?
2 Où ira-t-il peut-être en voiture?
3 Par quel train partira-t-il de Paris?
4 Où est-ce qu'il embarquera pour Douvres?
5 A quelle heure arrivera-t-il à Victoria?
6 Qui a une grande ferme?
7 Pourquoi Pierre emportera-t-il sa canne à pêche?
8 Qu'est-ce que M. Lenoir lui donnera?
9 Qu'est-ce que Pierre et ses amis feront au mois d'août?
10 Connaissez-vous Paris ou Londres?

EXERCISES

A Replace the following present tenses by the future tense:

ils donnent	elle peut
je vends	vous voulez
finit-il?	nous recevons
elle va	ils ont
tu es	j'achète
nous voyons	il jette
je fais	vous payez
ils viennent	

B Translate:

he and I	it is them (m)
with them (m)	he is bigger than you
in front of her	after me
at our house (use **chez**)	at her house (use **chez**)
it is him	come with them (f)

C Translate:

I am writing	they know the street
we write	I go for a bicycle ride
they receive	he travels by boat
does he receive?	we go for a ride on horseback
I know English	they travel by air

D Translate:

10, Windsor Street,
Kingston, Surrey.
13th March, 1993

Dear Peter,

I have just received your letter of 5th March and I am very pleased to know that I will see you at last next month.

I will be at Victoria Station at 4.30 p.m. on Saturday and I will wait for you at the exit from the platform. If you do not see me at first, do not take a taxi, but wait in front of the letter-box on the right. You know that all letter-boxes in England are red.

My Uncle Charles, who knows your father well, will be able perhaps to come with me. He speaks French better than I.

During the first week we will visit the Houses of Parliament, Westminster Abbey, St Paul's Cathedral, and many other interesting places in London.

After that, if the weather is nice, we will go to Windsor, and you will see the Castle and Eton College. My uncle often goes there by car, and he will take us with him. He knows Oxford well.

I will have a lot of new stamps to (à) show you when you arrive. My brother Robert, who is three years older than I, also has a fine collection. He and I intend to go camping in Scotland at the end of July. He will lend you his bicycle, and we will be able to go for some bicycle rides into the country.

Now I have a lot of homework to (à) do.

Yours sincerely,

John.

E Write, in French, a short letter to a friend giving details of a journey or visit you intend to make.

15

GRAMMAR

The perfect tense with avoir

With the exception of reflexive verbs, and a few verbs expressing motion (see Lesson 16), French verbs form their perfect tense (e.g. *I have given* or *I gave*) by adding their past participle to the present tense of **avoir**.

You should always use this tense in French, in conversation or in a letter, to express any action completed at a definite time in the past.

The past participle of any irregular verb may be found in the Verb Table at the back of the book, which can now be consulted as each new tense occurs.

The past participle of regular verbs is formed as follows:

Group	Stem of infinitive + ending		=	past participle
I	donn(**er**)	**-é**	=	donn**é**
II	fin(**ir**)	**-i**	=	fin**i**
III	vend(**re**)	**-u**	=	vend**u**

Perfect tense of **Donner**:

j'ai donné	*I have given, I gave*
tu as donné	
il (elle) a donné	
nous avons donné	
vous avez donné	
ils (elles) ont donné	

The verbs **finir**, j'ai fini, etc.; **vendre**, j'ai vendu, etc. follow the same pattern.

INTERROGATIVE

ai-je donné?
est-ce que j'ai donné? } *have I given? did I give?*

NEGATIVE

je n'ai pas donné   *I have not given, I did not give.*

Note the following common irregular past participles:
(See Verb Table, p. 239–44, for a complete list.)

avoir	j'ai eu	*I (have) had*
boire	j'ai bu	*I (have) drunk*
dire	j'ai dit	*I (have) said*
écrire	j'ai écrit	*I (have) written*
être	j'ai été	*I (have) been*
faire	j'ai fait	*I (have) done, made*
mettre	j'ai mis	*I (have) put*
prendre	j'ai pris	*I (have) taken*
recevoir	j'ai reçu	*I (have) received*
voir	j'ai vu	*I (have) seen*

Agreement of the past participle after avoir

The past participle must agree like an adjective with any direct object preceding the verb **avoir**.

Je **les** ai trouvés.	*I have found them.*
Les livres **que** j'ai acheté**s**	*The books which I bought.*
Quelle femme avez-vous vu**e**?	*What woman have you seen?*

But there is no agreement when the preceding object is indirect.

Je leur ai donné des fleurs.   *I have given some flowers to them.*

Note that the past participle can be used as an adjective:

Le château, bâti sur un rocher, . . . *The castle, built on a rock, . . .*

Position of adverbs in compound tenses

Adverbs are usually placed between the auxiliary verb and the past participle.

J'ai **souvent** vu	*I have often seen*

EXCEPTIONS WHICH FOLLOW THE PAST PARTICIPLE:
Long adverbs:

J'ai vu **tout à coup**	*I saw suddenly*

Adverbs of time or place:

J'ai vu **hier**	*I saw yesterday*
J'ai vu **partout**	*I saw everywhere*

Warning note on tenses

When the action is not yet finished, and *for* means *since* (**depuis**), use the present, not the perfect.

Il **attend** (action still going on) depuis une heure.	*He has been waiting for an hour.*
Depuis quand **êtes**-vous à Paris?	*How long have you been in Paris?*

I have just given, etc., is expressed in French not by the perfect but by the present of **venir**, followed by **de** plus the infinitive.

Je viens de voir M. Dubois.	*I have just seen Mr Dubois.*

VOCABULARY

le bateau-mouche	*river-steamer*	célèbre	*famous (well-known)*
le bâtiment	*building*	ci-joint	*enclosed*
le canot	*rowing-boat*	heureux	*happy*
le faubourg	*suburb*	large	*broad*

le lendemain	*next day*	paresseux	*lazy*
le métro	*Underground*	triste	*sad*
le pique-nique	*picnic*	vrai	*true*
le prisonnier	*prisoner*	à impériale	*double-decker*
le retour	*return*		(bus)
le thé	*tea*	au revoir	*goodbye*
*apprendre	*to learn*	avant de	*before*
assister (à)	*to be present*		(of time)
	(*at*)	raconter	*to tell*
débarquer	*to disembark*	s'amuser	*to enjoy oneself*
habiter	*to inhabit*	soulever	*to lift up*
laisser	*to let, allow*	huit jours	*a week*
périr	*to perish*	quinze jours	
l'arrivée (f.)	*arrival*	une quinzaine	*a fortnight*
la carte postale	*postcard*	déjà	*already*
la circulation	*traffic*	en plein air	*in the open air*
la forteresse	*fortress*	infiniment	*greatly*
les nouvelles	*news*	de temps	*from time*
les oubliettes		en temps	to time
(f. pl.)	*dungeon*	hier	*yesterday*
ancien	*former* (*ex-*)	demain	*tomorrow*

READING PASSAGE

Une lettre de Londres

10, Green Street,
Chiswick, W.4.
le 9 avril

Ma chère Maman,

J'espère que tu as déjà reçu la carte postale que je t'ai envoyée le lendemain de mon arrivée. Voici des nouvelles de ton paresseux. Tu m'excuseras pour le délai mais tu sais bien que j'ai été très occupé.

Je suis à Londres depuis huit jours maintenant, et je m'amuse beaucoup. Jean et ses parents sont vraiment charmants, et son frère Robert est aussi bien gentil.

Le faubourg de Chiswick, qui est à l'ouest de Londres, est un quartier très chic, et les Little habitent une belle maison moderne dans une large rue bordée d'arbres.

Comme je te l'ai déjà raconté, Jean m'a enfin trouvé à la Gare Victoria, et il m'a emmené d'abord par le métro à Piccadilly, qui est le vrai centre de Londres, où nous avons pris le thé, avant d'aller à Chiswick. La circulation dans les rues est pire qu'à Paris. Les autobus à impériale sont rouges, et ils sont énormes.

Lundi nous avons fait un grand tour de Londres pour voir les bâtiments et les monuments historiques, et nous avons vu l'abbaye de Westminster, le Parlement, la cathédrale St Paul, et enfin la Tour de Londres et le pont de la Tour, dont les deux parties se lèvent en l'air de temps en temps pour laisser passer les grands bateaux sur la Tamise.

La visite de la Tour, dans laquelle ont péri tant de prisonniers célèbres, a été fort intéressante. Les gardiens s'appellent 'beefeaters', et ils portent un uniforme rouge et noir. Notre guide, ancien soldat comme tous les 'beefeaters', nous a raconté des histoires terribles au sujet des oubliettes, des salles de torture, et des exécutions dans cette forteresse imposante.

Hier l'oncle de Jean nous a emmenés en voiture à Windsor, et nous avons visité le collège d'Eton et le château de Windsor, dont j'ai tant entendu parler.

Jeudi, Jean, son frère, et moi, nous avons fait un pique-nique sur les bords de la Tamise. Il a fait un temps superbe, et nous avons pris un bateau-mouche à Richmond pour faire une excursion à Hampton Court, où nous avons débarqué. Nous avons passé la matinée à visiter le palais, qui date du seizième siècle, et nous nous sommes promenés dans ses magnifiques jardins. Nous avons mangé les sandwichs que nous avons emportés en plein air, dans le parc en face du palais, puis nous avons fait un tour en canot avant de rentrer en bus.

Cet après-midi nous allons assister à un grand match de football à Chelsea.

La semaine prochaine j'espère, entre autres choses, aller à Oxford pour voir les collèges de l'université. Nous avons l'intention d'y aller par le train. Tu trouveras ci-joint quelques cartes postales que j'ai achetées pour toi.

Je t'écrirai dimanche prochain, avant mon retour. Embrasse Papa et Marie. Au revoir, Maman chérie.

Ton fils qui t'aime.

Pierre.

QUESTIONS

1 Où habitent les Little?
2 Pierre, s'amuse-t-il bien à Londres?
3 Comment sont les bus anglais?
4 Comment s'appellent les guides de la Tour?
5 De quelle couleur est leur uniforme?
6 Comment Pierre a-t-il voyagé à Hampton Court?
7 Qu'est-ce que Pierre et ses amis ont mangé en plein air?
8 Quel est le vrai centre de Londres?
9 Qu'est-ce que Pierre envoie à sa mère?
10 De quel siècle date le palais de Hampton Court?

EXERCISES

A Replace the following present tenses by the perfect:

nous vendons	elle fait
il finit	vous avez
nous parlons	je suis
je prends	tu reçois
ils voient	nous écrivons

B Fill in the past participle, making any necessary agreements:

1 Il a (mettre) la lettre sur la table.
2 Les livres que nous avons (trouver).

3 La lettre que vous avez (écrire).
4 Elle les a (finir).
5 Ils nous les ont (vendre).
6 Combien de pommes avez-vous (acheter)?
7 Les amies que j'ai (voir).
8 Elle a (choisir) ces fleurs.
9 Nous les avons (suivre).
10 Il leur a (parler).

C Translate:

in the open air	bordered by trees
from time to time	by Underground
the next day	some old soldiers
next week	he has just arrived
last Thursday	I have been in London for a week

D Translate:

the house of which I spoke	the letter I have written
we recognised her	the friend whose daughter I met
the castles which I have seen	he sold to them
the pencil with which I wrote	I chose them
he wrote to her	they bought some

E Translate:

Chantenay,
12th April.

My dear Peter,

Mother thanks you very much for your letter of the 9th April. The postcards which you sent her are very interesting.

She is very busy today because the Lenoirs are coming to spend the evening with us.

There is not much news since your departure. Médor has been very naughty. Last Tuesday he went for a walk with Mother, and when she met Mrs Lebrun he grabbed a piece of meat in her basket and carried it off into a garden where he ate it. You can imagine Mrs Lebrun's face! (tête)

Yesterday Father took me with him to Paris, and I spent the day with my friend Louise. Her parents have just bought a very nice apartment near the Eiffel Tower. We saw an old English film on her video. It's a story about a dog which is called Lassie.

Father says we will go tomorrow to Fontainebleau by car, if it is nice. We will have (make) a picnic in the woods, and we will visit the castle and the gardens, which are so beautiful in spring, as Mother says.

Father says he hopes you have not forgotten to (de) bring him back some English cigarettes, and Mother wants to know if you have learnt a lot of English. If you tell me the time (hour) of your return I will come to the Gare du Nord. Don't forget to (de) send us a postcard before Saturday.

See you soon (A bientôt). Bye, Peter!

Your sister,
Mary.

F Write in French a letter to a friend describing a visit you have made to some interesting town, or building.

REVISION

Lessons 11 – 15

A (a) **Present:**

we write, does she write? he knows the street
they can, can I? they know where he is
you (tu) can do you know Rouen?
we receive, he does not receive I know German
they wish, do you (tu) wish? we know how to swim
  we wish

(b) **Future:**

I shall be you will see
they will have they will be able
he will go we shall wish
we shall run he will make
I shall come you will receive

(c) **Perfect:**

I have had I have wished
they have been you have written
she has made he has received
we have drunk we have taken
she has put they have read

B (a) **Numerals:**

61 Louis I
77 Louis XIV
80 about 20 cars
91 thousands of books
200 half the bread
240 an hour and a half
3000 $2 \times 7 = 14$
in 1952

(b) **Comparative and superlative of adjectives and adverbs:**

a bigger room	he walks fastest
a better house	she sings better
a more interesting book	I write less often
the prettiest dresses	we are as rich as they
the most intelligent dog	he does not work so hard as you

C **Pronouns, tenses, agreement of past participle:**

1 This dress is green and that one is blue. Which one do you prefer?

2 What pretty flowers! I like these better than those you have chosen.

3 It is her who has written these letters. They are very interesting.

4 Come with me, and I will show you the house I have bought.

5 It is a nice cake, isn't it? Here is a knife with which you can cut it.

6 I have known Peter for several years. He is more intelligent than you.

7 The hotel of which I spoke is excellent. It is the best hotel in London.

8 He and I want to know what you have just seen.

9 The suburb in which I live is very pleasant. That is true.

10 I have seen them, but I have not spoken to them.

D Write in French a few lines on one of the following topics:

(a) **La France, ou l'Angleterre.**

(b) **Paris, ou Londres.**

16

GRAMMAR

The perfect tense with être

VERBS REQUIRING ÊTRE

The following verbs, mostly verbs of motion, require **être** to form the perfect and other compound tenses:

Verbs of motion (change of position):

aller	*to go*	sortir	*to go out*
venir	*to come*	descendre	*to go down*
arriver	*to arrive*	monter	*to go up*
entrer	*to enter*	tomber	*to fall*
partir	*to leave*	retourner	*to return*

And compounds with **re-** (*again*), e.g. rentrer, revenir, etc.

Verbs denoting change of state:

devenir	*to become*	mourir	*to die*
naître	*to be born*	rester	*to remain*

Perfect of **aller**

je suis allé(e)	*I have gone, I went*
tu es allé(e)	
il est allé	
elle est allée	
nous sommes allé(e)s	
vous êtes allé(e)(s)	
ils sont allés	
elles sont allées	

(Verbs describing method of moving take **avoir**, e.g. j'ai marché, j'ai couru.)

Notice the following points:
The past participle always agrees with the subject, as it is an adjective in these cases. When there are two or more subjects of mixed genders, the past participle agrees with the masculine, in the plural form.
If any verbs of motion are used transitively (i.e. with an object) they require **avoir** and follow the rule for agreement of the past participle with **avoir**.

Nous **avons** descendu les bagages. *We have brought down the luggage.*

REFLEXIVE VERBS

All reflexive verbs require **être** to form the perfect, and other compound tenses.

Perfect of **se coucher**

je me suis couché(e)	*I have gone to bed, I went to bed*
tu t'es couché(e)	
il s'est couché	
elle s'est couchée	
nous nous sommes couché(e)s	
vous vous êtes couché(e)(s)	
ils se sont couchés	
elles se sont couchées	

Remember the following points:
The past participle agrees with the preceding reflexive direct object, and if the object is indirect there is no agreement.

Agreement   { Elle **s'**est coupée.
                     She has cut herself. (direct)

No Agreement

{
Elle **s'est** coupé la main.
She has cut (to herself) *the hand.*
(indirect)
Elles **se** sont parlé.
They have spoken to each other. (indirect)
}

Negative form: Je **ne** me suis **pas** couché.
Interrogative form: Me suis-je couché?
        or   Est-ce que je me suis couché?

Insertion of the definite article

le, **la**, **les** must be inserted in the following cases in French, though omitted in English:

WITH TITLES

  le colonel Smith   *Colonel Smith*
  le docteur Paul   *Dr Paul*
                                  (Do not use 'médecin' in title.)

(Use a small letter for ranks and titles.)

WHEN AN ADJECTIVE PRECEDES A PROPER NOUN

  le vieux Pierre   *old Peter*
  la petite Marie   *little Mary*

(Note also: Bonjour, monsieur **le** maire, etc. *Good morning mayor,* etc.)

IN A GENERAL STATEMENT

  Les enfants aiment **le** chocolat.   *Children like chocolate.*

WITH ABSTRACT NOUNS, MATERIALS, SUBSTANCES USED IN A GENERAL SENSE

  La peur le saisit.   *Fear seizes him.*
  J'aime **l'**histoire.   *I like history.*
  L'or est précieux.   *Gold is precious.*

WITH PARTS OF THE BODY

Il a **les** yeux bleus. *He has blue eyes.*

VOCABULARY

le coureur	*competitor*	l'allure (f.)	*speed*
le guidon	*handlebars*	la chance	*luck*
le maillot	*jersey*	la colline	*hill*
le pneu	*tyre*	la course	*race*
le vainqueur	*winner*	l'étape (f.)	*lap, stage*
le vélo	*bicycle*		(of a race)
crever	*to get a*	la marque	*make, type*
	puncture	au moins	*at least*
filer	*to speed along*	de près	*closely*
gagner	*to win*	donc	*so, therefore*
*se mettre à	*to begin to*		(conj.)
tomber	*to fall*	en tête	*in front*
courbé	*bent*	ne . . . que	*only*
jaune	*yellow*	tellement	*so* (adverb)
suivi (de)	*followed (by)*	tout de suite	*immediately*

READING PASSAGE

Le Tour de France

SCÈNE: *Le jardin des Dubois, au mois de juillet. Il est sept heures du soir. M. Dubois vient de rentrer de son bureau. Il est assis sur la pelouse, avec sa famille.*

M. Dubois   Eh bien, les enfants, qu'est-ce que vous avez fait aujourd'hui?

Pierre   Ce matin, à dix heures, nous avons reçu un coup de téléphone du capitaine Leblanc. Il nous a invités, Marie et moi, à l'accompagner à Fontenay-le-Comte, pour voir passer les coureurs du Tour de France.

M. Dubois Vous en avez de la chance! C'est aujourd'hui la première étape, Luçon–Les Sables d'Olonne, n'est-ce pas?

Marie Oui, papa. Le capitaine Leblanc est venu nous
chercher à onze heures en voiture, avec son fils, le
petit Yannick. Il n'a que cinq ans, mais il a déjà son
petit vélo, et il adore les courses cyclistes.

M. Dubois Et vous êtes arrivés à temps? Fontenay-le-Comte est
assez loin.

Pierre Mais oui. Le capitaine a roulé à plus de cent quarante kilomètres à l'heure sur l'autoroute, et nous
avons mis moins de deux heures pour y arriver. Nous
nous sommes installés au sommet d'une petite
colline à deux kilomètres de Fontenay-le-Comte pour
mieux voir. Le premier groupe est arrivé presqu'aussitôt. Ils sont passés, à toute allure, courbés sur leurs
guidons, le grand Laurent, en maillot jaune, en tête.

Marie Nous sommes restés une heure. Un coureur a crevé,
et il est tombé. Il s'est mis tout de suite à changer de
pneu, mais il a perdu au moins cinq minutes.

Pierre Nous sommes repartis vers trois heures et demie,
alors nous ne savons pas qui a gagné.

M. Dubois Je viens d'acheter 'L'Echo du Soir'. C'est Miguel
Indurain qui est le vainqueur. Il est arrivé le premier
aux Sables d'Olonne.

Marie Bravo! Il est tellement beau garçon.

QUESTIONS

1 Pourquoi le capitaine Leblanc a-t-il téléphoné à la maison des
Dubois?
2 Quelle est la première étape du Tour de France?
3 Où sont-ils allés pour voir passer les coureurs?
4 Où se sont-ils installés pour mieux voir?
5 Qui est arrivé à la tête du premier groupe?
6 Pourquoi un coureur est-il tombé?
7 Qu'est-ce qu'il a fait alors?
8 Combien de temps a-t-il perdu?
9 Qui a gagné cette étape?
10 De quelle marque est votre vélo?

EXERCISES

A Replace the present tense by the perfect tense:

1 Nous partons de bonne heure.
2 Elle reçoit un coup de téléphone.
3 Ils s'asseyent au bord de la route.
4 Vous achetez un journal.
5 Elle se repose un peu.
6 Nous arrivons à Caen.
7 Marcel gagne l'étape.
8 Les coureurs viennent bientôt.
9 Je les vois de près.
10 Ils filent très vite.

B Translate:

Doctor Lenoir	I like horses
old Mary	men like tobacco
Lieutenant Duval	French is easy
little Peter	bread is not expensive
she has grey eyes	she has cut her finger
bicycles cost a lot	she has hurt herself (se blesser).

C Translate:

Louise What did you do yesterday, Mary?

Mary Peter and I went to the seaside. Captain Leblanc invited us to accompany him to Sablon in his car.

Louise I know Sablon well. I went there several times last summer.

Mary We enjoyed ourselves very much. We started early, and we travelled very fast. We arrived there before twelve o'clock. First we went down to the beach, where we bathed. Then we had lunch at a little restaurant near the port, where we saw several fishing-boats. In the afternoon I sat on the rocks with Mrs Leblanc, and little Yannick played on the sand, but Peter went for a walk on the cliffs with the captain, who told him many of his adventures. We stayed there till half-past five, and we got home very late. I went to sleep several times in the car, but Peter woke me up.

D Write in French a short account (using the perfect tense) of how you spent yesterday.

17

GRAMMAR

Interrogative pronouns (who? what?)

FOR PERSONS

Subject: **Qui?** or **Qui est-ce qui?** *Who?*
Object: **Qui?** or **Qui est-ce que?** *Whom?*
After a preposition: **avec qui?** *with whom?*

    Subject: Qui est là? *Who is there?*
    Object: Qui voyez-vous? *Whom do you see?*
    Preposition: A qui parlez-vous? *To whom are you speaking?*

FOR THINGS

Subject: **Qu'est-ce qui?** *What?*
Object: **Que?** or **Qu'est-ce que?** *What?*
After a preposition: **avec quoi?** *with what?*

    Subject: Qu'est-ce qui est sur la table?
        What is on the table?
    Object: Que voyez-vous? *What do you see?*
    Preposition: Avec quoi écrivez-vous?
        With what are you writing?

Note the following interrogative expressions:

Qu'est-ce que c'est qu'un château?	*What is a castle?*
Qu'est-ce que c'est?	*What is it?*
Qu'est-ce que c'est que ça?	*What is that?*
Qu'a-t-il?	*What is the matter with him?*

Qu'y a-t-il?	*What is the matter?*
A qui est ce livre?	*Whose book is this?*
Quel est le nom du livre?	*What is the name of the book?*

(Use adjective **quel** for *what* when a noun is mentioned.)

Possessive pronouns (mine, yours, etc.)

Singular		Plural		
Masc.	Fem.	Masc.	Fem.	
le mien	la mienne	les miens	les miennes	*mine*
le tien	la tienne	les tiens	les tiennes	*yours*
le sien	la sienne	les siens	les siennes	*his, her, its*
le nôtre	la nôtre	les nôtres	les nôtres	*ours*
le vôtre	la vôtre	les vôtres	les vôtres	*yours*
le leur	la leur	les leurs	les leurs	*theirs*

These must agree, like the possessive adjective (**mon**, **ma**, **mes**), with the noun possessed, and not with the possessor.

Voici ma plume et **la sienne**.	*Here is my pen and his.*

Remember the following points:
leur takes no e in the feminine.
Possession may also be expressed by **être** + emphatic pronoun.

A qui est ce livre?	*Whose book is this?*
Il est **à moi** or C'est **le mien** }	*It is mine.*

To say: *He is a friend of mine* use **C'est un de mes amis**. (*one of my friends*).

Present tense of croire and devoir

Croire *to believe*	Devoir *to owe, to have to*
je crois	je dois
tu crois	tu dois
il (elle) croit	il (elle) doit
nous croyons	nous devons
vous croyez	vous devez
ils (elles) croient	ils (elles) doivent

Il doit aller. *He has to, ought to, must go.*

VOCABULARY

l'appareil photo	*camera*	emprunter (à)	*to borrow*
le bras	*arm*		*(from)*
le cadeau	*present*	laisser	*to leave*
les ciseaux (m.)	*scissors*	prêter	*to lend*
le coteau	*hillock*	ramasser	*to pick up*
le nom	*name*	ressembler (à)	*to resemble*
le raisin	*grape*	retarder	*to be slow*
le sécateur	*pruning*	sonner	*to ring*
	shears	bonjour	*good morning*
le stylo	*(fountain-)*		*good afternoon*
	pen	bonsoir	*good evening*
le vendangeur	*grape harvester*	bonne nuit	*good night*
le vigneron	*vine-grower*		*(only when*
le vignoble	*large vineyard*		*going to bed)*
avancer	*to be fast*	l'anniversaire (f.)	*birthday*
	(clocks,	la chance	*luck*
	watches)	la charrette	*cart*
couper	*to cut*	la félicitation	*congratulation*
cultiver	*to grow*	la grappe	*bunch*

emmener	*to take* (people)	la leçon d'anglais	*English lesson*
la montre-bracelet	*wrist-watch*	comment allez-vous?	*how are you?*
la photo	*photo*	en attendant	*meanwhile*
la propriété	*estate*	en plein travail	*hard at work*
la vendange	*grape-harvest*	hier soir	*last night*
la vigne	*vine, small vineyard*	malheureuse-ment	*unfortunately*
aimable	*kind*	merci mille fois	*a thousand thanks*
crevé	*punctured*	mon Dieu!	*heavens!*
alors	*then*	parmi	*among*
aux environs	*in the neighbourhood*	tout le monde	*everybody*

READING PASSAGE

Les vendanges

(*Louise, jeune fille de 17 ans, sonne à la porte de la maison des Dubois; Pierre va ouvrir.*)

Pierre   Qui est-ce qui sonne? Ah, c'est toi, Louise. Comment vas-tu? Qui veux-tu voir?

Louise   Je vais très bien, merci. Est-ce que Marie est là?

Pierre   Mais non. Elle vient de sortir. (*Il remarque le paquet qu'elle porte sous le bras.*) Qu'est-ce que c'est que ça?

Louise   C'est l'appareil photo de Marie que j'ai emprunté. Le mien ne marche pas, tu sais. Mais le sien est excellent. Je suis allée hier chez mon oncle Jules, qui est vigneron, et qui a un beau vignoble dans les environs de Reims, et j'ai voulu prendre des photos.

Pierre   Marie est sortie avec maman pour acheter une montre – tu sais que c'est aujourd'hui son anniversaire – mais elle sera bientôt de retour. En attendant, asseyons-nous dans

le salon, et tu pourras me parler de ta journée à Reims?
Tu t'es bien amusée? Qu'est-ce que tu as fait? (*Ils
s'assoient.*)

Louise Nous nous sommes levés de bonne heure, mon père et
moi, et nous sommes partis de la Gare de l'Est à huit
heures du matin. Nous sommes arrivés à Reims à dix
heures et demie. Mon oncle est venu nous chercher à la
gare et il nous a emmenés en voiture à sa propriété.

Pierre Vous avez vu les vendanges?

Louise Mais oui. Après le déjeuner nous sommes montés au sommet d'un petit coteau, d'où nous avons vu les vendan-
geurs en plein travail dans les vignes.

Pierre Avec quoi coupent-ils les raisins?

Louise Ils utilisent tous des sécateurs pour couper les grappes, et
ensuite ils les mettent dans des paniers, qu'ils portent sur
leur dos, jusqu'aux charrettes. Nous y sommes restés
longtemps. Il a fait très chaud, et nous avons mangé beaucoup de raisins; nous en avons remporté quelques
grappes.

(*Mme Dubois et Marie rentrent.*)

Mme D. (*dans l'entrée*) A qui est ce parapluie? Qui est-ce qui est venu nous voir? Je crois que c'est Louise. (*Elles entrent dans le salon.*) Ah oui, c'est Louise. Bonjour, ma chérie.

Louise Bonjour, Madame Dubois. Bonjour, Marie. (*Elles s'embrassent.*) J'ai rapporté ton appareil. C'est très gentil de me l'avoir prêté. Voici un petit cadeau pour ton anniversaire. Tous mes meilleurs vœux. (*Elle lui donne un petit paquet.*)

Marie Merci mille fois. Alors qu'est-ce que c'est? Ah, quel beau stylo. Il ressemble un peu au tien, Pierre.

Louise Mon Dieu! Il est déjà midi dix Marie, tu es un chou! (*Elles s'embrassent encore.*) Je dois rentrer tout de suite.

Marie Je crois qu'il est seulement midi. Ma montre retarde de quelques minutes, mais la tienne avance beaucoup. Malheureusement, mon vélo a un pneu crevé, mais maman te prêtera le sien, si tu veux.

QUESTIONS

1 Qui a sonné à la porte des Dubois?

2 Qu'est-ce que Louise a rapporté?

3 Chez qui est-elle allée à Reims?

4 Qu'est-ce que c'est qu'un vigneron?

5 Avec quoi coupe-t-on les grappes de raisins?

6 Comment s'appellent ceux qui coupent le raisin dans une vigne?

7 Qu'est-ce que Marie a reçu comme cadeau?

8 Avec quoi prend-on des photos?

9 Est-ce que votre montre avance ou retarde?

10 Quelle est la date de votre anniversaire?

EXERCISES

A Translate:

I have rung   she has cut   we owe
she has got up   we believe   they owe
we have received   they believe   I must go
they have remained

B Fill in the correct interrogative pronoun:

1 ___ a sonné à la porte?
2 A ___ a-t-elle parlé?
3 ___ elle a rapporté?
4 Avec ___ est-elle sortie?
5 Avec ___ a-t-il coupé le pain?
6 ___ c'est qu'une montre?
7 ___ vous avez mangé?
8 ___ est arrivé à la maison?
9 ___ buvez-vous?
10 ___ avez-vous rencontré?

C Translate:

1 To whom are you speaking?
2 Of what are you speaking?
3 What is in the box?
4 What is the matter with them?
5 What is the matter?
6 Whom have you seen?
7 Who has gone out?
8 Whose umbrella is this?
9 What is that book?
10 What is the French word for 'fountain-pen'?

D Replace the nouns in bold type by suitable possessive pronouns:

1 Voici mon vélo; où est **votre vélo**?
2 Leur maison est petite; **notre maison** est grande.

3 Voici mes livres, et voilà **leurs livres**.
4 Sa cravate est verte; **ma cravate** est bleue.
5 J'aime bien **votre enfant** et **ses enfants**.

E Translate:

1 Your house and his.
2 This book is ours.
3 My dogs and theirs (sing.).
4 Whose pen is this? It is hers.
5 Here are some pencils. They are mine.
6 My watch is better than yours.
7 He is a friend of mine.
8 Our houses and theirs (pl).
9 These presents are yours (pl).
10 Her car is larger than his.

F Translate:(*Peter and his friend Charles are in a classroom at school.*)

Peter   The lesson is going to begin soon, and I have lost my English dictionary. Will you lend me yours, Charles?

Charles   Unfortunately, I have left mine at home. I went to the cinema with my parents last night, and I went to bed at eleven o'clock. I woke up very late, and I forgot all my books.

Peter   Ah, there is a dictionary that has fallen on the floor near your desk. (*He gets up and picks it up.*) Whose is it? But, it is Marcel's, and he has not arrived today. What luck!

Robert   It isn't yours, Peter. Marcel has lent it to me. Give it to me, please.(*The teacher enters.*)

Teacher   Sit down, everybody. Open your books. What have you written for today? Robert, to whom are you talking? What is the matter?

Robert   Peter has taken Marcel's dictionary, sir.

Teacher   Show it to me. What is this name? Oh yes, here is Marcel's name. Why did you take it, Peter?

Peter   I have lost mine, sir, and I borrowed his for this lesson.

Teacher   Very well. Let us begin the lesson. Who can tell me at what page it is necessary to begin?

18

GRAMMAR

The imperfect (or past continuous) tense

The imperfect indicative is formed by dropping the ending **-ons** of the 1st person plural of the present tense, and adding the endings **-ais, -ais, -ait, -ions, -iez, -aient**.

Present: nous donnons, nous finissons, nous vendons.
Imperfect: je donn-**ais**, je finiss-**ais**, je vend-**ais**.

Imperfect of **Donner**

je donn**ais**   *(I was giving, used to*
tu donn**ais**   *give, would often give*   Continuous
il donn**ait**   action in the
nous donn**ions**   past or a state
vous donn**iez**   in the past.
ils donn**aient**

Remember the following exception:
The imperfect of **être** (*to be*) is **j'étais**. Note that verbs ending in **-cer** (e.g. **commencer**) require a cedilla before the imperfect endings beginning with **a**, e.g. je commen**ç**ais; and those ending in **-ger** (e.g. **manger**) require an **e** before **a**, e.g. je mang**e**ais.
The imperfect, with its descriptions, adds colour to a narrative that would be dull if it were merely a list of actions.

The imperfect is used:
For description of a state in the past.

Il portait un chapeau gris.	*He was wearing (wore) a grey hat.*
Le soleil brillait.	*The sun was shining.*
La scène était gaie.	*The scene was gay.*
La maison était petite.	*The house was small.*
Il était pauvre.	*He was poor.*

For repeated actions, in the past – i.e. habits.

Il se levait toujours à 6 heures.	*He used to (would) always get up at 6 o'clock.*
Il buvait souvent du vin.	*He often drank wine.*

English, unlike French, does not always show the imperfect by the form of the verb, e.g. *he drank.*

For an action that was going on (continuous) when another action happened (interrupting).

Je lisais un livre quand il est arrivé.	*I was reading a book when he entered.*

To translate *were to do something* after *if.*

Si je vous donnais le livre.	*If I were to give you the book.*

The present participle

In English the present participle ends in *-ing* (e.g. *giving*), and in French it is formed by adding **-ant** to the 1st person plural of the present tense after dropping the ending **-ons**.

Present:	donn**ons**
Present participle:	donn**ant** (*giving*)
Exceptions are:	
avoir	**ayant**
être	**étant**
savoir	**sachant**

Remember that reflexive verbs require the reflexive pronoun.

se levant	(*getting up*)

Verbs of motion and reflexive verbs require **étant** for *having*:

étant parti	*having gone away*
s'étant levé	*having got up*

The present participle is used:
As part of a verb, in which case it is invariable.

Les enfants, **voyant** leur mère . . .   *The children, seeing their mother . . .*

En (meaning *on, by, when, while*) is often added.

En arrivant à la gare, elle va au guichet.
On arriving at the station, she goes to the booking-office.

As an adjective in which case it agrees.

Une femme **charmante**   *A charming woman*

Notice the following points:
-ing is translated by the infinitive after verbs of perception, such as **voir**, **entendre**, **écouter**, **regarder**.

Je le vois **venir**.   *I see him coming.*

In other cases, when *-ing* does not refer to the subject of the sentence, the present participle cannot be used, and **qui** plus verb must be used instead.

J'ai rencontré un homme **qui portait** un sac.   *I met a man carrying a sack.*

-ing can be translated by a past participle.

Arrivée à la gare, elle va au guichet.   *Arriving, having arrived, at the station . . .*

or by **à** + infinitive

Je passe le temps **à lire**.   *I spend the time reading.*

Prepositions plus gerund

In English we use the gerund ending in *-ing* after all prepositions (e.g. *after seeing, before going*), but in French all prepositions except **en** (e.g. **en voyant** *on seeing*) must be followed by an infinitive.

sans **voir**	*without seeing*
avant de **venir**	*before coming*
après **avoir** donné	*after having given*
après **être** allé	*after having gone*
après **s'être** levé	*after having got up*

Note that in the following cases -*ing* is not translated by a present participle, but by a past participle.

accoudé	*leaning* (elbows)	endormi	*sleeping*
agenouillé	*kneeling*	penché	*leaning*
assis	*sitting*		(forward)
couché	*lying*	suspendu	*hanging*

Il était assis.   *He was sitting.*
(= *seated*, a state, not an action).

Present tense of conduire *and* rire

Conduire *to lead, take* (Similarly most verbs in **-uire**)	**Rire** *to laugh* (Similarly **sourire** *to smile*)
je conduis	je ris
tu conduis	tu ris
il conduit	il rit
nous conduisons	nous rions
vous conduisez	vous riez
ils conduisent	ils rient

Note that **conduire** is used for *to lead, take* or *conduct* in the case of people or animals.

Je le conduis à la maison.   *I take him home.*

It is also used for *to drive* in the case of vehicles.

Le chauffeur conduit la voiture.   *The chauffeur drives the car.*

Use **porter** (*to carry*) for things.

Je porte la valise à la gare.   *I take the suitcase to the station.*

prendre means *to take hold of.*

VOCABULARY

l'appartement (m.)	*flat*	causer, bavarder	*to chat*
le bonhomme	*fellow, chap*	couler	*to flow*
le bureau	*study*	enseigner	*to teach*
les cheveux	*hair*	expliquer	*to explain*
le directeur	*headmaster*	*pleuvoir (à verse)	*to rain (in torrents)*
l'hôte	*host*	s'installer	*to install oneself*
le nuage	*cloud*	se réfugier	*to take refuge*
l'orage (m.)	*storm*	*se remettre en route	*to start out again*
le pyjama	*pyjamas*	se trouver	*to be found*
le sac à dos	*rucksack*	*sourire	*to smile*
le seuil	*threshold*	tomber	*to fall*
le vieillard	*old man*	afin de	*in order to*
la barbe	*beard*	cependant	*however*
la goutte	*drop*	comment se fait-il?	*how is it?*
le joue	*cheek*	juste à temps	*just in time*
les lunettes	*glasses (spectacles)*	mon vieux	*old fellow, my dear chap*
la pluie	*rain*	ne . . . ni . . . ni	*neither . . . nor*
l'imperméable (m.)	*raincoat*	partout	*everywhere*
clair	*clear*	pas de professeur	*no professor*
distrait	*absent-minded*	personne	*nobody*
maigre	*skinny*	quelque part	*somewhere*
crasseux (f. crasseuse)	*dirty*		
pareil (f. -lle)	*such, similar*		

tel (f. telle)	*such, similar*	qu'est-il	*what has*
trempé		devenu?	*become of*
jusqu'aux os	*wet through*		*him?*
à l'ombre	*in the shade*	si, tellement	*so, to such an*
balbutier	*to stammer*		*extent*

READING PASSAGE

Le professeur distrait

Le professeur Leblanc, qui enseignait l'histoire au lycée Montaigne, à Poitiers, était souvent très distrait.

C'était un grand homme maigre, à la barbe blanche, qui portait de grosses lunettes et qui fumait toujours une vieille pipe crasseuse.

Il habitait seul un petit appartement près du lycée. En hiver il sortait rarement, mais en été, quand il faisait beau, il avait l'habitude de se promener le dimanche à la campagne.

Un dimanche d'été il s'est levé de bonne heure, et après avoir pris son petit déjeuner, il est sorti, la canne à la main, avec son sac à dos, pour rendre visite à des amis qui s'appelaient Duclos, et qui habitaient dans un petit village à quinze kilomètres environ de Poitiers.

Le temps était superbe; le soleil brillait dans un ciel clair, les oiseaux chantaient, la nature souriait, les arbres fruitiers étaient en fleurs. Le vieux Leblanc est arrivé chez ses amis juste à temps pour déjeuner.

Après le repas la famille s'est installée dans le jardin. Assis à l'ombre d'un pommier en fleurs, le professeur, en causant avec ses amis, en lisant, et en fumant sa pipe, a passé un après-midi très agréable.

Cependant, vers cinq heures du soir le ciel s'est couvert de gros nuages noirs, et il a commencé à pleuvoir à verse. La famille s'est réfugiée dans le salon, et, en regardant la pluie par la fenêtre, M. Duclos a dit: 'Mon cher ami, vous ne pouvez pas rentrer par un temps pareil. Il faut passer la nuit chez nous. Vous pourrez vous remettre en route demain, n'est-ce pas?'

'Vous êtes bien aimable,' a répondu le professeur. 'J'accepte avec plaisir, surtout que je n'ai ni imperméable ni parapluie.'

En quittant la salle à manger après le dîner, son hôte a conduit le vieux bonhomme dans son bureau, où il s'est installé confortablement dans un fauteuil.

Au bout d'une heure Mme Duclos est entrée dans le bureau. Pas de professeur! 'Où est-il passé?' s'est-elle demandé. 'Je ne l'ai pas vu sortir. Il s'est peut-être perdu quelque part dans la maison. Il est tellement distrait.'

Avec son mari elle l'a cherché partout. 'Personne! Sapristi, qu'est-il devenu?' s'est écrié enfin M. Duclos. 'Il est presque minuit, et il pleut toujours.'

A cet instant on a frappé à la porte. M. Duclos l'a ouverte. Là, sur le seuil, se trouvait M. Leblanc. Il était trempé jusqu'aux os, la pluie coulait le long de ses joues, des gouttes d'eau tombaient de sa barbe.

'Mais qu'est-ce qui vous est arrivé, mon vieux?' lui a demandé son hôte. 'Pourquoi êtes-vous sorti par un tel orage?'

'Mes chers amis,' a balbutié le vieillard, 'je vais tout vous expliquer. Comme vous m'avez invité à passer la nuit chez vous, je suis rentré chez moi chercher mon pyjama.'

QUESTIONS

1 Qu'est-ce que le professeur enseignait au lycée?
2 Comment était M. Leblanc?
3 Qu'est-ce qu'il faisait les dimanches d'été?
4 Que portait-il à la main; et sur le dos?
5 Où habitaient ses amis, les Duclos?
6 Où est-ce que le professeur a passé l'après-midi?
7 Qu'est-ce que M. Duclos a dit, en voyant la pluie?
8 Qui a cherché partout dans la maison?
9 Pourquoi M. Leblanc est-il sorti?

EXERCISES

A Replace the following present tenses by the imperfect:

je finis	je commence
ils mangent	ils prennent
elle lit	elle boit
vous faites	vous dites
il écrit	je connais

B Translate:

finishing	having arrived
being	sitting
on reading	lying down
knowing (savoir)	without looking
writing	I hear him singing
while saying	an amusing story
after having seen	he met some men running
before arriving	

C Translate:

we are laughing, is he laughing?   we take him there
he is driving a car   I take my letters to the
                                     post office

D Translate:

Our French teacher (professeur de français) when I was at school was very absent-minded. His name was Lerouge, and he was a small, skinny man, who was about sixty. He had (the) white hair and very large spectacles.

He used to get very angry when we talked during his lessons, and sometimes he threw a book at a pupil who was not working.

One day, the headmaster invited him to spend the evening at his house, to (pour) play cards.

On arriving there, old Lerouge, who did not play well, sat down in a corner of the lounge hoping to watch the others play. His host saw him, however, and asked him to (de) fetch some cards in another room.

After half an hour, as he did not come back, the headmaster went to see where he was. He found him sleeping in one of the bedrooms.

Poor Lerouge was so absent-minded that he had (avait) forgotten the cards, and was thinking that he was at home.

E Write in French a short story about some amusing or eccentric person you know, or recount the story of **Le professeur distrait** from memory.

19

GRAMMAR

Negatives

NEGATION WITH A VERB

In addition to **ne . . . pas** (*not*) there are other negatives formed with **ne** plus a verb.

* ne . . . aucun (-e)	*not any*
ne . . . guère	*hardly, scarcely*
* ne . . . jamais	*never*
* ne . . . ni . . . ni	*neither . . . nor*
* ne . . . nul (f. nulle)	*not any*
* ne . . . pas un (une)	*not one*
* ne . . . personne	*nobody*
ne . . . plus	*no longer, no more*
ne . . . point	*not at all*
ne . . . que	*only*
* ne . . . rien	*nothing*

Position is similar to that of **ne . . . pas**, e.g.

Simple tense:

    je **ne** donne **plus**   *I no longer give*

Compound tense:

    je **n'**ai **plus** donné   *I have no longer given*

but in compound tenses **personne** comes after the past participle.

    je **n'**ai vu **personne**   *I have seen nobody*

Que comes immediately before the word it modifies, and **ne . . . que** can be used when a verb has an object or adverbial phrase.

Je **n'**arriverai chez vous **qu'**à midi.	*I shall reach your house only at 12 o'clock.*

Both parts of **ne . . . pas**, **ne . . . plus**, **ne . . . point**, **ne . . . jamais**, **ne . . . rien** come before an infinitive.

Il vaut mieux **ne pas** venir.	*It is better not to come.*

Pas may be omitted with **cesser** (*to cease*), **oser** (*to dare*), **pouvoir** (*to be able*), **savoir** (*to know*), when an infinitive follows.

Je ne pouvais le faire.	*I was not able to do it.*

Also note: **Qu' importe** (*It does not matter*).
You will often hear French people omitting the **ne** in conversation.

J'ai rien fait, moi.	*I've not done anything (wrong).*
C'est pas moi!	*It's not me!*

Do use the correct form yourself, though.
Those negatives which are marked with an asterisk are reversed when the negative comes first in the sentence in English. **Ne** always stays in its usual position.

Personne n'est ici.	*Nobody is here.*
Rien n'est perdu.	*Nothing is lost.*
Jamais je **n'**y irai.	*Never will I go there.*

Sans (*without*) has negative force like **ne**.

Sans rien dire	*Without saying anything*
Sans voir personne	*Without seeing anybody*

NEGATION WHEN VERB IS OMITTED BUT UNDERSTOOD
In a negative answer to a question in conversation, when the verb is omitted, but understood, the second part of the negative is used alone.

Qui est là? **Personne.**	*Who is there?* (There is) *Nobody.*
Que dit-il? **Rien.**	*What does he say? Nothing.*
Qui a dit cela? **Pas** moi.	*Who said that?* (It was) *Not me.*
Ni l'un **ni** l'autre.	*Neither one nor the other.*

NEGATIVE WITH ANY WORD OTHER THAN A VERB

Non is used to negate any word other than a verb.

Non loin du village se trouvait un château.	*Not far from the village was a castle.*
Ni moi non plus.	*Nor me either.*
Non seulement.	*Not only.*

Pas is added for emphasis:

Venez avec nous, non pas avec eux.	*Come with us, not with them.*

Note the expression:

Pas du tout	*Not at all*

Aucun and **nul** can be used as pronouns and adjectives.

Aucun n'a répondu.	*None answered.*
Je **n'**ai entendu **aucune** voix.	*I heard not a single voice.*

AFTER A COMPARATIVE **NE** IS INSERTED IN FRENCH

Il est plus intelligent que vous **ne** le croyez.	*He is more intelligent than you think.*

Inversion of subject and verb

In French the subject and verb are inverted:

After spoken words in inverted commas.

'Entrez!' **dit-il**.	*'Come in!' he said.*

After **à peine** (*hardly*), **peut-être** (*perhaps*), **aussi** (*so, therefore*).

Peut-être arrivera-t-il.	*Perhaps he will arrive.*

In subordinate adjectival clauses introduced by **où** (*where*) and **que** (*whom, which*).

La maison **où** demeurait la femme.	*The house where the woman lived.*

La route **que** prennent
les voyageurs.

The road which the travellers take.

VOCABULARY

le chef de train	*guard*	rester	*to remain*
le contrôleur	*inspector*	*revoir	*to see again*
le cri	*shout*	*sortir	*to take out*
l'étonnement	*astonishment*	se venger	*to have*
la colère	*anger*		*revenge*
la dent	*tooth*	la maîtresse	*mistress*
la glace	*carriage-*	l'odeur (f.)	*smell*
	window	la portière	*carriage door*
l'idée (f.)	*idea*	la salle d'attente	*waiting room*
le fumeur	*smoker*	la tante	*aunt*
le guichet	*ticket office*	étonné	*astonished*
le malheureux	*wretch*	immobile	*motionless*
le paysan	*countryman*	isolé	*isolated*
le tour	*turn*	mauvais	*nasty, bad*
aboyer	*to bark*	alors	*then*
allumer	*to light*	brusquement	*abruptly*
arracher (à)	*to snatch*	en face de	*opposite*
baisser	*to lower*	ensuite	*next*
cesser (de)	*to cease*	exprès	*on purpose*
composter	*to get one's*	ni . . . non plus	*nor . . . either*
	ticket franked	paisiblement	*peacefully*
*craindre	*to fear*	partout	*everywhere*
éviter	*to avoid*	tout à coup	*suddenly*
s'exclamer	*to exclaim*	sans cesse	*ceaselessly*
*paraître	*to appear*	sur le point de	*on the point of*
se préparer (à)	*to prepare to*		

Prochain (*next*) comes before its noun when it means *next, of a series*; after its noun when it means *next, of time*. Similarly **dernier** (*last*).

READING PASSAGE

Un chien intelligent

Un paysan est arrivé un jour à une petite gare de campagne pour prendre le train car il voulait aller à la ville voisine.

Il a acheté son billet au guichet, l'a composté, et s'est assis dans la salle d'attente pour lire son journal. Au bout d'un quart d'heure le train est arrivé.

Le paysan a choisi un compartiment-fumeurs, et y est monté.

Assise dans un coin, en face de lui, se trouvait une vieille dame, de mauvaise humeur, avec son petit chien, qui aboyait sans cesse.

Le chef de train a donné le signal du départ, et le train est parti.

Le paysan a sorti sa pipe de sa poche, l'a allumée et s'est mis à fumer paisiblement.

La dame s'est exclamé: 'Monsieur, vous n'allez pas fumer ici. Moi, je n'aime pas du tout l'odeur du tabac – et mon chien non plus.'

'Mais si*, madame,' a poliment répondu le paysan. 'C'est un compartiment-fumeurs. Je l'ai choisi exprès.' Et il continuait à fumer.

Elle n'a plus rien dit, mais son visage est devenu rouge de colère, et elle le regardait d'un œil mauvais.

Tout à coup elle s'est levée, a arraché la pipe de la bouche du paysan, et l'a jetée par la fenêtre.

Le paysan, tout étonné, est resté un instant immobile, la bouche ouverte, sans rien dire. Le petit chien ne cessait d'aboyer.

Le paysan regarda la bête; l'idée lui est venue de se venger.

Il s'est levé brusquement à son tour, a saisi l'animal des bras de sa maîtresse, a ouvert la porte du compartiment et l'a laissé dans le couloir, en disant: 'À la prochaine gare, descends et va chercher ma pipe!'

La dame a poussé un cri d'horreur. 'Ah, malheureux,' a-t-elle crié. 'Qu'avez-vous fait à mon cher Toto!' Elle était sur le point de lui donner un coup de parapluie, mais à cet instant elle entendait le chien aboyer devant la porte.

Sa maîtresse lui a ouvert la porte en disant: 'On ne te fera plus jamais cette mauvaise surprise'; mais, à leur grand étonnement, le chien tenait une pipe entre les dents.

Use **si** for *yes* after a negative question.

QUESTIONS

1 Où est-ce que le paysan a acheté son billet?
2 Quel compartiment a-t-il choisi?
3 Qui était assise en face de lui?
4 Qu'est-ce qui aboyait beaucoup?
5 Qu'est-ce que le paysan a sorti de sa poche?
6 La vieille dame, qu'a-t-elle dit?
7 Qu'a répondu le paysan?
8 Pourquoi étaient-ils étonnés en revoyant le chien?

EXERCISES

A Make the following sentences negative, using the negative expressions indicated for each:

1 (pas) Il a de l'argent.
2 (jamais) e l'ai vu à Paris.
3 (que) Nous avons 20,000 francs aujourd'hui.
4 (ni . . . ni) Elle achète des fleurs et des légumes.
5 (aucun) Ils ont trouvé une lettre.
6 (guère) Il leur parle.
7 (personne) J'ai rencontré.
8 (point) Je l'aime.
9 (rien) Nous avons trouvé.
10 (plus) L'entendez-vous?

B Translate:

1 I never go.
2 He no longer reads.
3 We have only 10 francs.
4 They do nothing.
5 Nobody comes here.
6 I hardly know him.
7 He has not any books.
8 Nothing is lost.
9 I have never seen.
10 He has met nobody.
11 It is better not to speak.
12 They have neither pen
     nor pencil.
13 Never have I lost.
14 He cannot go out.
15 What do you see? Nothing.
16 Who has sold it? Nobody.
17 Who wishes to go? Not he.
18 Nor me either.
19 Come with us, not with him.
20 Not far from the town
     there was a castle.
21 He comes to Paris only
     on Mondays.
22 It doesn't matter.
23 Not one was here.
24 I never buy anything.
25 Not at all.

C Translate:

A young countryman, who lived in an isolated village where there were very few cars, came to Paris to spend a few weeks with his uncle, who kept a small café.

When he arrived at the station he found neither his uncle nor his aunt on the platform. He searched everywhere, but in vain. Nobody was waiting for him. He had (avait) never visited Paris, and, fearing to (de) lose himself in the great city, he hired a taxi, and gave (to) the driver his uncle's address.

The taxi travelled so fast that the countryman was afraid, and the chauffeur only avoided a bus by (en) mounting (on) the pavement.

The countryman, very astonished, called out to the driver: 'Take care! (Faites attention) It is the first time that I have travelled (say: am travelling) by taxi.' 'Sir', replied the chauffeur, smiling, 'it is the first time that I have driven (say: am driving) one (of them).'

D Recount in French, from memory, either the story **Le chien intelligent**, or the story **Le paysan à Paris**.

REVISION

Lessons 16 – 19

A (a) Present:

he leads

we lead

I laugh

they laugh

do you believe?

she does not believe

they believe

I owe

we owe

they owe

(b) Perfect with être:

she has arrived

they have come

we have got up

she has sat down

they have spoken to each other

(c) Imperfect:

I was writing

he was eating

you were reading

we were making

she was beginning

(d) Present participle:

finishing

having

writing

reading

doing

B Interrogative and possessive pronouns

1 Who has arrived? What has he brought?
2 Whom did you see? To whom were you speaking?
3 What is that? Of what are you speaking?
4 Whose books are these? They are mine.
5 Here is our car. Yours is bigger.

C Negatives

1 He never gives us anything.
2 Nobody will be able to find them.
3 I told him not to go there.
4 She wears neither gloves nor hat.
5 We rang only once. There was no answer.

D Use of tenses (perfect, imperfect) and present participle

1 'We got up at 7.30,' he said, 'and we arrived there before 9.'
2 'On arriving at the café we met our friends, who were waiting for us,' she explained.
3 He wrote a few letters, then he went to bed, because he was tired.
4 They used to go to the seaside every summer, and they often bathed.
5 That evening, sitting on the gate, old Peter watched the cars passing.

E Composition

Write a short letter or conversation on two of the following topics (using the perfect as narrative tense):
1 **Une visite à Paris ou à Londres.**
2 **Les Vendanges, ou Le Tour de France.**
3 **Une Aventure amusante ou désagréable.**

20

GRAMMAR

The conditional tense

The conditional is formed by adding the endings of the imperfect (**-ais**, etc.) to the stem of the future.

e.g. future: je donnerai (stem: **donner-**)

Conditional of **donner**

je donner**ais**	*I should, would give*, and so on
tu donner**ais**	
il donner**ait**	
nous donner**ions**	
vous donner**iez**	
ils donner**aient**	

This tense is used:

To express *would* or *should* in expressions such as

Je voudrais aller	*I should like to go.*
Je devrais aller	*I should (= ought to) go.*

In reported speech, to report what was originally a future in direct speech:

Direct:

Il dit: 'J'arriverai bientôt.'   *He said: 'I shall arrive soon.'*

Reported:

>Il dit qu'il arriver**ait** bientôt. *He said that he would arrive soon.*

After a conditional clause introduced by **si** (*if*) plus imperfect.

>**Si** je partais aujourd'hui, *If I were to leave today,*
>   j'arriver**ais** à temps. *I should arrive in time.*
>**Si** je l'avais vu, je lui *If I had seen him, I would*
>   aur**ais** parlé. *have spoken to him.*

Note the following points:

The conditional must be used when implied after **quand**, **lorsque** (*when*), **dès que**, **aussitôt que** (*as soon as*), and other conjunctions of time:

>Il dit qu'il viendrait *He said he would come*
>   **quand il serait** à Paris. *when he was in Paris.*

When *would, should,* imply determination, use the verb **vouloir** (*to wish*), not conditional.

>Il ne voulait pas répondre. *He would not answer.*

When *would* means *used to*, use the imperfect.

>Il allait souvent. *He would often go.*

When *would you* is a polite request, use **voudriez-vous**.

>Voudriez-vous fermer la porte? *Would you shut the door?*

Use of si

Si when meaning *if* uses the same tense in French as after *if* in English, not the future or conditional.

>S'il arrive (present) demain *If he arrives tomorrow*
>S'il arrivait (imperfect) *If he were to arrive* (or *should*
>   *arrive* or *arrived*)

Si meaning *whether* can take the future or the conditional.

>Je me demande s'il **viendra**. *I wonder if he will come.*

Je me demandais s'il **viendrait**.   *I wondered if he would come.*

Remember the following points:
Write **s** for **si** before **il** or **ils** only, but not before **elle**, **elles**.
   s'il, **s'ils** but **si elle**, **si elles**

Do not confuse **si** (= *if*) with **si** (= *yes*) used after a negative.

Vous n'avez pas d'argent?   *You have no money?*
  Si, j'ai mille francs.   *Yes, I have a thousand francs.*

VOCABULARY

l'avion (m)	*aeroplane*	la marine	*navy*
le baccalauréat	*exam equivalent*	la quinzaine	
(le 'bac')	*to A Level*	de jours	*fortnight*
le gratte-ciel	*skyscraper*	étranger	*foreign*
le notaire	*solicitor,*	fort	*strong*
	lawyer	à mon avis	*in my opinion*
le soldat	*soldier*	à ma place	*in my place*
se demander	*to wonder*	il vaudrait	*it would be*
perfectionner	*to perfect*	mieux	*better to*
se présenter à	*to take*	à l'étranger	*abroad*
	(an exam)	tout de même	*all the same*
valoir	*to be worth*		

Note that **Je voudrais** has the meaning of *I should like to* in the conditional.

READING PASSAGE

Le choix d'une carrière

M. Dubois   Eh bien, Pierre, il faudra bientôt penser à choisir une profession ou un emploi. Si tu es reçu à ton 'bac' cette année, et si tu quittes le lycée, qu'est-ce que tu as l'intention de faire?

Pierre Je voudrais être pilote dans l'aviation civile. Je sais que j'aurais beaucoup de travail. Je suis fort en maths, mais je me demande si je réussirai en anglais.

Mme. Dubois Tu verrais beaucoup de pays étrangers. J'ai toujours voulu voyager à l'étranger, mais on n'a jamais ni le temps ni l'argent.

Pierre Je voudrais bien visiter l'Amérique pour voir New York et ses gratte-ciel, par exemple.

M. Dubois Mais d'abord ce serait une bonne idée d'être reçu à ton examen. C'est au mois de juin que tu te présentes, n'est-ce pas? Tu n'es pas très fort en anglais?

Pierre C'est vrai. Je voudrais bien passer une ou deux semaines en Angleterre pendant les vacances de Pâques pour me perfectionner.

Quand il était à Paris l'été dernier mon ami Martin a dit qu'il m'inviterait à passer une quinzaine de jours chez lui cette année. Je vais lui écrire tout de suite.

Mme Dubois Bon. Tu pourras lui dire que nous serons enchantés de le recevoir ici après l'examen. S'il accepte, dis-lui de nous faire savoir à peu près la date de son arrivée.

M. Dubois Moi, à ta place, j'aurais choisi l'électronique. On voyage moins, c'est vrai, mais c'est tout de même moins dangereux, et c'est une profession d'avenir qui a des débouchés (a career with prospects).

Pierre Tu crois ça, papa? A mon avis il y a moins de danger dans les airs que sur terre. Il vaudrait mieux être pilote d'avion.

Mme Dubois Ton oncle disait toujours, quand il était jeune, qu'il serait dans l'armée quand il aurait quitté le lycée, mais le voilà notaire. Il faut attendre un peu; on change souvent d'opinion.

QUESTIONS

1 Qu'est-ce que Pierre a l'intention de choisir comme profession?
2 Est-ce qu'il est fort en anglais?
3 Qu'est-ce qu'il voudrait voir à New York?
4 A quelle date se présente-t-il à son examen?
5 Comment s'appelle son ami anglais?
6 Quelle profession l'oncle de Pierre a-t-il choisie?
7 Quelle profession M. Dubois aurait-il choisie?
8 A quelle profession vous destinez-vous?
9 Quel pays voudriez-vous visiter en Europe?
10 Aimez-vous mieux voyager en avion ou en bateau?

EXERCISES

A Give the 1st person singular, and the 1st person plural of the conditional of:

aller	faire	venir
avoir	mourir	voir
courir	pouvoir	vouloir
être		

B Translate:

1 I should like to go with him.
2 He said that he would go.
3 He said he would go when they arrived.
4 He would often go there last year.
5 She was angry, and would not go.
6 Would you shut the door, please?
7 I was wondering if you would come.
8 If he came I should be glad.
9 If he comes tomorrow, I shall see him.
10 I do not know if he will come.

C Translate (Look at the Vocabulary on p. 151):

M. Dubois   What would you like to do this afternoon, children?

Mary   We should like you to take us by car to Talmont to see the competitors in the Tour de France. It is the first stage today. Maurice said they would pass through Talmont. It would be very interesting to (de) see them.

M. Dubois   O.K., but ask your mother if she would like to come with us.

Peter   Mother said this morning she would come if the weather were nice.

M. Dubois   All right then. The weather forecast said that it would be fine today.

Peter   Maurice said if we arrived there before 2 p.m. we should see all the competitors pass and that would be fine. I should see my friend René. I am sure he would be pleased if I were there to encourage (encourager) him.

D Write in French a few lines about the profession or occupation you would like to follow. (Look at the list of words on p. 254.)

21

GRAMMAR

The infinitive after verbs

In French there are four ways of dealing with an infinitive following
a verb:

By using the infinitive without a preposition (i.e. the direct
infinitive).

Je veux **lire**.   *I wish to read.*

The direct infinitive is used after:

MOST VERBS OF MOTION:
aller (*to go*)
courir (*to run*)
descendre (*to descend*)
entrer (*to enter*)
retourner (*to go back*)
venir (*to come*)
monter (*to go up, to get on* (train etc.), *to mount* (horse))

and compounds, such as **rentrer** (*to come in again, to go home*)

Je vais le **voir**.   *I go to see him.*

but to say *I shall go to London next week to see him*, use: J'irai à
Londres la semaine prochaine **pour** le **voir**. (Insert **pour** when the
verb is widely separated from the infinitive, and generally after
partir and **sortir**.)

Verbs of Mood:

devoir (*to have to*)
espérer (*to hope*)
falloir (*to be necessary*)
oser (*to dare*)

pouvoir (*to be able*)
savoir (*to know*)
vouloir (*to wish*)

> J'espère y **aller**.

> *I hope to go there.*

Verbs of Perception:

entendre (*to hear*)
regarder (*to look at*)
sembler (*to seem*)

sentir (*to feel*)
voir (*to see*)

> Je le vois **venir**.

> *I see him (coming).*

Verbs of Thinking, Preferring:

croire (*to believe*)
penser (*to think*)

aimer mieux (*to prefer*)
préférer (*to prefer*)

> Je crois l'**entendre**.

> *I think I hear it.*

Faire (*to have some action done*), Laisser (*to let or allow some action*):

> Je le fais **venir**

> *I have him brought*
> (lit. *make him come*)

but use

> Je **lui** fais **chanter** une chanson.
> (When infinitive has an object.)

> *I make him sing a song.*

Note:

> J'envoie **chercher** le médecin.

> *I send for the doctor.*

By inserting à (to) before the infinitive:

> Je commence **à lire**.

> *I begin to read.*

Verbs requiring this additional **à** are indicated in vocabularies and dictionaries.

The commonest are:

aimer à (*to like to*)
apprendre à (*to learn to*)
commencer à (*to begin to*)
continuer à (*to continue to*)
inviter à (*to invite to*)
réussir à (*to succeed in*)
se décider à (*to decide to*)
se mettre à (*to begin to*)
but **aimer** is often used without **à**.

By inserting de (= *to* in this case) **before the infinitive:**

Je regrette **de dire**.   *I regret to say.*

Verbs requiring this additional **de** are indicated in vocabularies and dictionaries.

The commonest are:

cesser de (*to cease to*)
demander* de (*to ask to*)
dire* de (*to tell to*)
empêcher de (*to stop from*)
essayer de (*to try to*)
ordonner* de (*to order to*)
oublier de (*to forget to*)
permettre* de (*to allow to*)
prier de (*to beg to*)
regretter de (*to regret*)

*These verbs require **à** + person.

Je **lui** dis de partir.   *I tell him to go.*

By using *pour* in cases not coming under previous headings:

Je m'asseois **pour lire**.   *I sit down to read.*

Note the following points:

Two verbs are followed by the preposition **par** (*by*) + infinitive.

commencer par (*to begin by*)
finir par (*to end by*)

> Il finit **par** le **casser**.   *He finished by breaking it.*

To go or *come and do something* is translated by a direct infinitive.

> Je vais **m'asseoir**.   *I go and sit down.*

The infinitive after adjectives

Most adjectives, especially those expressing emotions and those following impersonal **il est**, are followed by **de** before an infinitive.

> Je suis content **de** vous voir.   *I am pleased to see you.*
> Il est difficile **de** faire cela.   *It is difficult to do that.*

But a few require **à**:

> Je suis prêt **à** partir.   *I am ready to start.*
> Il est occupé **à** travailler.   *He is busy working.*

The infinitive after nouns

After a noun the infinitive is usually preceded by **de**:

> L'ordre **de** partir   *The order to go*
> Je n'ai pas le temps **de** sortir.   *I have no time to go out.*

But note that expressions with **quelque chose** and **beaucoup** take **à**:

> Quelque chose **à** manger.   *Something to eat.*
> Beaucoup **à** faire.   *A lot to do.*

VOCABULARY

le bijoutier	*jeweller*	léger	*light*
le buisson	*bush*	penché	*leaning*
le chêne	*oak*	prêt	*ready*
le coup		allez-y	*go on (go ahead)*
(de fusil)	*shot*	bruyamment	*noisily*
le fusil	*gun*	en vain	*in vain*
le gibier	*game*	là-bas	*over there*
le lapin	*rabbit*	par terre	*to the ground*
le temps (de)	*time (to)*		*(from*
le vieillard	*old man*		*standing*
s'adresser à	*to address*		*position)*
	somebody	sans doute	*doubtless*
*promettre (de)	*to promise to*	soudain	*suddenly*
ramasser	*to pick up*	tous les deux	*both*
rebrousser	*to retrace*	à toute vitesse	
chemin	*one's steps*	à toutes jambes	} *at full speed*
réussir (à)	*to succeed in*	à la hâte	*in haste*
se sauver	*to run away*	*apparaître	*to appear*
tirer	*to fire*	se cacher	*to hide*
l'approche (f.)	*approach*	craquer	*to crack*
la barrière	*gate*	s'échapper	*to escape*
la chasse	*hunting,*	s'enfoncer	*to plunge into*
	shooting	s'enfuir	*to run away*
la chose	*thing*	s'évanouir	*to faint*
la perdrix	*partridge*	essayer (de)	*to try to*
effrayé	*frightened*	fouiller	*to search*
enchanté	*delighted*	longer	*to go along*
épuisé	*exhausted*	*permettre (de)	*to permit to*
étonné	*astonished*	prier (de)	*to ask to*
facile	*easy*		

READING PASSAGE

La chasse au canard

M. Dubonnet, bijoutier à Paris, habitait le boulevard Saint-Denis, mais le dimanche il allait souvent à la chasse.

Sa femme n'aimait pas ces excursions; elle aimait mieux inviter quelques amis à dîner et à jouer aux cartes.

Un beau dimanche d'automne son mari s'est levé de bonne heure, avec l'intention d'aller à la chasse, et quand il était prêt à partir, sa femme lui a dit: 'A bientôt, mon chéri. N'oublie pas de me rapporter quelque chose. Je serais très contente d'avoir un lapin ou une perdrix, par exemple, pour ce soir.'

'J'essayerai de te rapporter quelque chose,' a-t-il répondu, en l'embrassant.

En arrivant à la petite gare de X, il est descendu et s'est enfoncé bientôt dans les bois, le fusil à la main.

Il s'est enfin caché derrière un gros chêne et, couché par terre, il attendait l'arrivée des lapins. Il a attendu une heure, deux heures; enfin un bruit léger annonçait l'approche d'un animal. Il entendait craquer les branches.

Tout à coup un lapin s'est montré à quelques pas de lui. Il a tiré, mais il l'a manqué, et la pauvre bête, effrayée, s'est enfuie à toute vitesse.

Il a attendu encore deux ou trois heures. C'était en vain. Les lapins restaient cachés dans leurs trous. Il se faisait tard; le soleil commençait à se coucher. M. Dubonnet fouillait les buissons, longeait les haies, mais en vain. Aucun animal, aucun oiseau n'en est sorti.

Épuisé, le chasseur a abandonné la chasse au lapin et s'est mis à rebrousser chemin.

En passant près d'une ferme, il a remarqué un vieillard, penché sur une barrière, qui le regardait venir. C'était sans doute le fermier. Il voyait aussi un gros canard dans le champ en face du vieillard. Tout à coup une idée lui passe par la tête. Il s'est décidé à expliquer son affaire au fermier.

'Bonjour, monsieur,' dit-il en s'approchant de lui. 'Je viens vous demander la permission de tirer sur ce canard. Ma femme m'a prié de rapporter quelque chose pour le dîner; j'ai promis de le faire, mais je n'ai pas réussi à trouver de gibier. Si vous me donnez la permission, je voudrais bien essayer de le tuer, et je vous payerai bien.'

'Mais tirez donc, mon vieux,' a répondu le vieillard. 'Vous devez emporter du gibier, n'est-ce pas? Allez-y! Je ne vous empêcherai pas de tirer.'

M. Dubonnet, enchanté, a levé son fusil, a épaulé, et a tiré tout de suite. Comme il est maladroit, il l'a manqué.

'Désolé,' a dit M. Dubonnet au fermier, 'vous n'aurez pas d'argent.'

'Monsieur,' a expliqué le vieillard, en souriant, 'ce champ n'est pas à moi, et le canard non plus.'

'Mon Dieu,' s'est exclamé le bijoutier, étonné. 'Si j'avais su, je n'aurais pas tiré.' Il se sont sauvés alors tous les deux à toutes jambes.

QUESTIONS

1 Où allait souvent M. Dubonnet le dimanche?
2 Est-ce que sa femme l'accompagnait?
3 Où s'est-il caché pour attendre les lapins?
4 Est-ce qu'il a réussi à tuer un lapin?
5 Qui a-t-il rencontré, penché sur une barrière?
6 Qu'est-ce que le chasseur voyait dans le champ?
7 Qu'est-ce qu'il a demandé au vieillard?
8 Qu'est-ce que le vieillard a répondu?
9 Pourquoi le vieillard souriait-il?
10 Qu'ont-ils fait alors?

EXERCISES

A Insert **à** or **de** before the infinitive in the following:

1 J'apprends ___ jouer du piano.
2 Il essaie ___ trouver son livre.
3 Nous l'empêchons ___ sortir.
4 Ils nous invitent ___ dîner.
5 Je réussis ___ tuer un lapin.
6 Elle oublie ___ le faire.
7 Nous lui disons ___ partir.
8 Il promet ___ venir.
9 Je commence ___ chanter.
10 Nous leur permettons ___ entrer.

B Translate:

1 We go and find our friends.
2 He finishes by selling it.
3 Give me something to drink.
4 She sat down to read a book.
5 I hear him singing.
6 They were pleased to see us.
7 We are ready to start.
8 She sends for the doctor.
9 I made him carry the gun.
10 He hasn't the time to write.

C Translate:

When Mr Dubonnet was ready to start his wife said to him: 'I should be very glad to have some rabbits, because I have invited several friends to dinner this evening and I want to give them a good meal.'

Her husband promised to bring back one or two, and he tried all day to kill something, but he did not succeed in finding anything.

He told his friend Duval, as they were coming back from their shooting expedition, that his wife would be very angry.

'Why don't you buy a few rabbits at that farm over there?' said Duval.

'That is a good idea,' replied Dubonnet. 'I should like to take back something. I am going to knock at the door to ask the farmer to sell me one (of them*).'

He went and knocked at the door, but nobody answered. He was wondering whether he should (devrait) knock again when a ferocious dog appeared and began to bark, so they both ran away as fast as possible.

When Dubonnet got home at last his wife told him to go and buy something to eat at the butcher's.

D Write in French, from memory, an account of **La chasse au canard**, or give an account of any other amusing or interesting hunting or shooting experience.

*Always insert **en** (*of it, of them*) when numbers and quantities recur without mention of the noun.

22

GRAMMAR

Compound tenses

You have already seen that the present tense of **avoir** or **être** added to the past participle forms the perfect tense.

j'ai donné	*I have given*
(Motion) je suis allé	*I have gone*
(Reflexive) je me suis levé	*I have got up*

You can now learn the formation and use of other compound tenses.

PLUPERFECT

This is formed with the imperfect of either **avoir** or **être** + the past participle.

j'avais donné	*I had given*
j'étais allé	*I had gone*
je m'étais levé	*I had got up*

This tense is used in all cases for English *had* followed by a past participle, except when the *had* is preceded by a conjunction of time – *when* (**quand, lorsque**), *as soon as* (**dès que, aussitôt que**), *hardly* (**à peine**), *after* (**après que**).

Examples of use:

Il **avait** trouvé son ami au café.　　*He had found his friend at the café.*

Quand il **avait** trouvé son ami, *When he had found his friend,*
ils sont sortis.   *they went out.*

Note the following uses:

Use the imperfect, not the pluperfect, in sentences where *for* means *since.*

Il **était** à Paris depuis deux ans.   *He had been in Paris for two years.*

Had just followed by a past participle is translated by the imperfect of **venir** + **de** + infinitive.

Je ven**ais de** voir   *I had just seen*

FUTURE PERFECT

Formed with the future of **avoir** or **être** + the past participle.

j'aurai donné   *I shall have given*
je serai allé   *I shall have gone*
je me serai levé   *I shall have got up*

CONDITIONAL PERFECT

Formed with the conditional + the past participle.

j'aurais donné   *I should have given*
je serais allé   *I should have gone*
je me serais levé   *I should have got up*

Examples of use of future perfect and conditional perfect:

Il aura vu son ami avant lundi.   *He will have seen his friend before Monday.*

Il dit qu'il aurait vu son ami   *He said he would have seen*
avant lundi.   *his friend before Monday.*

Look out for the 'hidden' future perfect or conditional perfect after conjunctions of time (*when, as soon as,* etc.).

Je sortirai quand il **sera** arrivé.   *I will go out when he has arrived.*
Il a dit qu'il partirait quand   *He said he would go when his*
son ami **serait** arrivé.   *friend had arrived.*

The passive

The passive voice of a verb is formed by adding the various tenses of **être** to the past participle.

je suis aimé (-e)	*I am loved*
j'étais aimé (-e)	*I was loved* (condition)
j'étais blessé (-e)	*I was wounded*
je serai aimé (-e)	*I shall be loved*
je serais aimé (-e)	*I should be loved*
j'ai été blessé (-e)	*I have been, was wounded*
j'avais été aimé (-e)	*I had been loved*

Note the following points:

The past participle must always agree with the subject (except **été**, which is always invariable).

Nous sommes trouvé**s**.	*We are found.*
but Elle a été trouvé**e**.	*She has been found.*

French avoids the passive, when the agent is not specified, by two methods:

By using **on** plus active verb.

On m'a dit.	*I have been told.*
	(*One has told me*).
Ici **on** parle français.	*French is spoken here.*

By using a reflexive verb.

Il **s'appelle** Henri.	*He is called Henry.*
Le tabac **se vend** ici.	*Tobacco is sold here.*

But where the agent is specified, use the passive, with *by* translated by **par** for action, and **de** for condition or state.

Il était attaqué **par** un lion.	*He was attacked by a lion.*
Il était aimé **de** ses amis.	*He was loved by his friends.*

The verb devoir

Devoir (*to owe*) is a most important verb in French, as it also means *to have to, to be obliged to,* and the meaning of the following tenses should be learnt by heart.

Present	je dois	*I must/have to*
Future	je devrai	*I will have to*
Perfect	j'ai dû	*I have had to*
(conversation or letter)		*I had to, I must have*
Imperfect	je devais	*I was due to* (not yet completed)
Conditional	je devrais	*I should, I ought to*
Fut. Perfect	j'aurai dû	*I shall have had to*
Condit. Perf.	j'aurais dû	*I ought to have, I should have*

These are all followed by the infinitive:

J'aurais dû **aller**.　　　　　*I ought to have gone.*

VOCABULARY

le clair de lune	*moonlight*	la vérité	*truth*
le coup d'œil	*glance*	la vie	*life*
le coup de pied	*kick*	blessé	*wounded*
le derrière	*bottom, behind*	empressé	*hurried*
le lionceau	*lion-cub*	nonchalant	*lazy, careless*
l'officier	*officer*	posté	*posted*
le soldat	*soldier*	redoutable	*redoubtable*
bloquer	*to bar*	sauvage	*wild* (not
bouger	*to move*		savage,
*découvrir	*to discover*		which is
enfermer	*to shut up*		'féroce')
épouser	*to marry*	ailleurs	*elsewhere*
errer	*to wander*	juste	*right, true*
s'étonner	*to be astonished*	gentiment	*nicely, in a*
faillir	*nearly to do*		*well-behaved*
	something		*manner*

grandir	*to grow big*	connaissance	*consciousness*
guérir	*to heal*	*remettre	*to put back*
*offrir	*to offer*	sauver	*to save*
l'Afrique	*Africa*	soigner	*to take care of*
la caserne	*barracks*	se vanter	*to boast*
la clef	*key*	aux alentours	*in the*
la façon	*fashion*		*neighbourhood*
la grâce	*grace*	au beau milieu	*right in the*
l'infanterie	*infantry*		*middle*
la mascotte	*mascot*	bon sang!	*heavens!*
la peur	*fear*	sans doute	*doubtless*
*perdre	*to lose*		

READING PASSAGE

Une histoire de lion

Un lieutenant d'infanterie, dans un régiment posté en Afrique, a trouvé un jour un lionceau gravement blessé qu'il a fait soigner et guérir, et qui prenait bientôt l'habitude de le suivre comme un chien.

Au bout de quelques mois ce lionceau avait beaucoup grandi, et l'officier a fait construire une cage dans laquelle l'animal se couchait la nuit; mais pendant la journée il errait partout dans la caserne et aux alentours.

On lui a donné le nom de Léo. Il était aimé de tous les soldats, qui lui offraient des morceaux de viande qu'il prenait gentiment.

Le colonel du régiment aimait se vanter de leur mascotte, dont il était très fier.

Cependant, un soir le colonel, qui était rentré assez tard en voiture, s'étonnait de découvrir le lion couché au beau milieu de l'entrée de la caserne.

Il faisait clair de lune, la bête avait l'air bien redoutable, et le chauffeur du colonel était saisi de peur. 'Mais bon sang,' s'est

écrié l'officier, en souriant, 'vous n'avez rien à craindre. Le lieutenant Duclos a sans doute oublié d'enfermer Léo dans sa cage. Je
vais descendre lui parler.' Et il s'est approché du lion, en lui disant: 'Dis donc, mon petit Léo, tu dois aller te coucher ailleurs.'

Le lion ne voulait pas bouger, et le colonel, un peu vexé, lui a
donné un coup de pied au derrière. L'animal s'est levé lentement
et s'en est allé d'une façon nonchalante, en le regardant d'un œil
mauvais.

Quand le colonel était entré dans la caserne il a tout de suite
envoyé chercher le lieutenant, pour lui raconter ce qui était
arrivé.

Celui-ci s'est présenté en hâte devant son chef.

'Vous auriez dû remettre Léo dans sa cage ce soir, lieutenant,'
a dit le colonel. 'Je viens de le chasser de la cour, où il bloquait le
passage de ma voiture.'

'Mais, mon colonel,' lui a expliqué le lieutenant, 'je vous assure
que je l'ai enfermé, comme d'habitude, à sept heures.'

'Comment s'est-il échappé alors?' a demandé le colonel. 'Nous
devrions aller voir comment la porte a bien pu s'ouvrir.'

Ils allaient tous les deux examiner la cage. Le lieutenant avait
dit juste. La porte de la cage était toujours fermée à clef, et Léo
dormait profondément dans un coin.

Le pauvre colonel a failli perdre connaissance. Il avait donné
un coup de pied à un lion sauvage.

QUESTIONS

1 Qu'est-ce que le lieutenant a trouvé un jour?
2 Quelle habitude le lionceau a-t-il bientôt prise?
3 Pourquoi l'officier a-t-il fait construire une cage?
4 Où errait le lionceau pendant la journée?
5 Qu'est-ce que les soldats lui offraient?
6 De quoi le colonel aimait-il se vanter?
7 Qu'est-ce que le chauffeur du colonel a rencontré un soir à
  l'entrée de la caserne?

8 Qu'a fait le colonel en descendant de voiture?
9 Qu'est-ce que le colonel a dit au lieutenant?
10 Qu'est-ce qu'ils ont trouvé en arrivant à la cage de Léo?

EXERCISES

A Translate:

he had given
he will have given
he would have given
they had arrived
they will have arrived

they would have arrived
she will have gone out
you would have read
I had gone to bed
they will have got up

B Translate:

1 He had often come to London, and I had admired him.
2 As soon as the car had stopped, he got out.
3 She had been learning French for two years.
4 When they had arrived he closed the door.
5 They had just gone out when Peter appeared.
6 Hardly had I spoken when Mary entered.
7 We shall soon have forgotten him.
8 He will telephone you when he has finished his work.
9 If I had known, I would have written to you.
10 She said she would come as soon as she had dressed.

C Translate:

she is loved
he has been seized
I shall be caught
he was killed
we have been told
English is spoken here
tea is sold here
she is called Mary

he was loved by his soldiers
I was attacked by a lion
we must go
I shall have to go
you should have gone
you should go
he had to run

D Translate:

An Englishman, who had unfortunately married a very bad-tempered wife, (qui avait mauvais caractère), bought a farm in Africa.

This farm was very lonely, and there was a great number of lions in that region, so he always carried a gun when he worked in his fields.

One day the farmer had just gone off to the fields when a friend, who had come to find him, was astonished to see an enormous lion enter the farmer's house, the door of which was open.

This friend, noticing the farmer in the distance, followed him immediately and told him what he had seen. 'You ought to go back at once,' he cried, 'if you wish to save your wife.' The farmer, however, did not seem to be alarmed. 'I shall go back when I have finished my work. It is the lion who is going to lose his life,' he replied, smiling.

'If he enters the kitchen, where my wife is preparing lunch, she will certainly kill him. The poor animal ought to have chosen another house.'

E Recount in French, from memory, **Une histoire de lion**; or any interesting or amusing story about an animal.

23

GRAMMAR

Verbs + preposition + noun

Some verbs in French take an unexpected preposition before a noun. The prepositions **à**, **de**, and **en** must be repeated in French before each noun.

Such prepositions are usually indicated in a dictionary, but the following should be noted:

Verbs of 'taking away' take **à** before the person, where *from* is used in English:

acheter à	*to buy from*
arracher à	*to snatch from*
emprunter à	*to borrow from*
ôter à	*to lift from*
prendre à	*to take from*
voler à	*to steal from*

    J'emprunte le livre **à** mon père.   *I borrow the book from my father.*

Verbs of taking, drinking, reading etc., take **dans** in French for English *from, out of.*

boire dans	*to drink out of*
lire dans	*to read out of*
prendre dans	*to take out of*

    Je bois **dans** une tasse.   *I drink out of a cup.*

Note: Je regarde **par** la fenêtre.   *I look out of the window.*

Remember to put in the **à** (*to*) (which is omitted in English) with the following verbs, before the indirect object:

apprendre à	*to teach to* someone
conseiller à	*to advise to*
défendre à	*to forbid to*
demander à	*to ask to*
dire à	*to tell to*
donner à	*to give to*
enseigner à	*to teach to*
montrer à	*to show to*
obéir à	*to obey to*
ordonner à	*to order to*
pardonner à	*to pardon to*
permettre à	*to permit to*
plaire à	*to please to*
raconter à	*to tell to*
répondre à	*to answer to*
ressembler à	*to resemble to*

> Je montre le livre **à** mon ami, et je le **lui** donne.
>
> *I show my friend the book, and I give him it.*

The following verbs require **de** before a noun or pronoun:

s'approcher de	*to approach*
se moquer de	*to make fun of, laugh at*
remercier de	*to thank for*
rire de	*to laugh at*
se servir de	*to use*
se souvenir de	*to remember*

> Je m'approche **de** la maison.
>
> *I approach the house.*
>
> Je m'**en** approche.
>
> *I approach it.*

The following verbs require no preposition in French:

attendre	*to wait for*
chercher	*to look for*
demander	*to ask for*

écouter	to listen to
payer	to pay for
regarder	to look at

J'écoute la radio.   *I listen to the radio.*

VOCABULARY

le matelot	*sailor*	sourire	*to smile*
le patron	*proprietor*	étonnaut	*astonishing*
le perroquet	*parrot*	ventriloque	*with*
le portefeuille	*wallet*		*ventriloquial*
la bière	*beer*		*powers*
l'épaule	*shoulder*	au bout de	*at the end of*
la parole	*word* (spoken)	regarder	*to look closely*
empaillé	*stuffed*	de près	*at*
ajouter	*to add*	en colère	*in anger*
articuler	*to utter,*	tous les deux	*both*
	pronounce	s'ennuyer	*to be bored*
rendre	*to make*		

Note that you should use **rendre** instead of **faire** when an adjective follows the verb *make*.

Cela me rend triste.   *That makes me sad.*

READING PASSAGE

📖 Le perroquet

Un matelot ventriloque, qui portait un perroquet gris sur l'épaule, est entré un jour dans un café, s'est assis, et a appelé le garçon.

Quand celui-ci est arrivé, le matelot lui a dit: 'Apportez-moi une bière, s'il vous plaît.' Au grand étonnement du garçon, le

206

perroquet a ajouté tout à coup: 'Et moi aussi, j'ai grand soif. Je prends une bière.'

Le patron, qui se trouvait tout près, a entendu les paroles de l'oiseau et s'est approché de la table où était assis le matelot pour regarder l'oiseau de près.

Le garçon revenait avec les deux bières, et le matelot les a bu, toutes les deux. Le perroquet s'est écrié en colère: 'Qu'est-ce que tu fais, mon vieux. Alors tu bois ma bière!'

'C'est un perroquet remarquable que vous avez là, matelot,' a dit le patron. 'Il parle très bien.'

'Oui, je suis vraiment fort intelligent,' lui a répondu l'oiseau.

'C'est étonnant le nombre de mots qu'il connait,' s'est exclamé le patron. 'Je vous le paie cent vingt-cinq francs, si vous voulez me le vendre, monsieur.'

'Je pars demain pour l'Afrique,' lui expliquait le matelot. 'Si vous voulez l'acheter, il vaut deux cent cinquante francs.'

Le patron, enchanté d'avoir un oiseau si extraordinaire pour amuser ses clients, est allé chercher son portefeuille, et a donné trois billets de cent francs au matelot, qui est parti en souriant, très content de son affaire.

Son nouveau maître a mis le perroquet dans une belle cage à l'entrée du café.

Au bout de trois mois le matelot est entré de nouveau dans le café. Le propriétaire l'a reconnu et est venu lui parler.

'Je dois vous dire, monsieur,' dit-il au matelot, 'que l'oiseau que je vous ai acheté ne parle point depuis votre départ.'

'Évidemment il s'ennuie, et il attend mon retour. Je vais lui parler moi-même,' dit le matelot pour le rassurer.

'Bonjour, Jacquot. Tu vas bien?' a-t-il demandé à l'oiseau.

'Je m'ennuie ici. Tu as longtemps voyagé,' lui a répondu le perroquet.

'Vous voyez bien qu'il parle toujours, Patron. C'est sans doute mon absence qu'il trouve insupportable, et qui le rend triste,' expliquait son ancien maître.

'C'est tout de même curieux,' a fait le patron, en riant. 'Le pauvre Jacquot est mort depuis deux mois. C'est Jacquot empaillé que vous voyez là dans sa cage!'

QUESTIONS

1 Qu'est-ce que le matelot portait sur l'épaule?
2 Qu'est-ce qu'il a commandé à boire?
3 Qu'a dit le perroquet au garçon?
4 Qu'est-ce qu'a fait le patron en l'entendant?
5 Quel prix le matelot a-t-il demandé?
6 Pourquoi le patron voulait-il acheter l'oiseau?
7 Où l'a-t-il mis après le départ du matelot?
8 Quand est-ce que le matelot est revenu au café?
9 Qu'est-ce que le propriétaire lui a alors dit?
10 Pourquoi le perroquet ne parlait-il plus?

EXERCISES

A Insert the correct preposition:

1 J'achète —— l'épicier.
2 Il s'est approché —— château.

3 Ils sont entrés ___ la salle.
4 Nous obéirons ___ capitaine.
5 Je me servais ___ un couteau.
6 Il ressemble ___ sa mère.
7 Nous répondons ___ la question.
8 Vous l'arrachez ___ garçon.
9 Ils ont montré la rue ___ l'homme.
10 Je l'ai emprunté ___ mon ami.
11 Elle m'a remercié ___ ma lettre.
12 Nous demandons le prix ___ marchand.
13 Vous racontez ___ élèves l'histoire de la ville.
14 Il a défendu ___ l'enfant de le faire.
15 Je conseille ___ mon ami de partir.

B Translate:

1 We will listen to the music.
2 She was looking out of the window.
3 The traveller asked for a ticket.
4 The pupil reads from a book.
5 My uncle has paid for the dinner.
6 You must wait for a bus.
7 My sisters laugh at me.
8 The thief stole it from the merchant.
9 I was drinking out of a cup.
10 The master teaches Marcel English.

C Translate:

One evening, in the last century, a few days before Christmas, a traveller entered an inn. Outside, the ground was covered with snow.

The newcomer looked for a place near the fire, but nobody moved to make room for him (pour lui faire place).

When the innkeeper asked him what he wanted, the traveller answered him in a loud voice: (à haute voix) 'Bring me a bottle of wine, please. And take a dozen oysters to the stable for my horse.'

The innkeeper looked at him with astonishment, and hesitated a moment.

'Hurry, he is very hungry, and he is waiting for them,' the traveller told him.

All the farmers immediately got up and followed the innkeeper in order to see this remarkable animal.

The stranger then approached the fire and, choosing the best place, sat down in order to warm himself.

After a few minutes everybody came back, and the innkeeper said: 'Sir, your horse does not want to eat the oysters.'

'What a pity (c'est dommage),' replied the traveller, laughing. 'As I have paid for them, I will eat them myself, then.'

D Recount in French any interesting or amusing story connected with animals, birds, or insects.

24

GRAMMAR

Some problem prepositions

ABOUT

vers (time): vers 9 heures (*about 9 o'clock*)
environ (numbers): environ vingt-cinq (*about 25*)
au sujet de (*concerning*): un livre au sujet des lois (*a book about laws*)
sur le point de (+ verb): sur le point de partir (*about to go*)

BEFORE

avant (time): avant 9 heures (*before 9 o'clock*)
devant (place): devant la maison (*before the house*)

FOR (TIME)

pendant (past time): Je l'ai cherché pendant deux heures.
   (*I looked for him for two hours.*)
Sometimes *for* is omitted:
   J'ai attendu deux heures.   *I waited two hours.*
pour (pre-arranged): J'irai pour trois jours. (*I shall go for three days.*)
depuis (when *for* means *since*, action continuing): Je suis ici depuis
une heure. (*I have been here for an hour – and am still here.*)

IN (PLACE)

dans (definite): dans notre maison (*in our house*)
en (indefinite): en ville, en voiture, en hâte (*in town, by car, in
haste*)

à in such expressions as:

à la campagne   (*in the country*)
à l'ombre   (*in the shade*)
à la main   (*in one's hand*)

IN (TIME)
en (duration): Il l'a fait en 3 minutes. (*He did it in 3 minutes.*)
(Seasons, months): en été, en mai (*in summer, in May*).
dans (future): Je le ferai dans 3 jours. (*I shall do it in 3 days' time.*)
Omit with *morning, evening*, etc.
    le matin   *in the morning*

ON (TIME)
à mon retour (*on my return*).
par (with details): par un beau jour d'été (*on a fine summer's day*).
le jour **où** . . . (*the day on which* . . .)
Omit *on* with days.
    lundi   *on Monday*
    le deux juin   *on June 2nd*

OVER
au-dessus de (position): au-dessus de la maison (*over* or *above the house*).
par-dessus (motion): Il regardait par-dessus le mur. (*He looked over the wall.*)

TOWARDS
vers (time): vers 3 heures (*towards 3 o'clock*)
vers (motion): il a couru vers moi (*he ran towards me*)
envers (feeling): ses sentiments envers moi (*his feelings towards me*)

WITH
avec is the usual word, but note the following:
Description (permanent): un homme **à** la barbe blanche (*a man with a white beard*)

Description (temporary): le sac au dos, le sac sur le dos (*with his bag on his back*)

Omit *with* in such cases.

Also note **couvert de** (*covered with*), **saisi de** (*seized with*), **entouré de** (*surrounded by*).

couvert de neige	*covered with snow*

Miscellaneous pronouns and adjectives

Do not confuse the following:

EACH
chaque (adjective)

chaque homme	*each man*

chacun (**-e**) (pronoun)

Chacun portait un fusil.	*Each* (one) *carried a gun.*

SOME, A FEW; SOMEONE, SOME
quelque (adjective)

quelques fleurs	*some flowers*

quelqu'un (**-e**) (pronoun) meaning *someone*
(pl. **quelques-un(e)s**)

Quelques-unes étaient des roses.	*Some were roses.*

Miscellaneous adjectives and adverbs

Do not confuse the following:
même (adjective) meaning *same* (before noun), *even, very* (after noun).

la même chose	*the same thing*
les chiens mêmes	*the very dogs*

même (adverb) meaning *even*

    Il a même couru.   *He even ran.*

Note that **moi-même**, etc. means *myself.*

de même (adverb) meaning *similarly*

    Il a fait **de même**.   *He did the same.*

tel (adjective) meaning *such a* (f. **telle**)
    un **tel** chien   *such a dog*

si (adverb) meaning *such a, so*

    un **si** gros chien   *such a big dog*

Notice the use of **tel** when alone, but **si** when there is another adjective.

tout(e) (adjective) meaning *all*

    toute la famille   *all the family*

tout (adverb) meaning *completely, very*

    Ils étaient **tout** épuisés.   *They were completely exhausted.*

Notice that **tout**, though an adverb, agrees with feminine nouns, except before a vowel or mute h.

    Elle était toute fatiguée
    Elle était tout épuisée   *She was very tired.*

VOCABULARY

le bateau de pêche	*fishing boat*	gémir	*to whine, to groan*
le chef	*chief*		
le cimetière	*cemetery*	gravir	*to climb (hill, etc.)*
le contrebandier	*smuggler*		
le fantôme	*ghost*	l'auberge (f.)	*inn*
le maire	*mayor*	la cachette	*hiding-place*
le pistolet	*pistol*	la ceinture	*belt, waist*
le port	*port, harbour*	la corde	*rope*
le regard	*look*	la côte	*coast*
le sapin	*fir*	la dalle	*stone slab*
le tombeau	*tomb*	l'église (f.)	*church*
le vent	*wind*	l'époque (f.)	*period, time*
attirer	*to attract*	la falaise	*cliff*
espionner	*to spy (on)*	la forme	*figure, shape*
*braire	*to bray*	la lune	*moon*
chuchoter	*to whisper*	la soutane	*cassock*
éclairer	*to illuminate*	la voix	*voice*
faire le guet	*to keep watch*	bas	*low*
*fuir	*to flee*	guetté	*watched*
voilé (de)	*veiled (by)*	lourd	*heavy*
à dix mètres	*ten yards away*	pleurer	*to weep*
		*rejoindre	*to join*
à gauche	*to the left*	*se servir (de)	*to use*
au moins	*at least*	tousser	*to cough*
déjà	*already*	quant à	*as for*
diable!	*heavens!*	soit . . . ou	*either . . . or*
du côté de	*in the direction of*	sous peu	*shortly, soon*
		tout droit	*straight on*
grimper (dans)	*to climb (tree, etc.)*	bouleversé	*overcome, upset*
*paraître	*to appear*	veiller	*to keep watch*

READING PASSAGE

🔲 *Le cimetière hanté*

Une nuit d'hiver, en l'an 1810, sous le règne de Napoléon 1er, le maire du village de Fleury, petit port non loin de Boulogne, se dirigeait vers l'auberge pour boire un verre de vin avec ses amis.

En route il est passé près de l'église du village, qui se trouvait au sommet des falaises, et il s'est assis un moment sur le mur du cimetière pour se reposer un peu.

La lune, voilée par des nuages, se montrait de temps en temps et éclairait les tombeaux.

En jetant par hasard un regard par-dessus le mur, du côté des tombeaux, il a vu, à son grand étonnement, une forme noire sortir d'un des tombeaux, suivie, presqu'aussitôt, d'autres formes mystérieuses, toutes vêtues de longues soutanes.

Chaque fantôme portait une boîte sur le dos. Chacune de ces boîtes mesurait à peu près un mètre de long sur soixante centimètres de large, et paraissait bien lourde.

Il y avait au moins une douzaine de ces fantômes, qui disparaissaient par un sentier qui conduisait aux rochers au pied de la falaise.

A quelques centaines de mètres de la côte un bateau de pêche semblait attendre quelqu'un; le maire pouvait distinguer ses voiles blanches au clair de lune.

Pris de panique, il est vite descendu au village, où il est tout de suite allé chercher le gendarme.

Il lui a raconté ce qu'il avait vu, et ils ont remontés tous les deux le chemin de l'église.

Les habitants du village avaient déjà parlé au gendarme des voix qu'ils avaient entendues la nuit au cimetière, mais celui-ci croyait que c'était soit le vent de la mer qui gémissait dans les branches des arbres, soit le bruit des vagues qui venaient se briser sur la plage.

Arrivés au sommet, ils ont grimpé dans un sapin qui se trouvait près du plus grand des tombeaux, et ont attendu.

Ils faisaient le guet depuis une demi-heure quand la dalle du tombeau s'est levée doucement, et un homme, vêtu de la tête aux pieds d'une longue robe blanche, en est sorti. Il a sifflé deux fois; c'était sans doute un signal.

Quatre autres hommes l'ont rejoint, portant chacun un gros sac, et ils marchaient tout droit vers le sapin où se cachaient les deux villageois.

'Ce sont des contrebandiers,' a chuchoté le gendarme. Au même instant le maire a toussé violemment. Un tel bruit ne pouvait manquer d'attirer leur attention. Le chef de la bande a levé les yeux vers leur cachette et s'est écrié. 'Diable! On nous espionne.'

A ces paroles ses compagnons ont laissé tomber leurs sacs, et se sont approché de l'arbre.

Leur chef a tiré un pistolet de sa ceinture; il était sur le point de tirer quand le gendarme a crié: 'Ne tirez pas. Je me rends.'

'Descendez,' a ordonné le chef. Ce qu'ils ont fait sans perdre de temps.

Les contrebandiers se sont emparé d'eux. Le chef a pris une corde dans son sac, et s'est adressé d'abord au gendarme. 'Nous allons vous attacher à cet arbre,' dit-il. 'Quant à vous, monsieur le maire, vous allez porter mon sac. Pour ce soir vous serez contrebandier.' Tout bouleversé, le sac sur le dos, le maire les a suivis.

QUESTIONS

1 A quelle époque a eu lieu cette aventure?
2 Où se trouvait l'église du village?
3 Qu'est-ce que la lune éclairait?
4 Comment les fantômes étaient-ils vêtus?
5 Qu'est-ce qu'ils portaient?
6 Qu'est-ce qui semblait les attendre?
7 Qu'a fait alors le maire?
8 Où se sont cachés le maire et le gendarme?
9 Pourquoi les contrebandiers les ont-ils découverts?
10 Qui a dû porter le sac du chef?

EXERCISES

A Translate:

about 32	with his hands in his pockets
about 9 o'clock	I shall go for 3 days
before the castle	I have been here for 3 days
before midnight	he waited for an hour
by car	we made it in an hour
in his car	on Monday
in the country	on a fine day
in an hour's time	in April
with blue eyes	in summer
above the wall	in the evening

B Translate:

the same house	each chair
they even shouted	each one (f.)
he did the same	such an animal
all the men	such a large animal
she is quite pale	both
a few pens	someone
some (f.) are here	at the same time
	three times

C Translate:

in 1815	some kilometres away
in the reign of Louis XVI	he climbs up a tree
a bottle of wine	straight on
covered with smoke	from head to foot
a dozen men	from time to time

D Translate:

A few years ago Mr Dubois and his family spent their summer holidays (d'été) at Fleury, a little port near Boulogne.

One evening Peter and his sister decided to go for a walk as far as the village church, which was at the top of the cliffs.

When they arrived there, they sat down to rest on the wall of the cemetery. It was then nearly ten o'clock, and it was getting dark (il commençait à faire nuit).

'I hope we shall not see any ghosts,' said Mary. At that same moment they heard a noise among the bushes behind the tombs.

'There is certainly something or somebody over there,' said Peter, picking up a stone. He threw it with all his might (de toutes ses forces) towards the bushes, and a grey shape came out of them.

Mary became quite pale, and they both stood motionless.

At each step the ghost was approaching them. 'I am afraid. Let us run,' cried Mary.

Suddenly the moon showed itself between the clouds, lighting up the ghost, which began to bray. It was only a donkey.

3 Recount in French, from memory, the story **Le cimetière hanté**, or any other story of ghosts, or smuggling, or unexpected adventure.

REVISION

A (a) **Conditional:**

I should sell	they would go
he would see	you would be able
they would come	I should make
we should be	it would be necessary
she would have	they would run

(b) **Pluperfect, future perfect, conditional perfect:**

I had seen	he will have gone out
we had come	they will have gone to bed
they had sat down	he would have finished
hardly had I spoken	I would have remained
we shall have finished	they would have hidden themselves

(c) **Devoir:**

he must go	I ought to have gone
I was due to go	she will have to go
they had to go	

B (a) **Prepositions before infinitives: direct infinitive**

1 I told him to go.
2 We invited them to come.
3 She hopes to bathe.
4 They try to run.
5 You promised to sing.
6 She will begin to cry.
7 They forgot to write.
8 We shall go and sit down.
9 I am pleased to see you.
10 He wanted something to eat.

(b) **Prepositions before nouns**

1 I buy eggs from a farmer.
2 He was drinking out of a glass.
3 They showed the traveller the way.
4 She thanks you for your letter.
5 We will pay for the dinner.
6 I used to borrow books from my friends.
7 He looks out of the window.
8 She resembled her mother.
9 We use a knife.
10 They will listen to the song.

C **Miscellaneous prepositions, pronouns, adjectives and adverbs**

1 Have you a book about dogs?
2 We will go there for three days.
3 He jumped over the wall.
4 Here is an old lady with white hair.
5 Each house has a garden; each one has a garage.
6 Here are a few apples: some are bad.
7 They had the same dresses.
8 Even if he comes.
9 He has such a large house.
10 I have never seen such a tree.

D **Composition**

Recount the following story, using past tenses:
Un perroquet s'échappe de sa cage – se réfugie dans un bois – un paysan le voit – lève son fusil – l'oiseau parle – le paysan se sauve.

The subjunctive

PURPOSE OF THE SUBJUNCTIVE IN FRENCH

All the tenses you have previously learnt belong to the indicative mood, i.e. they denote some positive and certain action (e.g. *he lives*).

The subjunctive mood denotes doubt and uncertainty in connection with an action (e.g. *Long may he live!*).

In English the subjunctive is little used, but indicates a supposition or concession. It occurs chiefly after *if* in conditional clauses such as *If I were . . .* , and is also indicated by *may, might, would, should.*

In French the subjunctive is still fairly common (in the present and perfect tenses only), and there are special rules for its use, which do not correspond at all to the English rules for employing the subjunctive. For example, *if* does not require the subjunctive in French; *may* is translated in main clauses by the future of **pouvoir** (e.g. *he may possibly come* **il pourra venir**) and *might* by the conditional of **pouvoir** (e.g. *he might come* **il pourrait venir**).

FORMATION OF THE SUBJUNCTIVE

The present subjunctive

Endings for all verbs, except **avoir** and **être**, are:

-e, -es, -e, -ions, -iez, -ent

Stems for most verbs are obtained by dropping the **-ent** of the 3rd person plural of the present indicative.

	Donner *to give*	**Finir** *to finish*	**Vendre** *to sell*
pres. ind.	ils donn-ent	ils finiss-ent	ils vend-ent
pres. subj.	je donn-**e**	finiss-**e**	vend-**e**
	tu donn-**es**	finiss-**es**	vend-**es**
	il donn-**e**	finiss-**e**	vend-**e**
	nous donn-**ions**	finiss-**ions**	vend-**ions**
	vous donn-**iez**	finiss-**iez**	vend-**iez**
	ils donn-**ent**	finiss-**ent**	vend-**ent**

Where the stem of the imperfect indicative differs from the stem obtained from the 3rd plural present indicative, the stem of the imperfect is used for the 1st and 2nd plural of the present subjunctive.

Boire *to drink*	stem: **boiv-**
je boive	
tu boives	
il boive	
nous **buv**ions ⎱	Stem of imperfect:
vous **buv**iez ⎰	'**buv-**'
ils boivent	

Similarly: je doive – nous **dev**ions; je prenne – nous **pren**ions; je reçoive – nous **recev**ions; je tienne – nous **ten**ions; je vienne – nous **ven**ions.

You will need to learn the following exceptions by heart:

Avoir	Être	Aller	Faire
aie	sois	aille	fasse
aies	sois	ailles	fasses
ait	soit	aille	fasse
ayons	soyons	allions	fassions
ayez	soyez	alliez	fassiez
aient	soient	aillent	fassent

Pouvoir	Savoir	Vouloir	
puisse	sache	veuille	
puisses	saches	veuilles	
puisse	sache	veuille	
puissions	sachions	voulions	
puissiez	sachiez	vouliez	
puissent	sachent	veuillent	

The perfect subjunctive

This is formed by adding the past participle to the present subjunctive of **avoir** (or of **être** for verbs of motion, and reflexive verbs), and is used, where necessary, in conversation, or in a letter.

j'**aie** donné   je me **sois** levé (reflexive)
je **sois** allé (motion)

RULES FOR USING THE SUBJUNCTIVE

The subjunctive is used in French in main clauses, to express a wish or command

(wish) Vive la France!   *Long live France!*

In such expressions as **Vive les vacances!** the subjunctive has lost its grammatical correctness (it should be **vivent**) to become a way of cheering – *Hooray for (the) holidays!*

(command) Qu'il vienne!   *Let him come!*
           Qu'ils viennent!   *Let them come!*

Notice that **Que** + pres. subj. is thus used to give indirect orders in the 3rd sing. and 3rd pl.

It is also used in subordinate clauses.

AFTER VERBS EXPRESSING WISH OR ORDER
Je veux qu'il le **fasse**.   *I wish him to do it.*

AFTER VERBS OF 'SAYING' AND 'THINKING' USED NEGATIVELY OR INTERROGATIVELY, AND AFTER **DOUTER**
Je ne crois pas que cela   *I do not think it is true.*
   soit vrai.
Croyez-vous qu'il **soit** arrivé?   *Do you think that he has come?*
but
    Je crois qu'il est ici.   *I think he is here.* (no subjunctive).

AFTER IMPERSONAL VERBS (UNLESS THEY EXPRESS CERTAINTY OR PROBABILITY)
Il faut que j'**écrive**.   *It is necessary that I should write.*
Il est possible qu'il **arrive**.   *It is possible that he may arrive.*

Similarly: il vaut mieux que (*it is better that*); il se peut que (*it can be that*); il est bon que (*it is good that*); c'est dommage que (*it is a pity that*); il semble que (*it seems that*), etc.
but

Il est **certain, probable**   *It is certain, probable he will arrive.*
   qu'il arrivera.   (no subjunctive required).

AFTER VERBS EXPRESSING EMOTION (I.E. JOY, REGRET, DOUBT, FEAR, SURPRISE)
Elle est **enchantée** que   *She is delighted that I can come.*
   je **puisse** venir.

Je suis **fâché** qu'il ne **puisse** venir.	*I am sorry that he cannot come.*
Je **doute** que cela **soit** vrai.	*I doubt if that is true.*
Je suis **étonné** qu'il l'**ait** fait.	*I am astonished that he has done it.*

but **espérer** (*to hope*) does not take the subjunctive unless negative or interrogative.

J'espère qu'il **viendra**.	*I hope that he will come.*

IN ADJECTIVAL CLAUSES

(i) After a superlative
and **le premier** (*the first*)
   le dernier (*the last*)
   le seul (*the only*)

C'est la plus belle dame que je **connaisse**.	*She is the most beautiful woman that I know.*

(ii) After a negative statement

Il n'y a pas d'homme qui **soit** plus honnête.	*There is not a man who is more honest.*

(iii) In a **qui** clause denoting purpose

Je cherche un homme qui **puisse** l'expliquer.	*I am looking for a man who can explain it.*

AFTER THE FOLLOWING CONJUNCTIONS

Time
  avant que (*before*)
  jusqu'à ce que (*until*)

Concession
  bien que ⎫
  quoique ⎬ (*although*)

Condition
  à moins que . . . **ne** (*unless*)
  pourvu que (*provided that*)
  sans que (*without*)

Purpose or reason
  afin que ⎫
  pour que ⎬ (*in order that*)

  de peur que . . . **ne** ⎫
  de crainte que . . . **ne** ⎬ (*lest*)

Note that *to wait until* is expressed by **attendre que** + subjunctive.

Not . . . until does not require a subjunctive.

Nous ne partirons que lorsque (i.e. *only when*) nous l'aurons reçu.

There are a few other less common conjunctions requiring the subjunctive, and a complete list can be found in a detailed grammar.

Afin qu'il **réussisse** . . .	*So that he might succeed . . .*
Quoiqu'ell **soit** fatiguée . . .	*Although she is tired . . .*
Avant qu'il **finisse** . . .	*Before he finished . . .*
A moins qu'ils **ne** le **sachent** . . .	*Unless they know it . . .*

The above are the main uses of the subjunctive, all involving some idea of doubt (emotions and superlatives are 'doubtful'!).

There are other uses, such as after *however*, *whoever*, and *whatever*, but these can be studied in a complete grammar.

AVOIDING THE SUBJUNCTIVE

The subjunctive can be avoided:

1 By using **avant de**, **afin de**, **sans** + infinitive instead of **avant que**, **afin que**, **sans que** – if the subject of main and subordinate clause is the same.

Avant **de sortir**, il a fermé la porte.

Before he went out he shut the door.

2 By using the verb **devoir** instead of the impersonal verb **falloir**.

Il doit attendre.

It is necessary that he should wait.

VOCABULARY

l'avare (m.)	*miser*	la comédie	*comedy*
le bal	*dance, ball*	la liste	*list*
le drame	*drama*	la machine à	*sewing*
le fil	*thread*	coudre	*machine*
le magnétoscope	*video recorder*	la pièce	*play*
le morceau	*piece*	la puce à	*a flea in*
le spectacle	*play, show*	l'oreille	*her ear*
craindre	*to fear*	la soie	*silk*
raccommoder	*to mend*	la télévision	*television*
regretter	*to regret, to*	libre	*free*
	be sorry	sérieux	*serious*
se tromper	*to be wrong, to*	afin de	*in order to*
	be mistaken	avant que	*before*
ce n'est pas	*it isn't worth*	bien que ⎫	
la peine	*while*	quoique ⎭	*although*
ou pire	*or worse*	pourvu que	*provided that*
on joue	*they are doing*	puisque	*since*
	(a play)	c'est dommage	*what a pity*
la boum	*teenage party*	que	*that*

READING PASSAGE

Conversation

SCÈNE: *Le salon des Dubois à huit heures du soir.*

M. Dubois   Pierre, j'ai une bonne nouvelle pour toi. Ton oncle Robert t'invite à l'accompagner demain au théâtre.

Pierre   J'ai la permission, maman?

Mme Dubois   Pourvu que tu finisses tes devoirs avant de partir, tu peux y aller. Et comme ce sera demain mercredi, tu auras le temps de les faire, puisque tu seras libre l'après-midi, n'est-ce pas?

Pierre Ah oui, c'est vrai ça. Papa, veux-tu que je téléphone à l'oncle Robert pour lui dire que je peux y aller.

M. Dubois Ce n'est pas la peine de téléphoner. Je le verrai demain au bureau.

Pierre (*à sa sœur*) C'est dommage que tu ne puisses pas venir avec nous, Marie.

Marie Il faut absolument que je raccommode ma robe, tu sais, si je veux aller danser, samedi prochain. Quelle pièce l'oncle Robert a-t-il choisie?

Pierre Je ne sais pas, moi. Crois-tu que ce soit une comédie? J'espère bien, car je déteste les pièces sérieuses. Mais je crains que mon cher oncle ne choisisse un drame, ou pire, une tragédie classique, Raine par exemple!

M. Dubois Si je ne me trompe pas, ton oncle ira à la Gaîté, où on joue toujours des pièces gaies. Passe-moi le journal, Pierre. Je vais chercher la liste des spectacles. Oui, c'est ça. On joue 'La Puce à l'Oreille', de Feydeau. Il paraît que c'est très drôle.

Mme Dubois Mais oui. Je l'ai déjà vue, cette pièce, avec ta tante Louise. C'est la comédie la plus amusante que j'aie vue cette année. Tu en as de la chance, Pierre.

M. Dubois Bien que j'aime le théâtre, j'aime encore mieux le cinéma. Si on y allait demain, ma bichette?

Mme Dubois Je veux bien, chéri. Marie, tu pourras raccommoder ta robe ce soir, et venir avec nous, tu ne crois pas?

Marie Alors, d'accord. J'essayerai, mais je doute que je puisse. Tu pourras peut-être me prêter ta machine à coudre pour la terminer ce soir? Il me faut aussi du fil, et un petit morceau de soie.

QUESTIONS

1 Qui a invité Pierre à l'accompagner au théâtre?
2 Qu'est-ce qu'il lui fallait faire avant de sortir?
3 Pourquoi Marie ne pouvait-elle pas l'accompagner?
4 Pourquoi voulait-elle raccommoder sa robe?
5 Pourquoi M. Dubois voulait-il voir le journal?
6 Lequel préférez-vous, le théâtre ou le cinéma?
7 Est-ce que vous préférez les comédies ou les drames?
8 Combien de fois par mois allez-vous au cinéma?
9 Est-ce que vous écoutez souvent la radio?
10 Avez-vous un appareil de télévision?
11 Aimeriez-vous avoir un magnétoscope?
12 Ma sœur adore les 'boums', et vous?

EXERCISES

A Give the 1st person singular and 1st person plural of the present subjunctive of:

aller	faire	prendre	voir
avoir	finir	pouvoir	vouloir
boire	lire	savoir	être
dire	mettre	venir	s'asseoir
écrire			

B Give briefly the reason for the use of the subjunctive in each of the following:

1 C'est le meilleur livre que je connaisse.
2 Il faut que nous partions demain.
3 Qu'ils viennent tout de suite!
4 Elle voulait qu'il lui écrive.
5 Quoiqu'il soit intelligent, il n'a pas réussi.
6 Je ne crois pas qu'ils soient arrivés.
7 Il regrette qu'elle l'ait perdu.
8 Nous partirons avant qu'il arrive.

9 Je cherche une rue qui conduise au marché.
10 On lui donnera de l'argent afin qu'il puisse l'acheter.

C Put the following infinitives into the correct tense of the subjunctive:

1 Bien qu'il (être) fatigué, il sortira.
2 Il vaut mieux que nous (écrire) demain.
3 Je suis enchanté que vous (avoir) réussi.
4 Ils craignaient qu'il n' (arriver) à temps.
5 Elle est partie sans qu'il la (voir).
6 Je doute qu'ils (venir) ce soir.
7 C'est le seul homme que nous (avoir) vu.
8 Nous désirons que vous le (faire) maintenant.
9 Ils l'ont saisi avant qu'il (pouvoir) s'échapper.
10 Croyez-vous qu'il y (aller) aujourd'hui?

D Translate:

1 I am pleased that they can come.
2 They accompanied him in order that he should find the house.
3 We want you to write to us often.
4 I shall wait until the rain stops.
5 Although I have little time, I will do it.
6 This is the finest picture that I have bought.
7 We don't think he will be able to come.
8 It seems that he is very ill.
9 He escaped without being seen.
10 Before you go away, give me your address.

E Translate:

A week before Christmas, Peter's uncle invited him to go to the theatre with him, and he told him to bring his friend Charles with him.

The next morning Peter went to see Charles, before setting off for school.

'Good morning, Peter,' said Charles. 'I am astonished you have arrived so early.'

'Well, I have some good news,' explained Peter. 'My uncle

wants you to come with us this evening to the theatre.'

'I shan't be able to come this time,' replied Charles. 'My exam takes place next week, and father says it is necessary that I should work every evening until it is finished.'

'What a pity you can't come with us,' said Peter. 'They are doing (playing) 'L'Avare', and it is the best play I have read. Do you think you can finish your work before 7.30?'

'No, I am sorry, that will be impossible,' explained Charles. 'Unless I work hard I shan't succeed, so you must go without me. Thank him very much, please. I am sure he will understand.'

F Write in French an imaginary conversation among members of a family about the theatre or cinema.

Correspondence

COMMERCIAL AND OFFICIAL LETTERS

Openings

Monsieur,	*Dear Sir,*
Messieurs,	*Dear Sirs,*
Madame,	*Madam,*

Write **Monsieur le Directeur**, **Monsieur le Secrétaire** in the address at the head of the letter.

Endings

These vary considerably in French, but the following can be learnt by heart:

Recevez, Monsieur/Madame, l'assurance de
mes sentiments distingués.

Veuillez agréer, Monsieur/Madame, mes
sincères salutations.

Veuillez agréer, Monsieur/Madame,
l'expression de mes sentiments distingués.

*Yours
faithfully, truly*

Envelope (Address)

Write **Monsieur**, etc., in full.

A post code is required before the town name. It consists of a two-digit number which corresponds to the alphabetical position of the 'département' (the county)

75 is Seine (Paris's own 'département') 01 is Ain

A three-digit number indicates an area within a large town, or an 'arrondissement' in Paris, or a small town or village within the 'département'.

44 is Loire Atlantique.

44 000 Nantes, is an address in the centre of the town.

44 200 Nantes, is an address in the part of the town to the south of the Loire.

44 600 is Saint Nazaire.

44 500 is La Baule.

75 016 Paris, is an address in the elegant, well-heeled sixteenth 'arrondissement' between the Seine and the Bois de Boulogne.

91 to 95 are heavily populated Paris suburbs.

97 indicates the four 'départements d'outre-mer' (overseas countries)

97 1 is Guadeloupe

97 2 is Martinique

97 3 is Guyane

97 4 is Réunion

You will find that you can immediately tell where a French car and its owner come from. The 'département' number is on the number-plate.

e.g.   3490 FU 75   9243 BA 44

Abbreviations

Cie	*Company*
chez	*c/o*
dz	*doz.*
N° (numéro)	*Number*
Personnelle	*Personal*
Faire suivre, S.V.P. (S'il vous plaît), Prière de faire suivre }	*Please forward*
Imprimés	*Printed Paper Rate*
Urgent	*Urgent*

PERSONAL CORRESPONDENCE

OPENINGS

Avoid 'Mon cher Monsieur Duval', 'Mon cher Georges', except when writing to close friends, and write simply **Cher Monsieur Duval, Cher Georges**.

ENDINGS

Sincères salutations
Cordialement   } *Yours sincerely*
Recevez l'assurance de mes meilleures
  amitiés, meilleurs sentiments,

USEFUL PHRASES

En réponse à votre lettre du 3 mai,	*In reply to your letter of May 3rd*
Dans l'attente de vous lire, } de votre réponse	*Awaiting your letter* / *Awaiting your reply*
Nous accusons réception de votre lettre du 6 avril.	*We have received your letter of April 6th.*
Nous sommes en possession de votre lettre . . .	*We have received your letter . . .*
Nous avons l'honneur (le plaisir) de vous informer . . .	*We are pleased to inform you . . .*
En attendant vos ordres . . .	*Awaiting your orders . . .*
Vous voudriez bien trouver ci-inclus . . . } Vous trouverez ci-inclus.	*Please find enclosed . . .*
Ci-joint } nous vous Sous ce pli } transmettons . . .	*Please find enclosed . . .*
Veuillez envoyer (expédier) . . .	*Please send . . .*
Nous vous serons bien obligés de nous expédier . . . Nous vous prions de vouloir bien nous envoyer . . .	*We would be grateful if you could send . . .*

VOCABULARY

l'article (m.)	*article*	la facture	*bill, account*
le catalogue	*catalogue*	la marchandise	*goods,*
le chèque	*cheque*		*merchandise*
le colis	*parcel*	la saison	*season*
l'échantillon (m.)	*sample*	la quinzaine de jours	*fortnight*
le prix	*price*	ci-inclus ⎫	*enclosed*
le règlement	*settlement*	ci-joint ⎭	
le tarif	*price-list*	clair	*light*
expédier	*to forward*	foncé	*dark, deep*
faire savoir	*to inform*	moyen	*medium*
régler	*to settle, pay*	contenant ⎫	⎰*enclosing*
transmettre	*to forward*	renfermant ⎭	⎱*containing*
tenir à savoir	*to be anxious to know*	le plus tôt possible	*as soon as possible*
veuillez (imperative of vouloir)	*please*	par retour du courrier	*by return of post*

Remember that:

The French often call a week **huit jours** and a fortnight **quinze jours**, **une quinzaine**, as they include the day they are counting to as well as the day they are counting from.

Clair, moyen, foncé, when added to an adjective of colour, remain invariable, as does the colour, and do not agree with their noun.

   des vêtements bleu foncé   *some dark blue clothes*

EXERCISES

A Translate:
Leeds, le 20 janvier, 1993

Messieurs Laval et Cie,
　Paris.

Messieurs,

　Je vous remercie de votre lettre du 15 janvier, contenant votre catalogue et vos nouveaux échantillons.

　Je vous serais obligé de m'expédier les articles suivants:
　　　　N° 12:　Robe bleu clair: 350 F.
　　　　　　　Costume gris foncé: 475 F.

　Vous trouverez ci-inclus un chèque de 825 francs pour règlement de votre facture du 30 décembre.

　Recevez, Messieurs, l'assurance de mes sentiments distingués.
(Madame) J. Smith.

B
Londres, le 1er juillet.

Monsieur le Directeur,
　Hôtel Splendide,
　Boulogne-sur-Mer.

Monsieur,

　Je désire passer une quinzaine de jours à Boulogne-sur-Mer au mois d'août.

　Un de mes amis m'a donné l'adresse de votre hôtel, qu'il m'a recommandé, et je voudrais connaître vos prix tout compris.

　Veuillez me faire savoir le plus tôt possible si vous avez une chambre avec douche pour une personne, libre à partir du 8 août.

　Agréez, Monsieur, mes salutations distinguées.
(Monsieur) H. Jones.

C
Kingston, le 15 mars.

Chère Madame,

　Mon amie Mrs Mary Brown, qui se rappelle à votre bon souvenir, m'a donné votre adresse, et je vous écris pour vous demander si vous connaissez une famille à Paris qui serait désireuse d'envoyer leur fils en Angleterre pendant les vacances d'été.

Mon fils Robert, qui a 17 ans, aimerait beaucoup faire un séjour à Paris afin de se perfectionner en français, et nous serions très contents de recevoir un jeune Français du même âge.

Ses vacances commenceront le 10 juillet, et il rentrera au lycée le 07 septembre.

En attendant le plaisir de recevoir de vos nouvelles, recevez, chère Madame, l'assurance de ma sincère amitié.

(Madame) M. Black.

D   Rouen, 7th May, 1993

Magasin Duval,
  Paris.

Dear Sirs,

We thank you for your letter of the 30th April, enclosing your price list. We have also received by the same post a parcel of samples of goods for the new season.

We should be glad if you would forward us the following:

No. 16: 10 @ 250 francs.

Please find enclosed our cheque for 2500 francs.

Yours faithfully,

Lebrun et Cie.

E   Kingston, 1st June, 1993

The Manager,
  Hotel Splendide,
    Boulogne-sur-Mer.

Dear Sir,

My wife and I hope to spend a week at Boulogne-sur-Mer in July.

A friend of ours has recommended your hotel to us, and I should be glad to know your terms.

Please let me know by return of post, if possible, if you will have a double room with bath or shower vacant from July 1st.

Yours faithfully,

A. Smith.

Table of verbs

Tense endings common to all verbs:

Future	Imperfect and Conditional
-ai	-ais
-as	-ais
-a	-ait
-ons	-ions
-ez	-iez
-ont	-aient

Note that the conditional and all compound tenses are omitted in the following table, as they are formed in accordance with rules previously given.

	Infinitive	Present and past participle	Present indicative	Future and imperfect indicative	Present subjunctive	Imperative	Verbs similarly conjugated
REGULAR VERBS	**donner,** *to give*	donnant, donné	donne-, -es, -e donnons, -ez, -ent	donnerai donnais	donne, -es, -e donnions, -iez, -ent	donne donnons, -ez	Verbs in **-er**
	finir, *to finish*	finissant, fini	finis, -is, -it finissons, -issez, -issent	finirai finissais	finisse, -es, -e finissions, -issiez, -issent	finis finissons, -issez	Verbs in **-ir**
	vendre, *to sell*	vendant, vendu	vends, vends, vend vendons, -ez, -ent	vendrai vendais	vende, -es, -e vendions, -iez, -ent	vends vendons, -ez	Verbs in **-re**
IRREGULAR VERBS	**aller,** *to go*	allant, allé	vais, vas, va allons, allez, vont	irai allais	aille, ailles, aille allions, alliez, aillent	va allons, allez	
	s'asseoir, *to sit (down)*	asseyant, assis	assieds, -ieds, -ied asseyons, -ez, -ent	assiérai asseyais	asseye, asseyes, asseye asseyions, -eyiez, -eyent	assieds-toi asseyons-nous, -ez-vous	
	avoir, *to have*	ayant, eu	ai, as, a avons, avez, ont	aurai avais	aie, aies, ait ayons, ayez, aient	aie ayons, -ez	
	battre, *to beat*	battant, battu	bats, bats, bat battons, battez, battent	battrai battais	batte, battes, batte battions, battiez, battent	bats battons, -ez	combattre abattre
	boire, *to drink*	buvant, bu	bois, bois, boit buvons, buvez, boivent	boirai buvais	boive, boives, boive buvions, buviez, boivent	bois buvons, buvez	
	conduire, *to lead*	conduisant, conduit	conduis, -duis, -duit conduisons, -sez, -sent	conduirai conduisais	conduise, -ses, -se conduisions, -iez, -sent	conduis conduisons, -ez	Verbs in **-uire**
	connaître, *to know*	connaissant, connu	connais, -ais, -aît connaissons, -aissez, -aissent	connaîtrai connaissais	connaisse, -sses, -sse connaissions, -iez, -ssent	connais connaissons, -ez	Verbs in **-aître**

	Infinitive	Present and past participle	Present indicative	Future and imperfect indicative	Present subjunctive	Imperative	Verbs similarly conjugated
IRREGULAR VERBS	**courir,** *to run*	courant couru	cours, cours, court courons, -ez, -ent	courrai courais	coure, coures, coure courions, couriez, courent	cours courons, -ez	accourir, etc.
	craindre, *to fear*	craignant craint	crains, crains, craint craignons, -gnez, -gnent	craindrai craignais	craigne, -es, -e craignions, -gniez, -gnent	crains craignons, -ez	Verbs in **-ndre**
	croire, *to believe*	croyant cru	crois, crois, croit croyons, -ez, -ent	croirai croyais	croie, croies, croie croyions, croyiez, croient	crois croyons, -ez	
	cueillir, *to gather*	cueillant cueilli	cueille, -es, -e cueillons, -ez, -ent	cueillerai cueillais	cueille, cueilles, cueille cueillions, -iez, -ent	cueille cueillons, -ez	accueillir recueillir
	devoir, *to owe*	devant dû	dois, dois, doit devons, devez, doivent	devrai devais	doive, doives, doive devions, deviez, doivent	dois devons, devez	
	dire, *to say*	disant dit	dis, dis, dit disons, dites, disent	dirai disais	dise, dises, dise disions, disiez, disent	dis disons, dites	
	écrire, *to write*	écrivant écrit	écris, écris, écrit écrivons, -vez, -vent	écrirai écrivais	écrive, écrives, écrive écrivions, -viez, -vent	écris écrivons, -ez	décrire
	envoyer, *to send*	envoyant envoyé	envoie, envoies, envoie envoyons, -voyez, -voient	enverrai envoyais	envoie, envoies, envoie envoyions, -iez, -oient	envoie envoyons, -ez	renvoyer
	être, *to be*	étant été	suis, es, est sommes, êtes, sont	serai étais	sois, sois, soit soyons, soyez, soient	sois soyons, -ez	
	faire, *to make, to do*	faisant fait	fais, fais, fait faisons, faites, font	ferai faisais	fasse, fasses, fasse fassions, -iez, -ent	fais faisons, faites	

	Infinitive	Present and past participle	Present indicative	Future and imperfect indicative	Present subjunctive	Imperative	Verbs similarly conjugated
IRREGULAR VERBS	**falloir,** *to be necessary*	fallu	il faut	il faudra il fallait	qu'il faille		
	fuir, *to flee*	fuyant fui	fuis, fuis, fuit fuyons, fuyez, fuient	fuirai fuyais	fuie, fuies, fuie fuyions, -iez, -ient	fuis fuyons, -ez	s'enfuir (reflex.)
	lire, *to read*	lisant lu	lis, lis, lit lisons, lisez, lisent	lirai lisais	lise, lises, lise lisions, lisiez, lisent	lis lisons, -ez	
	mettre, *to put*	mettant mis	mets, mets, met mettons, -ez, -ent	mettrai mettais	mette, mettes, mette mettions, -iez, -ent	mets mettons, -ez	admettre permettre
	mourir, *to die*	mourant mort	meurs, meurs, meurt mourons, mourez, meurent	mourrai mourrais	meure, meures, meure mourions, -iez, meurent	meurs mourons, -ez	
	ouvrir, *to open*	ouvrant ouvert	ouvre, ouvres, ouvre ouvrons, -ez, -ent	ouvrirai ouvrais	ouvre, ouvres, ouvre ouvrions, ouvriez, ouvrent	ouvre ouvrons, -ez	couvrir offrir souffrir
	partir, *to set out, depart, to leave*	partant parti	pars, pars, part partons, -ez, -ent	partirai partais	parte, -es, -e partions, -iez, -ent	pars partons, -ez	dormir servir sentir sortir
	plaire, *to please*	plaisant plu	plais, plais, plaît plaisons, -ez, -ent	plairai plaisais	plaise, plaises, plaise plaisions, -iez, -ent	plais plaisons, -ez	déplaire

242

	Infinitive	Present and past participle	Present indicative	Future and imperfect indicative	Present subjunctive	Imperative	Verbs similarly conjugated
IRREGULAR VERBS	**pleuvoir,** *to rain*	pleuvant plu	il pleut	il pleuvra il pleuvait	qu'il pleuve		
	pouvoir, *to be able*	pouvant pu	peux *or* puis, peux, peut pouvons, pouvez, peuvent	pourrai pouvais	puisse, puisses, puisse puissions, -iez, puissent		
	prendre, *to take*	prenant pris	prends, prends, prend prenons, -ez, prennent	prendrai prenais	prenne, prennes, prenne prenions, -iez, prennent	prends prenons, -ez	apprendre comprendre
	recevoir, *to receive*	recevant reçu	reçois, reçois, reçoit recevons, -ez, reçoivent	recevrai recevais	reçoive, reçoives, reçoive recevions, -iez, reçoivent	reçois recevons, -ez	Verbs in **-cevoir**
	rire, *to laugh*	riant ri	ris, ris, rit rions, riez, rient	rirai riais	rie, ries, rie riions, riiez, rient	ris rions, riez	sourire
	savoir, *to know* (fact)	sachant su	sais, sais, sait savons, -ez, -ent	saurai savais	sache, saches, sache sachions, -iez, sachant	sache sachons, -ez	
	sortir, *to go out* (see partir)						
	suivre, *to follow*	suivant suivi	suis, suis, suit suivons, -ez, -ent	suivrai suivais	suive, suives, suive suivions, -iez, -ent	suis suivons, -ez	poursuivre
	se taire, *to keep silent,* *to shut up*	taisant tu	tais, tais, tait taisons, -ez, -ent	tairai taisais	taise, taises, taise taisions, taisiez, taisent	tais-toi taisons-nous taisez-vous	

	Infinitive	Present and past participle	Present indicative	Future and imperfect indicative	Present subjunctive	Imperative	Verbs similarly conjugated
IRREGULAR VERBS	**tenir,** to hold (see venir)						
	valoir, to be worth	valant valu	vaux, vaux, vaut valons, -ez, -ent	vaudrai valais	vaille, vailles, vaille valions, valiez, vaillent	(vaux) valons, -ez	
	venir, to come	venant venu	viens, viens, vient venons, -ez, viennent	viendrai venais	vienne, viennes, vienne venions, veniez, viennent	viens venons, -ez	devenir revenir
	voir, to see	voyant vu	vois, vois, voit voyons, -ez, voient	verrai voyais	voie, voies, voie voyions, voyiez, voient	vois voyons, -ez	entrevoir revoir
	vouloir, to wish	voulant voulu	veux, veux, veut voulons, voulez, veulent	voudrai voulais	veuille, veuilles, veuille voulions, vouliez, veuillent	veuille, -ez (be so good as)	

The following peculiarities of verbs in **-er** must be noted:

Verbs like **lever** and **mener** require **è** before mute endings in the present, and throughout the future and conditional before mute **e**, as also does **acheter**.

Verbs like **appeler** and **jeter** double the consonant in similar cases (**acheter**, above is an exception).

Espérer and other verbs with an acute accent in the infinitive retain the acute accent in the 1st and 2nd person plural.

Lever	**Appeler**	**Espérer**
je lève	j'appelle	j'espère
tu lèves	tu appelles	tu espères
il lève	il appelle	il espère
nous levons	nous appelons	nous espérons
vous levez	vous appelez	vous espérez
ils lèvent	ils appellent	ils espèrent

Future	je lèverai	j'appellerai	j'espérerai
Conditional	je lèverais	j'appellerais	j'espérerais

Verbs in **-oyer**, **-uyer**, **-ayer**, (e.g. employer, ennuyer, payer) change **y** to **i** in similar cases, though this change is optional in the case of verbs in **-ayer**.

Employer		
	j'emploie	nous employons
	tu emploies	vous employez
	il emploie	ils emploient
Future	j'emploierai	
Conditional	j'emploierais	

Verbs in **-cer** require **ç** and verbs in **-ger** require **ge** before **a** or **o**.

nous commençons	je mangeais
je commençais	nous mangeons

Idioms and phrases

WITH **AVOIR**

avoir	chaud	to be	hot
"	froid	"	cold
"	faim	"	hungry
"	soif	"	thirsty
"	peur	"	frightened
"	raison	"	right
"	tort	"	wrong
"	besoin (de)	"	in need of
"	honte	"	ashamed
"	envie (de)	"	to want to, to feel like
"	mal	"	to have a pain
"	l'air	to appear to be, to look	
"	sommeil	to be sleepy	
"	lieu	to take place	

WITH **FAIRE**

il fait beau (temps)	it is nice (weather)	
"	mauvais (temps)	"	bad (weather)
"	chaud	"	hot
"	froid	"	cold
"	jour	"	daylight
"	nuit (noir)	"	night (dark)
"	frais	"	fresh
"	bon	"	nice
"	du soleil	"	sunny
"	du vent	"	windy
"	du brouillard	"	foggy

il se fait tard	*it is getting late*
faire de son mieux	*to do one's best*
" des emplettes, des achats	} *to do some shopping*
" des commissions	
" ses excuses	*to apologise*
faire cadeau (de)	*to make a present of*
" semblant (de)	*to pretend to*
" mal	*to hurt, harm*
" une promenade (un tour)	*to go for a walk or ride*
à vélo, à cheval	*by bike, on horseback,*
en voiture, en bateau,	*by car, by boat,*
en avion, en train	*by plane, by rail*
à pied	*to go for a walk*

MISCELLANEOUS VERBS

je me rappelle }	*I remember*
je me souviens de	
je viens de voir	*I have just seen*
je venais de voir	*I had just seen*
je me sers de	*I make use of, use*
je ressemble à quelqu'un	*I resemble someone*
j'ai beau crier	*I shout in vain*
je vous en veux	*I bear you a grudge*
jouer au tennis, etc.	*to play tennis, etc.*
jouer du piano, etc.	*to play the piano, etc.*
tomber à terre	*to fall to the ground (from above)*
tomber par terre	*to fall to the ground (from standing position)*
il a failli tomber	*he nearly fell*
il vaut mieux	*it is better*
il vaudrait mieux	*it would be better*
il pleut à verse	*it is pouring (with rain)*
comment allez-vous?	*how are you?*
comment ça va?	*how are things?*

WITH NOUNS

un coup d'œil	*a glance*
” de pied	*a kick*
” de poing	*a punch* (fist)
” de fusil	*a shot* (gun)
” de grâce	*a final blow*
en haillons, en lambeaux	*in rags*
tout le monde	*everybody*
le monde entier	*the whole world*
à mon gré	*to my liking*
à mon insu	*without my knowledge*
à mon aise	*at my ease, comfortably*
à mon avis	*in my opinion*

ADVERBIAL EXPRESSIONS

Time

de temps en temps	*from time to time*
en même temps	*at the same time*
tout à l'heure	*presently;* or *just now*
en un clin d'œil	*in a flash*
tout à coup	*suddenly*
tout de suite } sur-le-champ }	*immediately*
deux fois par jour	*twice a day*
en retard	*late* (for a fixed time)
il est tard	*it is late*
sous peu	*shortly*
il y a trois jours, etc.	*three days ago*
au bout de trois jours	*after three days*
en train de	*in the act of*
sur le point de	*just about to*
aussi vite que possible } le plus vite possible }	*as quickly as possible*

de bonne heure	*early*
de bon (ou grand) matin	*early in the morning*
le lendemain matin	*the next morning*
encore une fois	*once again*
à temps	*in time*

Manner

à toute vitesse	*at full speed*
tout à fait	*completely*
à tâtons	*groping*
à haute voix	*in a loud voice*
à voix basse	*in a low voice*
en colère	*in anger*
à genoux	*on one's knees*
bras dessus, bras dessous	*arm-in-arm*
à tue-tête	*at the top of one's voice*
sur la pointe des pieds	*on tiptoe*
sans mot dire	*without saying a word*
à la hâte	*hastily*
à la dérobée	*secretly*
par avion, par le métro	*by air, by Underground*
de toutes ses forces	*with all his might*
de cette façon	*in this way*

Position

au loin	*in the distance*
à mi-chemin	*halfway*
en haut	*up above*
en bas	*down below*
en route ⎫ chemin faisant ⎭	*on the way*
au soleil	*in the sun*
à l'ombre	*in the shade*
à perte de vue	*as far as the eye can see*

en avant	*forward* ⎫ (motion)
en arrière	*backward* ⎭
à droite	*to the right*
à gauche	*to the left*
à l'étranger	*abroad*
en plein air	*in the open air*
en pleine campagne	*in the open country*
à l'abri de	*in the shelter of*
de tous côtés	*on all sides*
là-bas	*down there, over there*
ça et là	*here and there*
à la campagne	*in the country*
quelque part	*somewhere*
nulle part	*nowhere*
en face (de)	*opposite*
en tous sens	*in every direction*
ailleurs	*elsewhere*
debout	*standing*

EXCLAMATIONS

à moi! ⎫	
au secours! ⎭	*help!*
holà! ohé!	*hello!*
chut!	*hush!* (caution)
taisez-vous! ⎫	
tais-toi! ⎭	*be quiet! shut up!*
à la bonne heure! ⎫	
bravo! ⎭	*splendid!*
pas du tout!	*not at all!*
c'est dommage	*what a pity!*
prenez garde! ⎫	
attention! ⎭	*be careful! look out!*
faites attention!	*pay attention!*
tiens! ⎫	
tenez! ⎭	*well! I say! look!*

allez-y! vas-y! }	*go on! come on!*
allons, allons	*come now! come, come!*
qu' importe ça ne fait rien } ça m'est égal	*it doesn't matter!*
bonne chance!	*good luck!*
bon voyage!	*pleasant journey!*
que faire?	*what is to be done?*
qu'avez-vous?	*what is the matter with you?*
qu'y a-t-il?	*what is the matter?*
à quoi bon?	*what's the good?*
c'est ça!	*that's right!*
tant mieux!	*so much the better!*
tant pis!	*so much the worse! never mind!*
dépêchez-vous! hâtez-vous!	*hurry up!*
s'il vous plaît!	*please!*
au revoir!	*good-bye* (temporarily)
adieu!	*good-bye!* (for ever)
mon Dieu! } salut!	*heaven! dear me!* etc. *hello! bye!*

Useful word lists

LES PARTIES DU CORPS (PARTS OF THE BODY)

Masculine		Feminine	
le corps	body	la tête	head
les cheveux	hair	l'oreille	ear
le front	forehead	la bouche	mouth
l'œil	eye	la dent	tooth
(les yeux)		la langue	tongue
le nez	nose	la moustache	moustache
le menton	chin	la barbe	beard
le cou	neck	la joue	cheek
le doigt	finger	la main	hand
le bras	arm	la peau	skin
le dos	back	l'épaule	shoulder
le pied	foot	la jambe	leg
le genou	knee	la figure	face
le visage	face	la gorge	throat
le cœur	heart	la poitrine	chest
l'os	bone	la taille	waist
le derrière	bottom	les hanches	hips

LES VETEMENTS (CLOTHES)

le chapeau	hat	la casquette	cap
le pardessus	overcoat	la robe	dress
le manteau	coat	la jupe	skirt
le chemisier	blouse	la botte	boot

252

Masculine		Feminine	
le costume	costume, suit	la cravate	tie
le veston	jacket	la chaussure	shoe
le gilet	waistcoat	la chaussette	sock
le pantalon	trousers	la veste	jacket
le mouchoir	handkerchief	la chemise	shirt
le bas	stocking	la manche	sleeve
le collant	tights	la pantoufle	slipper
le sac à main	handbag	la poche	pocket
le soulier	shoe	la bague	ring
le parapluie	umbrella	la montre	watch
l'imperméable	raincoat	les lunettes	spectacles
l'uniforme	uniform	la canne	walking-stick
le képi	military cap		
le béret	beret		
le gant	glove		
le porte-monnaie	purse, wallet		
le soutien-gorge	bra		

LA FAMILLE (THE FAMILY)

le père	father	la mère	mother
le frère	brother	la sœur	sister
le fils	son	la fille	daughter
l'oncle	uncle	la tante	aunt
l'enfant (m.)	child	l'enfant (f.)	child
le grand-père	grandfather	la grand-mère	grandmother
le neveu	nephew	la nièce	niece
le mari	husband	la femme	wife
le cousin	cousin	la cousine	cousin
le petit-fils	grandson	la petite-fille	grand-daughter
le beau-père	father-in law, stepfather	la belle-mère	mother-in-law, stepmother
le parrain	godfather	la marraine	godmother
		la bonne	maid
le domestique	servant	la domestique	servant
le cuisinier	cook	la cuisinière	cook

LES PROFESSIONS ET LES MÉTIERS
(PROFESSIONS AND TRADES)

Masculine		**Feminine**	
le professeur	*teacher*	le soldat	*soldier*
le médecin	*doctor*	l'ingénieur	*chartered*
le boulanger	*baker*		*engineer*
le boucher	*butcher*	le pharmacien	*chemist*
l'épicier	*grocer*	le coiffeur	*hairdresser*
le marchand	*merchant,*	le bijoutier	*jeweller*
	shopkeeper	le gendarme	*policeman*
le fermier	*farmer*		*(country)*
l'ouvrier	*workman*	l'agent de police	*policeman*
l'acteur	*actor*		*(town)*
l'auteur	*author*	l'aubergiste	*inn-keeper*
l'écrivain	*writer*	le banquier	*banker*
le juge	*judge*	le jardinier	*gardener*
l'homme de loi	*lawyer*	le mendiant	*beggar*
le peintre	*painter*	le facteur	*postman*
le marin	*sailor*	le porteur	*porter*
le chauffeur	*chauffeur*	la cuisinière	*cook*
le tailleur	*tailor*	l'actrice	*actress*
le concierge	*caretaker*	la dactylo	*typist*
le musicien	*musician*	la vendeuse	*shop assistant*
le commis	*clerk*	les affaires	*business*
le pilote d'essai	*test pilot*	la modéliste	*fashion designer*
le notaire	*solicitor*	la secrétaire	*secretary*
le commerce	*business*	l'informatique	*computer*
le secrétaire	*secretary*		*science*
le kinésithéra-	*physiotherapist*	l'électronique	*electronics*
peute			
le gynécologue	*gynaecologist*		
le pédiatre	*paediatrician*		

l'informaticien (f. informaticienne) *computer scientist, data processing expert*

l'électronicien (f. électronicienne) *electronics scientist*

LA MAISON (*THE HOUSE*)

Masculine		**Feminine**	
l'entrée	*entrance-hall*	la pièce	*room*
le couloir	*corridor*	la salle à manger	*dining-room*
le salon	*lounge*		
le bureau	*study, office*	la chambre à coucher	*bedroom*
le mur	*wall*		
le plafond	*ceiling*	la cuisine	*kitchen*
le plancher	*floor*	la salle de bain	*bathroom*
le rez-de-chaussée	*ground-floor*	la cheminée	*chimney, fireplace, mantelpiece, hearth*
le toit	*roof*		
l'étage	*storey, floor*		
les meubles	*furniture*	la fenêtre	*window*
le piano	*piano*	la vitre	*window-pane*
le fauteuil	*armchair*		
le rideau	*curtain*	la table	*table*
le tableau	*picture*	la chaise	*chair*
le tiroir	*drawer*	l'armoire	*wardrobe*
l'escalier	*staircase*	la bibliothèque	*library, bookcase*
le volet	*shutter*		
le lit	*bed*	la pendule	*clock* (small)
le tapis	*carpet*	la sonnette	*bell* (door)
le canapé	*sofa*	la nappe	*tablecloth*
le garage	*garage*	la radio	*radio*
le jardin	*garden*	la clef, la clé	*key*
le jardin potager	*kitchen-garden*	la photo	*photograph*
		la cave	*cellar*
l'appartement	*flat*	la mansarde	*attic*
le balcon	*balcony*	la poutre	*beam*
l'ascenseur	*lift*	la brique	*brick*
le fourneau	*stove*	la tuile	*tile*
le placard	*cupboard*	la pelouse	*lawn*
le poste de télévision	*TV set*	la moquette	*fitted carpet*
		la télé	*telly*

Masculine		Feminine	
le poste de radio	radio set	la cuisinière, la gasinière	cooker
le magnéto-scope	video recorder		
le frigo, le réfrigérateur	fridge		

LE RESTAURANT

le repas	meal	la nappe	tablecloth
le petit déjeuner	breakfast	la serviette	table-napkin
		l'assiette	plate
		la tasse	cup
le déjeuner	lunch	la fourchette	fork
le thé	tea	la cuillère (-er)	spoon
le goûter	afternoon tea	la bouteille	bottle
le dîner	dinner	la carafe	jug
le souper	supper	la viande	meat
le couteau	knife	la pomme de terre	potato
le verre	glass		
le plat	dish	la carotte	carrot
le potage	soup	la pomme	apple
le pain	bread	la poire	pear
le beurre	butter	la cerise	cherry
le lait	milk	la prune	plum
le fromage	cheese	la fraise	strawberry
le sucre	sugar	l'orange	orange
le poisson	fish	la pêche	peach
le légume	vegetable	la glace	ice
le chou	cabbage	la crème	cream
les petits pois	peas	la confiture	jam
le dessert	dessert	la brioche	bun
l'œuf	egg	la boisson	drink
le bœuf	beef	la bière	beer
le mouton	mutton	l'eau	water
le jambon	ham	l'addition	bill

Masculine		Feminine	
l'agneau	*lamb*	la carte	*menu*
le veau	*veal*	l'omelette	*omelet*
le porc	*pork*	la saucisse	*sausage*
le vin	*wine*	la côtelette	*cutlet, chop*
le cidre	*cider*	la pâtisserie	*pastry*
le café	*coffee*	la salade	*salad*
le chocolat	*chocolate*	la tomate	*tomato*
le gâteau	*cake*	la limonade	*lemonade*
le biscuit le gâteau sec }	*biscuit*	la tartine	*slice of bread with butter and jam*
le fruit	*fruit*		
le raisin	*grape*		

LA VILLE (THE TOWN)

le faubourg	*suburb*	la gare	*station*
le quartier	*district, quarter*	la rue	*street*
		l'église	*church*
le magasin	*shop*	la place	*square*
l'autobus	*bus*	la poste	*post office*
le tramway	*tram*	la boîte aux lettres	*letter-box*
le trottoir	*pavement*		
le métro	*Underground*	la banque	*bank*
l'hôtel (de ville)	*hotel (town-hall)*	la moto	*motorbike*
le musée	*museum*	la voiture, l'auto	*vehicle, car, carriage*
le café	*bar, pub*		
le restaurant	*restaurant*	l'usine	*factory*
le kiosque	*kiosk*	la boutique	*small shop*
le refuge	*street-refuge, traffic-island*	la bibliothèque	*library*
		la boucherie	*butcher's shop*
le réverbère	*lamp-post*	la boulangerie	*baker's shop*
le taxi	*taxi*	le *ou* la marchand(e) de primeur	*greengrocer*
le cinéma	*cinema*		
le théâtre	*theatre*		
l'hôpital	*hospital*	l'épicerie	*grocer's shop*

Masculine		Feminine	
le bureau	*office*	la pâtisserie	*cakeshop*
(de poste)	*post office*	la librairie	*bookshop*
l'agent	*policeman*	la pharmacie	*chemist's shop*
le facteur	*postman*	la chaussée	*roadway*
le tailleur	*tailor*	la circulation	*traffic*
le passant	*passer-by*	l'horloge	*clock* (large)
le marché	*market*	la devanture	*shop-front*
l'arrêt	(*bus*) *stop*	l'étalage	(shop) *display*
le camion	*lorry*	l'école	*school*
le pont	*bridge*	la foule	*crowd*
le bâtiment	*building*	l'affiche	*poster*
le parc	*park*	la coiffeuse	*hairdresser*
le maire	*mayor*	la vendeuse	*shop assistant*
l'appartement	*flat*	la roue	*wheel*
le vélo	*bicycle*		
le lycée	*college*		
le marchand	*shopkeeper*		
le concierge	*caretaker*		
l'atelier	*workshop*		

LA S.N.C.F. (SOCIÉTÉ NATIONALE DES CHEMINS DE FER FRANÇAIS — *FRENCH RAILWAY*)

le train	*train*	la gare	*station*
le rapide	*express*	l'entrée	*way in*
le quai	*platform*	la sortie	*way out*
le guichet	*booking-office*	la ligne	*line* (railway system)
l'employé	*clerk*		
le billet	*ticket*	la voie	*line* (track)
le contrôleur	*ticket-inspector*	la locomotive	*engine*
		la malle	*trunk*
le compostage	*the stamping*	la valise	*suitcase*
des billets	*of tickets*	la voyageuse	*passenger*
le chef de gare	*stationmaster*	la consigne	*luggage office*
le chef de train	*guard*	la douane	*customs*

Masculine		**Feminine**	
le voyageur	*passenger*	la voiture	*carriage*
le buffet	*buffet*	la portière	*door*
le kiosque	*kiosk*		(of a carriage)
le wagon-lit, le wagon-	*sleeping-car*	la glace	*window* (of a carriage)
couchettes		la salle	*waiting room*
le compartiment	*compartment*	d'attente	
les bagages	*luggage*	la place,	*seat* (*place*)
le filet	*rack* (*net*)	la banquette	
le chariot à bagages	*luggage trolley*	l'étiquette	*label*
le fourgon	*luggage van*		
le mécanicien	*mechanic*		
le siège	*seat*		
le signal	*signal*		
le T.G.V. (train à grande vitesse)	*high speed train*		

LA CAMPAGNE (*THE COUNTRY*)

le bois	*wood*	la route	*road*
le champ	*field*	la colline	*hill*
le lac	*lake*	la montagne	*mountain*
l'étang	*pond*	la vallée	*valley*
le chemin	*road, way*	la haie	*hedge*
le sentier	*path*	la ferme	*farm*
l'arbre	*tree*	la grange	*barn*
le pont	*bridge*	la cour	*yard*
le moulin	*mill*	la chaumière	*cottage*
le village	*village*	la barrière	*gate* (farm)
le verger	*orchard*	l'herbe	*grass*
le ruisseau	*brook*	la feuille	*leaf*
le tracteur	*tractor*	la fleur	*flower*
le buisson	*bush*	la forêt	*forest*
l'oiseau	*bird*	la moisson	*harvest*
le coq	*cock*	la paille	*straw*

Masculine		Feminine	
le canard	*duck*	l'échelle	*ladder*
le bœuf	*ox*	la pompe	*pump*
le mouton	*sheep*	la meule	*rick, haystack*
le cochon,	*pig*	la bêche	*spade*
le porc		la brouette	*barrow*
le cheval	*horse*	l'écurie	*stable*
l'âne	*donkey*	l'étable	*cow-shed*
le lapin	*rabbit*	la charrette	*cart*
le chasseur	*hunter*	la charrue	*plough*
le fermier	*farmer*	la paysanne	*country*
le paysan	*countryman*		*woman*
le château	*castle*	la fermière	*farmer's wife,*
le fossé	*ditch*		*farm worker*
le puits	*well*		*(fem.)*
le blé	*corn, wheat*	la vache	*cow*
le maïs	*sweetcorn*	la chèvre	*goat*
le tournesol	*sun-flower*	l'abeille	*bee*
le silo à grain	*grain silo*	la mouche	*fly*
l'engrais	*fertilizer*	la poule	*hen*
le fumier	*manure*	l'oie	*goose*
le pommier	*apple-tree*	la terre	*earth, ground*
le peuplier	*poplar*	la pierre	*stone*
le ciel	*sky*	la boue	*mud*
le soleil	*sun*	la poussière	*dust*
le nuage	*cloud*	la pluie	*rain*
le chêne	*oak*	la neige	*snow*
le sapin	*fir*	la passerelle	*small bridge*
le saule	*willow*		
le pré	*meadow*		

LA MER (*THE SEA*)

Masculine		**Feminine**	
le port	*port*	la plage	*beach*
le quai	*quay*	la jetée	*pier, jetty*
le bateau	*boat*	l'île	*island*
le navire	*ship*	la falaise	*cliff*
le paquebot	*liner*	la côte	*coast*
le vaisseau	*vessel*	la roche	*rock*
le canot	*rowing-boat*	la marée	*tide*
le phare	*lighthouse*	la barque	*fishing-boat*
le mât	*mast*	la cabine	*cabin*
le pont	*deck*	la voile	*sail, sailing*
le passager	*passenger*	la cheminée	*funnel*
le marin	*sailor* (any rank)	la corde	*rope*
le matelot	*sailor* (able seaman)	la passerelle	*gangway to shore,* or *captain's bridge*
le sable	*sand*	l'ancre	*anchor*
le caillou	*pebble, stone*	la marine	*navy*
le coquillage	*shell*	la flotte	*fleet*
le rocher	*rock*	la vague	*wave*
le filet	*net*	la tempête	*storm* (gale)
le pêcheur	*fisherman*	la brume	*mist*
le poisson	*fish*	la rame	*oar*
l'orage	*storm* (rain)	la baie	*bay*
le brouillard	*fog*	la grève	*shore, shingle*
le vent	*wind*	l'étoile	*star*
le baigneur	*bather*	la météo	*weather forecast*
le naufrage	*wreck*	la planche à voile	*board sailing*
le pavillon	*flag*		
le véliplanchiste	*windsurfer*	la plongée sous-marine	*sub aqua diving*
le ski-nautique	*water ski-ing*		

LES PAYS ET LES HABITANTS
(COUNTRIES AND INHABITANTS)

le pays		l'habitant	l'adjectif	la langue et les dialectes
l'Angleterre	England	l'Anglais	anglais	l'anglais
l'Écosse	Scotland	l'Écossais	écossais	l'écossais
Le Pays de Galles	Wales	le Gallois	gallois	le gallois
la Grande-Bretagne	Great Britain			
le Royaume-Uni	United Kingdom			
l'Irlande	Ireland	l'Irlandais	irlandais	l'irlandais
la France	France	le Français	français	le français
l'Allemagne	Germany	l'Allemand	allemand	l'allemand
l'Espagne	Spain	l'Espagnol	espagnol	l'espagnol
l'Italie	Italy	l'Italien (-nne)	italien	l'italien
la Suisse	Switzerland	le Suisse (-esse)	suisse	
la Belgique	Belgium	le Belge	belge	
la Hollande	Holland	le Hollandais	hollandais	le hollandais
la Russie	Russia	le Russe	russe	le russe
le Portugal	Portugal	le Portugais	portugais	le portugais
le Danemark	Denmark	le Danois	danois	le danois
la Suède	Sweden	le Suédois	suédois	le suédois
la Norvège	Norway	le Norvégien	norvégien	le norvégien
l'Autriche	Austria	l'Autrichien (-nne)	autrichien	l'autrichien
la Hongrie	Hungary	le Hongrois	hongrois	le hongrois
la Grèce	Greece	le Grec (-ècque)	grec	le grec
les États-Unis les USA	The United States	l'Américain	américain	l'americain
le Canada	Canada	le Canadien (-nne)	canadien	le canadien
le Japon	Japan	le Japonais	japonais	le japonais
la Chine	China	le Chinois	chinois	le chinois
les Indes l'Inde }	India	l'Indien (-nne)	indien	l'indien
l'Afrique	Africa	l'Africain	africain	
l'Europe	Europe	l'Européen (-nne)	européen	
l'Asie	Asia	l'Asiatique	asiatique	
l'Australie	Australia	l'australien (-nne)	Australien	l'australien

Key to the exercises

Lesson 1

A La pendule, le fauteuil, la famille, l'enfant, le père, les fenêtres, le livre, la cheminée, les murs, le tableau.

B Une pipe, un salon, un canapé, des chats, une mère, une fenêtre, des murs, un journal, un enfant, des tables.

C 1 sommes; 2 sont; 3 suis; 4 êtes; 5 est; 6 a; 7 avez; 8 ont; 9 J'ai; 10 avons.

D 1 Le salon a deux fenêtres et une porte. 2 La pendule est sur la cheminée. 3 Monsieur Dubois est assis dans un fauteuil devant le feu. 4 Madame Dubois est la mère: elle a un livre. 5 Pierre est le fils; Marie est la fille.

E 1 Nous sommes dans la maison. 2 Les enfants sont devant la fenêtre. 3 Vous êtes derrière la table. 4 Marie est la fille. 5 Elle a un journal. 6 Les livres sont sur la cheminée sous le tableau. 7 Nous avons deux fenêtres et deux portes dans le salon. 8 Je suis derrière le fauteuil devant la lampe. 9 Le père a une pipe, et il a aussi un livre. 10 Monsieur et Madame Dubois ont une famille, un fils et une fille. 11 Le poste de télévision est dans un coin.

F La famille

La famille Legrand est dans le salon. Monsieur Legrand, le père, est assis sur le canapé devant la télévision. Madame Legrand, la mère, est devant la fenêtre avec Marie, la fille. Elles ont un livre. Le fils, Pierre, est assis sur le tapis devant le feu, avec le chat.

Lesson 2

A du café, des tasses, de la viande, de l'eau, du vin, des verres, du pain, des légumes, du sucre, du fromage, du beurre, de la couleur, des plats, du lait, des assiettes.

B (*a*) petite; rouges; noir; petites; grande; jolis; pure; rouge; verts; blanche.

(*b*) la lampe est grande, les tapis sont jolis, le livre est noir, les filles sont petites, la pendule est blanche.

C du café, des tasses, de l'eau, de la viande, il y a trois chaises, ils ont quatre assiettes, la tasse est petite, les fleurs sont jolies, les chaises sont grandes, l'eau est pure, le lait et le sucre sont blancs, est-ce qu'il y a du pain? est-ce qu'il y a des fleurs? de quelle couleur est le vin? comment est la salle à manger?

D La salle à manger est petite. Il y a quatre chaises et une table dans la salle à manger. Sur la table il y a une nappe. Elle est verte. Il y a aussi des assiettes, des couteaux, des cuillers et des fourchettes.

Est-ce qu'il y a une tasse sur la table? Oui, il y a trois tasses et un verre. Les tasses sont petites.

Qu'est-ce qu'il y a dans les tasses? Il y a du café dans les tasses. Qu'est-ce qu'il y a dans le verre? Il y a du vin. Le café est noir et le lait est blanc. Il y a aussi de la viande sur un plat, et il y a des légumes sur une assiette.

Est-ce qu'il y a des fleurs? Oui, il y a des fleurs dans un vase. Comment est le vase? Il est joli; il est vert et brun. De quelle couleur sont les fleurs? Elles sont rouges et blanches.

E La table est grande. Elle est jolie. Sur la table il y a une nappe. Elle est rouge. Sur la nappe il y a des assiettes et des tasses. Elles sont blanches. Il y a aussi un vase. Il est blanc. Dans le vase il y a des fleurs rouges.

Lesson 3

A 1 porte; 2 arrivons; 3 achètent; 4 regardez; 5 va; 6 J'entre; 7 demande; 8 vont; 9 rentrons; 10 quittez.

B du marchand, des médecins, de l'amie, de la femme, du restaurant, des pommes, de la maison, du coin, de l'autobus, de la rue.

C à la ville, à l'amie, au marchand, au cinéma, aux médecins, à la place, à la voiture, au coin, aux magasins, au marché.

D 1 joli; dans les; 2 composte; 3 donne; apporte; 4 regardent; elles; 5 du; vont.

E de bonne heure, au coin de la rue, aux magasins, près de la boutique/près du magasin, les vitrines sont gaies, la femme du marchand, le prix des légumes, à cinq heures, la voiture de l'ami, le chapeau de Madame Dubois, à la place du marché, le fils du médecin, nous allons au cinéma, quel beau chapeau!, d'abord, six francs le kilo, je monte dans le bus, est-ce qu'ils déjeunent au restaurant? où est-ce qu'il va?

F Madame Dubois arrive de bonne heure à la ville. Elle va dans les magasins avec une amie qui est la femme du médecin. Elles achètent deux robes qui sont très jolies. Puis elles vont ensemble au marché où elles admirent les légumes et les belles fleurs. Elles regardent aussi les fruits. Le fils du marchand apporte un sac en plastique et il donne les pommes à l'amie de Madame Dubois.

Elles déjeunent dans un restaurant près du marché. A deux heures Madame Dubois va au cinéma, mais la femme du médecin monte dans un bus au coin de la rue.

G Le marché

Madame Martin va au marché de bonne heure. Elle monte dans le bus au coin de la rue avec un grand panier. Elle admire les jolies fleurs et elle regarde les beaux fruits. Elle achète des légumes et aussi des fruits. Elle demande au marchand le prix des pommes. 'Combien le kilo?' 'Douze francs, madame.' Elle achète deux kilos de pommes et elle donne de l'argent à la femme du marchand. Puis elle rentre à la maison où elle déjeune.

La ville

Marie va en ville avec son amie Françoise. Elles regardent les vitrines des magasins. Elles admirent les robes. Puis elles entrent dans une boutique près de la place du marché et elles achètent deux robes. Marie achète une robe verte et Françoise une robe blanche et rouge. Quand elles quittent la boutique, elles rencontrent Pierre, le frère de Marie, qui est avec son ami Nicolas. Ils entrent dans un restaurant qui est près de la boutique. Ils déjeunent ensemble. Quand ils quittent le restaurant ils vont au cinéma. Puis ils rentrent à la maison ensemble dans la voiture de Nicolas.

Lesson 4

A 1 dites; 2 disent; 3 lit; 4 lisons; 5 lisent; 6 pars; 7 partez; 8 prennent; 9 prenons; 10 êtes.

B (a) 1 Monsieur Dubois, porte-t-il un chapeau?/Est-ce que Monsieur Dubois porte un chapeau? 2 Est-il en retard?/Est-ce qu'il est en retard? 3 A-t-il un parapluie?/Est-ce qu'il a un parapluie? 4 Monsieur Dubois et son ami déjeunent-ils?/Est-ce que Monsieur Dubois et son ami déjeunent? 5 Y a-t-il beaucoup de lettres?/Est-ce qu'il y a beaucoup de lettres? 6 Est-ce que je dicte la réponse? 7 Les enfants vont-ils au cinéma?/Est-ce que les enfants vont au cinéma? 8 Suis-je fatigué?/Est-ce que je suis fatigué? 9 Le monsieur prend-il un billet?/Est-ce que le monsieur prend un billet? 10 Achète-t-elle un journal?/Est-ce qu'elle achète un journal?

(b) 1 Monsieur Dubois ne porte pas de chapeau. 2 Il n'est pas en retard. 3 Il n'a pas de parapluie. 4 Monsieur Dubois et son ami ne déjeunent pas. 5 Il n'y a pas beaucoup de lettres. 6 Je ne dicte pas de réponse. 7 Les enfants ne vont pas au cinéma. 8 Je ne suis pas fatigué. 9 Le monsieur ne prend pas de billet. 10 Elle n'achète pas de journal.

C 1 son; 2 nos; 3 leurs; 4 son; 5 mon; 6 votre; 7 ta; 8 notre; 9 son; 10 leur.

D des billets, de la viande, de l'eau, du pain, beaucoup de café, je n'ai pas de vin, des légumes, peu de lettres, elle n'a pas de timbres, trop d'eau.

E combien de clients?, peu de trains, un peu d'eau, assez de travail, trop de pommes, un verre de lait, plusieurs livres, la plupart des lettres, nous n'avons pas de timbres, n'avez-vous pas de billets?

F Monsieur et Madame Dubois et leurs enfants prennent le petit déjeuner à sept heures. Monsieur Dubois n'a pas trop de temps. Il part pour la gare, où il achète son journal.

Quand il arrive à Paris il rencontre son ami Monsieur Lebrun et ils vont ensemble à leur bureau. Monsieur Dubois demande à sa dactylo: 'Y a-t-il beaucoup de lettres aujourd'hui?' Elle dit: 'Non, il y a peu de courrier, monsieur.' Elle est assise devant sa machine à écrire, et elle a beaucoup de papier, de stylos et de crayons. Monsieur Dubois dicte des lettres jusqu'à midi. Puis il va déjeuner.

Après le repas il cause avec ses clients, et à quatre heures il téléphone à sa femme: 'Nous allons au cinéma après dîner, d'accord?' Il y a peu de clients, et je n'ai pas trop de travail. Je rentre par le train de six heures trente.'

Lesson 5

A 1 finissons; 2 finit; 3 finis; 4 jetez; 5 n'obéissent; 6 jette; 7 punissez; 8 saisissons; 9 sortent; 10 joue.
B large, située, chère, bonne, belle, heureuse, douce, active, longue, blanche, cruelle, vieille, parisienne, rouge, sèche, nouvelle, fraîche, muette, grosse, épaisse.
C blanche, bel, bonnes, épaisse, fraîche, longues, fière, vieille, vertes, délicieuse.
D (a) 1 l'herbe fraîche; 2 la belle auto; 3 le nouvel ami; 4 la mère fatiguée; 5 la vieille maison; 6 une bonne chambre confortable; 7 la première maison verte; 8 des fleurs blanches et rouges; 9 les hautes cheminées noires; 10 de jolis petits jardins.
(b) 1 Chaque maison est basse. 2 Nous avons des fleurs blanches et rouges. 3 Un bel escalier monte au premier étage. 4 Les cheminées sont larges et hautes. 5 Plusieurs amis sont pauvres.
E de bons amis, un vieil animal, nous punissons quelquefois, à la campagne, on jette une balle, des lits confortables, près du joli jardin, au milieu de la pelouse, au premier étage, du mauvais vin.
F Notre jolie maison est située au milieu de la campagne, à neuf kilomètres de Rouen. Elle a deux étages, et quatre cheminées, et elle est entourée d'une haie épaisse.

Au rez-de-chaussée, on trouve une petite entrée, un salon, une salle à manger et une grande cuisine où ma mère prépare les repas.

On monte au premier étage par un long escalier. Il y a trois chambres confortables et une salle de bain blanche. Chaque chambre a de beaux meubles et des volets verts.

Devant la maison il y a un joli jardin avec une large pelouse et des plates-bandes. Les fleurs sont très belles et mon père est fier de sa pelouse verte. Au fond de notre jardin notre chien Bijou joue avec sa vieille balle dans l'herbe épaisse.

Nous saisissons et nous jetons la balle, et il apporte la petite balle rouge entre ses dents.

G Ma maison

Ma maison est jolie et gaie. Sous la maison il y a un grand garage. On monte au premier étage par un large escalier. Il y a une grande salle de séjour avec une grande porte-fenêtre (*French window*) qui donne sur le jardin, et à côté il y a une belle cuisine blanche et rouge. Au fond du couloir, il y a quatre portes, la porte de la salle de bain et les portes des trois chambres. Ma maison est blanche et toutes ses fenêtres ont des volets verts.

Mon jardin

Mon jardin est petit. Il est situé en ville à un kilomètre du Vieux-Port. Il est entouré de hautes maisons. Il n'a pas de haie et il n'a pas de pelouse, mais dans mon jardin on trouve beaucoup de belles fleurs blanches et rouges.

Mon chien

Mon chien est vieux et il ne joue pas beaucoup. Il aime sortir dans le jardin. Il est gentil avec les enfants et on ne le punit pas quand il n'obéit pas.

Revision

(Lessons 1 – 5)

A ils sont, êtes-vous? (est-ce que vous êtes?), ont-ils? (est-ce qu'ils ont?), il y a, y a-t-il? (est-ce qu'il y a?), il n'y a pas, elle n'est pas, nous ne sommes pas, a-t-il? (est-ce qu'il a?), ils donnent, est-ce que je donne?, nous ne parlons pas, parle-t-elle? (est-ce qu'elle parle?),

j'achète, il ne finit pas, nous finissons, choisit-il? (est-ce qu'il choisit?), ils vont, va-t-elle? (est-ce qu'elle va?), ils lisent, elle ne lit pas, vous dites, prend-il? (est-ce qu'il prend?), nous prenons, je ne sors pas, sortent-ils? (est-ce qu'ils sortent?), ils jettent, nous jetons, vous achetez.

B de l'eau, du pain, de la viande, des tasses, le journal de l'homme, la porte de la maison, le livre du fils, les fenêtres des pièces, l'ami(e) de Marie, au marché, à l'homme, aux jardins, près du mur, beaucoup de chiens, trop d'assiettes, un verre de vin, sa mère, son chat, nos ami(e)s, leur voiture.

C 1 Le petit livre vert est sur la cheminée du salon. 2 Sur la table de la salle à manger, il y a des assiettes et des verres. 3 J'achète de belles pommes rouges au marché. 4 La mère de Marie porte une jolie robe blanche. 5 Nous finissons nos leçons et nous allons au cinéma. 6 Leurs amis ont beaucoup de crayons, mais peu de stylos. 7 Sa voiture n'est pas rouge; elle est noire et verte. 8 Son père va au bureau et lit ses lettres. 9 Vendez-vous du vin? Non, nous n'avons pas de vin. 10 Le fils du marchand donne un sac en plastique au vieil homme.

D (a) Madame Leroux va en ville avec ses enfants Véronique et Julien. Ils quittent la maison de bonne heure. Ils montent dans l'autobus, Place de la République.

Ils arrivent en ville Avenue Cambronne. Il y a un marché. Les enfants admirent les belles fleurs et les fruits exotiques. Madame Leroux demande le prix des dates fraîches. Mais c'est trop cher. Puis ils vont dans les grands magasins. Ils achètent des pantalons, des tee-shirts et des chaussures pour toute la famille. Ils rentrent à la maison pour déjeuner.

(b) Notre maison est très vieille. Elle n'a pas d'étage. On entre directement dans la cuisine. Il y a une toute petite fenêtre à côté de la porte. La porte reste (*remains*) toujours ouverte pour avoir de la lumière (*light*). De chaque côté de la cuisine il y a une chambre avec un grand lit très confortable. Les fenêtres sont petites et les portes sont basses (*low*).

E 1 Dans le salon il y a un canapé, deux fauteuils, une table, un tapis et des tableaux. 2 La famille Dubois est dans le salon. 3 Sur la table de la salle à manger il y a une nappe et des serviettes, des couteaux, des fourchettes, des verres et des assiettes. 4 Madame Dubois achète des pommes au marché. 5 Elle rencontre son amie, la femme du médecin. 6 Monsieur Dubois part pour la gare à sept heures et demie (*7.30*). 7 Il a deux enfants. 8 J'achète des timbres à la poste. 9 Les fleurs sont blanches et rouges. 10 Le jardin de Monsieur Dubois est joli. Il est entouré d'une haie épaisse. Il y a de belles fleurs.

Lesson 6

A 1 vendent; 2 réponds; 3 boit; 4 buvons; 5 fait; 6 attend; 7 vendons; 8 boivent; 9 faites; 10 faisons.

B mesdames, ces messieurs, les nouveaux journaux, ils portent leurs chapeaux gris, nous avons de vieux bateaux, vous êtes nos fils, ils font ces trous, elles ont des cailloux blancs.

C ce bateau, cette rivière, cet homme, ces pêcheurs, ces femmes, cet ami, ce lac, ces bancs, cette femme, ce garçon.

D ce bateau, cette rivière, tous ces gâteaux, cet oiseau, ce canard-ci et ce canard-là, nous allons tous, il fait très chaud, à notre retour, il fait une promenade, au bord du lac.

E Madame Dubois fait une promenade avec ses enfants dans le parc. Il fait beau, et ils louent un bateau pour faire un tour sur le lac. A leur retour ils vont dans un magasin où l'on vend toutes sortes de choses, et, assis sur l'herbe, ils boivent de la limonade. Madame Dubois achète aussi des petits pains et des gâteaux.

'Voilà un joli canard vert,' crie Marie, et elle jette des morceaux de pain à l'oiseau.

'Ce cygne-ci est noir,' dit sa mère, 'mais ce cygne-là est blanc.'

Pendant qu'ils regardent de vieux messieurs qui pêchent au bord de l'eau, Bijou fait des trous dans les plates-bandes.

A ce moment le gardien arrive. Il est très fâché et il crie: 'Que fait ce chien? Regardez toutes ces fleurs.' Bijou n'aime pas cet homme; il part à toute vitesse pendant que Madame Dubois parle au gardien.

F Une promenade

Comme il fait beau Marie-Hélène et son frère Christophe partent faire une promenade avec leurs amis d'école Sébastien et Isabelle. Ils arrivent au bord de la rivière et ils louent un bateau.

A un moment la rivière traverse un grand parc avec un beau château au milieu d'une grande pelouse. Il est entouré de haies et de plates-bandes avec des fleurs de toutes sortes. Il y a aussi un petit lac devant le château avec des cygnes et des canards.

Il fait très chaud et comme l'eau est claire, les enfants jouent dans l'eau avec leur balle. Mais le gardien du château arrive et il est très fâché.

Comme il est midi, tout le monde retourne au bateau et rentre à la maison pour déjeuner.

Lesson 7

A 1 venons; 2 viennent; 3 viens; 4 Regarde; 5 Finis; 6 voit; 7 voyez; 8 voient; 9 Parle; 10 Vendez.

B 1 Je les regarde. 2 Il lui envoie. 3 Je l'invite. 4 Nous en avons beaucoup. 5 Ils y vont. 6 Vous la donnez. 7 Regardez-le. 8 Parlez-leur. 9 Ne la demandez pas. 10 Il les lui donne.

C regarde, regardons, regardez; finis, finissons, finissez; fais, faisons, faites; dis, disons, dites; sois, soyons, soyez

D (a) Je le donne, nous les avons, il me vend, ils lui parlent, elle y va, vous en avez (*or* tu en as), je les finis, nous les donnons, le voici, vous voilà, lui parlez-vous? (*or* lui parles-tu?), ils ne les vendent pas, il me voit, elle nous parle, j'en ai beaucoup.

(b) Je vous le donne, il me les vend, nous leur en parlons, je les lui montre, ils m'en donnent, me le donnez-vous? (*or* me le donnes-tu?), nous ne leur en donnons pas, nous les vendez-vous? (*or* nous les vends-tu?), je veux vous voir (*or* je veux te voir), nous allons les trouver.

(c) Donne-le *or* donnez-le, vendez-nous *or* vends-nous, finissons-les, donnons-lui, vas-y *or* allez-y, vends-le-moi *or* vendez-le-moi, donne m'en *or* donnez m'en, ne le prends pas *or* ne le prenez pas, ne leur en donnons pas, ne me le dis pas *or* ne me le dites pas.

E Peter Entre, Jean-Marc! Je viens de trouver mon album de timbres et j'y colle des timbres.

Jean-Marc Ah, je collectionne des timbres aussi. Montre-le moi, s'il te plaît.

Peter Le voici. Regarde ces timbres du Maroc. Ma tante m'en envoie souvent. Si tu en veux, Jean-Marc, j'en ai beaucoup. Voyons. En voici trois. Les veux-tu? Prends-les alors.

Jean-Marc Merci beaucoup. Je vais les mettre dans cette enveloppe jusqu'à ce soir, quand j'ai l'intention de les coller dans mon album.

Peter Ne les oublie pas. Qu'est-ce que tu fais cet après-midi? Mes parents vont à Chartres en voiture. Nous y allons souvent. La cathédrale est belle. Il faut la voir. Rentre chez toi vite et dis à ta mère que tu vas nous accompagner.

Jean-Marc Tu es très sympa. Je lui demande toujours la permission d'abord.

Peter Sois ici à deux heures alors.

F Françoise Ah, te voilà, Jean-Marie! Je suis en train de coller quelques photos dans mon album. Je vais te le montrer. Regarde.

Jean-Marie Elles sont superbes tes photos. Tu es une artiste! Moi aussi je colle mes photos de vacances dans un album. J'en ai beaucoup de Bretagne parce que je vais tous les ans chez mon oncle Marcel et ma tante Yvonne. Ils viennent de m'acheter un vélo pour mon anniversaire. Tu as bien un vélo ici chez toi?

Françoise Oui, j'en ai un vieux.

Jean-Marie Alors, que penses-tu d'une promenade? Il fait beau aujourd'hui.

Françoise Je veux bien mais il faut d'abord demander la permission à mes parents. Où as-tu l'intention d'aller?

Jean-Marie Il y a une très belle église romane à St Cado et la route est très pittoresque pour y aller. Qu'en penses-tu?

Françoise D'accord . . . mais d'abord je vais en parler à ma mère. Attends une minute.

Jean-Marie D'accord.

Lesson 8

A 1 ouvre; 2 mettons; 3 ouvrez; 4 mettent; 5 s'habille; 6 nous couchons; 7 se lèvent; 8 vous lavez; 9 nous parlons; 10 me réveille

B ils se voient, ils se parlent, il ne se lève pas, vous réveillez-vous? (*or* te réveilles-tu?), levons-nous, lavez-vous (*or* lave-toi), réveillez-vous (*or* réveille-toi), habillons-nous, ne vous levez pas (*or* ne te lèves pas), n'allez pas au lit (*or* ne va pas au lit)

C vraiment, bien, facilement, doucement, peu, évidemment, profondément, mal, rarement, premièrement

D vite, en bas, soudain, tôt (*or* de bonne heure), tout de suite, bientôt, nous allons souvent, il travaille dur, nous avançons lentement, vous travaillez peu

E Les enfants font leurs devoirs. Il y a une pendule sur la cheminée. Madame Dubois la regarde, puis elle leur dit: 'Allez au lit maintenant. Il est tard, et je suis très fatiguée. Papa travaille dur dans son bureau.'

Madame Dubois et les enfants vont au lit et bientôt ils s'endorment. Soudain Madame Dubois se réveille. Elle entend un bruit en bas dans le jardin. Elle cherche sa robe de chambre, la met et s'approche de la fenêtre. Elle l'ouvre doucement et écoute. Elle l'entend encore.

A ce moment Monsieur Dubois l'entend aussi. Il sort dans le jardin.

Sa femme se dit: 'Le voilà encore. C'est certainement un cambrioleur qui est en bas.' Elle ramasse vite une chaussure et la jette par la fenêtre. La chaussure frappe M. Dubois sur la tête.

Il crie, 'N'aie pas peur. C'est ton mari.'

Puis Monsieur Dubois voit la chaussure de sa femme. Il la ramasse et la lui rend.

F Cette aventure se passe un soir tard chez les Dubois. Tout le monde dort. Mais un bruit en bas réveille Pierre. Il réveille sa sœur et ils descendent voir. Avec le balai de leur mère ils s'avancent silencieuse-ment vers la salle à manger d'où sort toujours un bruit mystérieux. Ils voient un homme devant le buf-fet. L'homme se retourne. C'est leur père qui cherche un décap-suleur parce qu'il a soif. Ils boivent de la limonade ensemble et puis ils vont se coucher.

Lesson 9

A elle se réveille, nous allons au lit, ils se lavent, il s'assied (*or* il s'asseoit), vous asseyez-vous?, nous ne nous reposons pas, il se lève, est-ce qu'ils se baignent?, ils s'asseyent (*or* ils s'asseoient), est-ce qu'elle va au lit?

B quinze, quarante, cinquante et un, dix-neuf, treize, soixante, trente-six, quatorze, vingt et un, seize, la première semaine, le cinquième jour, la neuvième année, la douzième heure, la vingt et unième minute.

C minuit, midi et demi, neuf heures dix, huit heures quinze, trois heures trente, quatre heures quarante cinq (*or* quatre heures trois-quarts), onze heures cinquante (*or* midi moins dix), six heures cinquante cinq (*or* sept heures moins cinq), deux heures de l'après-midi (*or* quatorze heures), une demi-heure, un quart d'heure, vers une heure, à dix heures précises, le train de dix-sept heures quarante, à sept heures du soir.

D en hiver, au printemps, l'été dernier, août, en avril, le premier juin, le vingt février, mercredi, samedi, tous les mardis, jeudi prochain, le soir, l'année dernière, quel âge avez-vous?, j'ai vingt-cinq ans.

E J'ai seize ans et j'habite dans un petit village à la campagne à trente kilomètres de Paris.

Je me réveille d'habitude tôt à sept heures moins le quart et je prends le petit déjeuner avec mes parents à sept heures et demie.

Je pars pour l'école à huit heures moins dix et je vais souvent dans la voiture de mon père. Je suis élève de seconde et nous commençons nos leçons à huit heures le matin, et nous travaillons jusqu'à midi.

Après déjeuner nous travaillons jusqu'à seize heures vingt. Le soir j'ai toujours beaucoup de devoirs; le jeudi soir je vais souvent au cinéma avec mes ami(e)s, mais mon père va au café du village jouer aux cartes ou au billard.

Le dimanche je joue au tennis l'après-midi, s'il fait beau, ou je lis un roman s'il fait mauvais temps. Après dîner j'écoute ma radio ou je regarde la télé(vision).

En août nous allons en vacances (*or* nous prenons nos vacances). Nous aimons tous le bord de la mer, et mes parents choisissent toujours les Sables d'Olonne.

Tous les matins je me baigne mais quelquefois l'après-midi nous allons faire une promenade en voiture à la campagne.

Je m'amuse beaucoup au bord de la mer; je retourne à l'école le 5 septembre.

F J'ai quarante-cinq ans et j'habite un grand appartement à cinq kilomètres du centre de Marseille. Je suis médecin et je travaille tous les matins à l'hôpital. Mon mari travaille dans un bureau à l'Electricité de France. J'ai deux filles qui sont au lycée. L'aînée a dix-sept ans et est en classe terminale. L'an prochain elle ira en faculté. La deuxième est en quatrième. Elle ne se fatigue pas beaucoup. Elle va faire de la planche à voile (*windsurfing*) quand sa sœur fait ses devoirs après l'école, quand il fait beau. Mon mari et moi nous aimons

camper et nous allons tous faire du camping en Corse (*Corsica*) au mois d'août tous les ans.

Lesson 10

A il me parle, j'en ai, il me les vend, nous vous les montrons, ils y vont, il me le donne, je lui en donne, allons-y, apporte-les-moi (*or* apportez-les-moi), vendons-lui-en! ne le vends pas (*or* ne le vendez pas), n'y va pas (*or* n'y allez pas), dis-le moi (*or* dites-le moi), ne le dis pas (*or* ne me le dites pas).

B en Angleterre, un Japonais, des Français, elle est anglaise, au Japon, de France, à Paris, à Londres, du Japon, en Angleterre, de Rouen, je parle français, une rue chinoise, réponds (*or* répondez) en anglais, j'aime l'anglais, il s'appelle Charles, je suis soldat, tu as (*or* vous avez) les cheveux bruns, nous avons froid, ils ont soif.

C Un jeune Français qui voyage en Angleterre va un jour dans un petit restaurant à Londres.

Il a faim, et il veut commander du bœuf avec des pommes de terre et des champignons.

Il ne parle pas anglais, alors il dessine, sur une feuille de papier, un bœuf, des pommes de terre et un champignon.

Puis il appelle le serveur et les lui montre. Le serveur a l'air de comprendre; il s'en va et bientôt il lui apporte du bœuf et des pommes de terre, mais il n'y a pas de champignons.

Le Français n'est pas content. Il lui montre le champignon sur la feuille de papier et dit en français 'Apportez-moi des champignons aussi, s'il vous plaît.'

Le serveur sort et après quelques minutes il lui apporte un parapluie. 'Voici, monsieur' dit-il. Le Français se dit: 'Ces Anglais sont vraiment drôles.' Mais le serveur anglais se dit: 'Pourquoi n'est-il pas content? Il dessine un parapluie sur une feuille de papier et je lui en apporte un. – Ah! mais c'est peut-être un champignon, son parapluie!'

A ce moment-là le Français se lève, paie l'addition et sort dans la rue, et le serveur rit de son erreur.

D Un homme d'affaires anglais se perd dans les rues de Tokyo. Au bout d'un moment, comme il est fatigué et qu'il a faim, il entre dans un restaurant japonais et demande à manger, mais il ne parle pas japonais et le serveur ne comprend pas l'anglais. Alors il dessine un canard sur une feuille de papier et fait des signes pour dire qu'il veut manger du canard. Le serveur a l'air de comprendre et bientôt il lui apporte un pâté qui est très bon. Quand le serveur apporte l'addition l'Anglais dit 'couac couac' pour demander si c'est bien du canard, mais le serveur hoche la tête négativement et dit 'gloup, gloup'. L'Anglais a tout de suite mal à l'estomac, paie et sort à toute vitesse. Il rencontre un compatriote un peu plus loin et lui explique sa mésaventure. L'autre Anglais connaît un restaurant anglais et ils

y vont ensemble. L'homme d'affaires commande un bifteck-frites et de la bière, et très vite il oublie le pâté de poisson cru.

Revision
(Lessons 6 – 10)

A ils vendent, est-ce que je vends? nous buvons, ils boivent, tu fais (*or* vous faites), est-ce qu'ils font? (*or* font-ils?), il ouvre, je ne mets pas, nous mangeons, nous commençon, je me lève, te lèves-tu? (*or* vous levez-vous?), ils vont au lit, il ne s'habille pas, nous nous retournons, se lave-t-il (*or* est-ce qu'il se lave?), elle s'assied (*or* elle s'asseoit), ils s'asseyent (*or* ils s'asseoient), ils viennent, est-ce qu'il voit? finissons, vends (*or* vendez), ayons, sois (*or* soyez) sage, dis (*or* dites) -moi.

B je le vends, nous en avons, ils y vont, elle leur parle, nous lui en donnons, ils nous le disent, il me les vend, finissons-les, vends (*or* vendez)-le, donne (*or* donnez) -les-nous, donne-m'en, lève-toi (*or* levez-vous), asseyons-nous, lave-toi, ne le fais pas (*or* ne le faites pas), ne leur parlons pas, ne te lève pas (*or* ne vous levez pas), fais (*or* faites) -le, en mangeons-nous? les vois-tu? (*or* les voyez-vous?)

C (a) seize, trente-neuf, cinquante et un, le quinzième, le premier, le vingt et unième, à midi et demi, six heures dix, neuf heures moins le quart, huit heures moins cinq.
(b) en hiver, au printemps, en mai, le premier avril, le quatorze juillet, le mardi, tous les dimanches,

l'après-midi, à trois heures du matin, bonjour.

(c) en Espagne, en Angleterre, au Japon, à Douvres, à Londres, une Française, des Allemands, il parle italien, réponds (*or* répondez) en français, une maison anglaise.

D ces messieurs, ces femmes, cet homme, j'ai soif, nous avons chaud, elle a faim, il fait beau, il fait très froid, il est docteur, elle a les yeux bleus.

E 1 Ces timbres-ci sont bleus, ces timbres-là sont gris. 2 Ces vieux châteaux français sont vraiment très beaux. 3 Monsieur Smith va souvent en France en été. 4 Ma sœur, qui a seize ans, arrive de Nice, jeudi. 5 Parle-t-elle anglais? Non, elle ne le parle pas bien.

F Mes habitudes

En vacances, je me lève tard vers neuf heures et demie. Je vais chercher du pain frais et des croissants à la boulangerie et j'achète le journal. Puis je rentre à la maison et je fais le café. Je lis le journal en prenant mon petit déjeuner. Plus tard je vais au marché et je rentre préparer le déjeuner. L'après-midi je lis un peu et puis je pars faire une promenade. Souvent je vais me baigner à la plage. Quand je reviens à la maison j'ai faim et je dîne. Après dîner je lis ou j'écris et je fais un petit tour avant d'aller me coucher.

Ma journée

Je me lève toujours de bonne heure vers six heures, et je vais faire une promenade avec mon chien avant le petit déjeuner. Je pars pour le travail en voiture à sept heures et demie. Quand je rentre à la maison le soir, je prends un bain et puis je vais faire un peu de travail au jardin. Après dîner je regarde la télévision ou je choisis une cassette vidéo et je regarde souvent un vieux film anglais.

G 1 Je m'appelle Henri. 2 J'ai trente-deux ans. 3 J'habite à Bordeaux. 4 C'est le 11 novembre. 5 Il fait gris et doux. 6 Il est dix-neuf heures dix. 7 Je passe les vacances d'été en Bretagne, généralement. 8 Non, je ne joue pas du piano mais je joue du violon. 9 Je joue au tennis. 10 Oui, j'aime beaucoup le français.

Lesson 11

A soixante et un, soixante-treize, quatre-vingts, quatre-vingt-un, quatre-vingt-quatorze, quatre-vingt-dix-sept, cent, cent un, trois cents, quatre cent vingt-cinq, mille, mille un, cinq mille, quatre mille quatre cent trente-six, le soixante-dixième, le quatre-vingt et unième, le deux-cent cinquième, le millième, en l'an dix-neuf cent cinquante, en l'an dix-sept cent quatre-vingt-neuf.

B une douzaine de magasins, une vingtaine de touristes, une centaine de livres, soixante-quinze environ, des milliers de livres, cette rue a trois cents mètres de long, une montagne de deux mille mètres de haut (*or* d'altitude),

cette pièce fait cinq mètres de long sur quatre mètres de large, trois et demi, la moitié du pays, deux fois douze font vingt-quatre, à cinq francs la douzaine, les trois premiers rois, Napoléon premier.
C un plus grand pays, le pays le plus grand, une meilleure ville, de plus beaux magasins, les rues les plus belles, les meilleurs quartiers de Paris, une région plus importante, des champs plus verts, le département le plus riche de France, une région moins importante, la région la moins riche, aussi grand que l'Angleterre, la France n'est pas aussi grande que la Russie, les plus petits ponts, les pires idées.
D Je connais la France, il connaît le français, connaissez-vous Pierre?, nous savons qu'il est riche, ils connaissent la rue, je sais où il habite, il connaît Paris, elle sait nager, nous les connaissons, ils le savent.
E Pour connaître les Anglais il faut connaître leur langue et leur pays. La Grande-Bretagne est beaucoup moins étendue que la France. Elle couvre 230.000 kilomètres carrés, et elle a 60 millions d'habitants. Londres, sa plus grande ville, a plus de 10 millions d'habitants.

Elle est divisée en quarante comtés, et chaque comté a son caractère et sa capitale.

Dans le centre et dans le nord on trouve les régions industrielles les plus importantes avec une vingtaine de très grandes villes.

Dans l'ouest se trouvent les comtés de Devonshire, avec ses fermes et ses vergers, et de la Cornouailles avec ses pêcheurs. Leurs côtes sont les plus belles de l'Angleterre et des milliers de touristes y vont en été.

Dans l'est, une région plate, on trouve les meilleures régions agricoles.

La Tamise, le fleuve le plus important, long de 350 kilomètres, divise Londres en deux parties. La plupart des principaux bâtiments à Londres se trouvent sur la rive gauche. Ne manquez pas de visiter Hampton Court, le palais d'Henri VIII, construit en 1520.
F Ce qui me frappe (*strikes*) toujours quand j'arrive en France, c'est l'impression d'espace. Les routes sont larges et droites. La campagne paraît vaste et presqu'inhabitée (*uninhabited*), les villages sont éloignés les uns des autres (*far from each other*). C'est indiscutable, la France n'est pas surpeuplée comme l'Angleterre!

Et puis j'arrive au bord de la mer au mois d'août et cette impression est immédiatement détruite (*destroyed*). Les plages, les terrains de camping sont surpeuplés, à cause d'un phénomène typiquement français: la France entière (*the whole of France*) prend ses vacances au mois d'août. Et parmi les français qui partent en vacances la grande majorité préfère le bord de la mer, en France. Les usines, les magasins sont fermés, les grandes villes sont désertes (*desert-*

ed). C'est le moment de visiter Paris!

Lesson 12

A 1 qui; 2 qui; 3 que; 4 qui; 5 qu'; 6 qui; 7 qui; 8 que; 9 qu'; 10 qui.
B 1 à qui; 2 avec laquelle; 3 où (*or* dans laquelle); 4 dont; 5 dont; 6 où; 7 avec qui; 8 ce qui; 9 ce que; 10 ce qu'.
C 1 La dame dont nous connaissons le fils. 2 Les hommes parmi lesquels il travaille. 3 La route que prend la voiture. 4 Le jour où il arrive. 5 Il se frappe la tête, après quoi il tombe. 6 La place que je choisis est confortable. 7 Le chat auquel je parle est intelligent. 8 Ce qu'il dit est intéressant. 9 Je pense qu'il est à Paris. 10 Un soir que je ne travaille pas.
D La banlieue où j'habite est très agréable.

Notre maison est située dans une rue bordée d'arbres qui sont très beaux en été.

Ma chambre, devant laquelle il y a un balcon, donne sur notre jardin dont mon père est très fier.

Près de notre rue il y a un parc, au milieu duquel il y a un bassin ornemental.

Mon oncle Robert, dont je parle souvent et que j'aime beaucoup, arrive de Londres ce soir. D'habitude il m'apporte des timbres et j'espère qu'il ne les oublie pas cette fois-ci.

Les timbres qu'il me donne sont quelquefois rares.

E Quand un voyageur monte dans le train de Boulogne à la Gare du Nord, il demande à un employé de dire au chef de train qu'il descend à la gare de Choix et que, parce qu'il est très fatigué, il a peur de s'endormir et de ne pas se réveiller à temps. L'employé fait la commission (*passes the message*) au chef de train qui promet (*promises*) de réveiller le voyageur à Choix. Le chef de train écrit le numéro du wagon pour ne pas faire d'erreur. Malheureusement, il perd le bout de papier. En arrivant à la gare de Choix, il cherche le voyageur endormi et quand il voit un monsieur qui dort à poings fermès il l'appelle, le secoue et comme il ne bouge pas, il l'entraîne de force sur le quai. Le voyageur n'est pas du tout content et lui crie des injures, et le chef de train se demande bien pourquoi. Mais quand le train arrive à Boulogne, tout le monde descend, sauf un monsieur qui dort toujours paisiblement.

Un voyage en train

Jean-Jacques va passer des vacances en Angleterre chez des amis de son professeur d'anglais. Juste avant le départ du train pour Calais son professeur arrive à la gare, lui souhaite bon voyage et lui demande d'emporter un petit paquet pour ses amis anglais. Jean-Jacques accepte avec plaisir et met le paquet dans son sac.

Pendant le voyage il fait très

chaud et quand Jean-Jacques se trouve dans le train de Londres, il manque d'air parce que les fenêtres des trains anglais ne s'ouvrent pas très grand. Il remarque que les autres voyageurs autour de lui ont l'air malade, et un par un ils s'en vont.

Quand le train s'arrête à Ashford des voyageurs s'asseoient près de Jean-Jacques mais après quelques minutes ils font une horrible grimace (make a face) et s'en vont aussi. A ce moment-là Jean-Jacques ouvre son sac pour prendre un plan de Londres. Alors une terrible odeur de fromage sort de son sac. Tous les autres voyageurs font des grimaces. C'est le paquet de son professeur d'anglais! Tant pis, Jean-Jacques prend le paquet et le jette par la fenêtre.

Un peu après, le train s'arrête à Maidstone et des voyageurs très aimables s'asseoient près de Jean-Jacques et lui demandent où il va passer ses vacances.

Lesson 13

A 1 quel; 2 lequel; 3 laquelle; 4 quelles; 5 quel; 6 lequel; 7 quelle; 8 lequel; 9 lequel; 10 quelles.
B 1 celui-ci; 2 celui; 3 ceci; 4 ça; 5 celles-ci, celles-là; 6 ça; 7 celle; 8 celle; 9 celui-ci, celui-là; 10 c' or ceci or cela.
C 1 c'; 2 elle; 3 c'; 4 ce; 5 il; 6 c'; 7 elle; 8 c'; 9 c'; 10 ce
D plus souvent, le plus poliment, il

lit mieux, elle parle le moins, un meilleur fruit, aussi vite que possible, de plus en plus cher, plus de 3000 francs, au cinquième étage, je vais très bien, ils veulent, voulez-vous? ils peuvent, est-ce que je peux? nous pouvons partir.
E (*M. Dubois et sa femme entrent dans un bureau de tabac.*)
M. Dubois Bonjour, monsieur. Avez-vous des blondes?
Le Buraliste Oui, monsieur, nous en avons. Elles viennent d'arriver. Lesquelles préférez-vous?
M. Dubois Donnez-moi un paquet de Silver Tip, s'il vous plaît, et une boîte d'allumettes. Je trouve que (*or* à man avis) les allumettes suédoises sont mieux que les françaises.
Le Buraliste Mais nous n'en avons pas, monsieur. Ça fait neuf francs soixante-dix.
M. Dubois Merci. Voici un billet de vingt francs. (*Le buraliste lui donne dix francs et trente centimes.*)
(*M. et Mme D. sortent. Ils s'arrêtent devant un grand magasin.*)
Mme Dubois Je veux (*polite form:* je voudrais) voir quelques robes. Allons au rayon de confection. Nous pouvons prendre l'ascenseur jusqu'au quatrième.
(*Ils montent au rayon de confection pour femmes.*)
Le Vendeuse Bonjour, madame. Bonjour, monsieur. Qu'est-ce que je peux vous montrer?
Mme Dubois Je veux (voudrais) voir quelques robes de soirée, s'il vous plaît.

La Vendeuse Certainement, madame. Voici les plus belles robes de soirée du magasin. Est-ce que celle-ci vous plaît?

Mme Dubois Non, je préfère celle-là, la blanche. Je la trouve plus gaie que la noire.

M. Dubois Mais elle est aussi plus chère, n'est-ce pas?

La Vendeuse Oui, c'est vrai. Elle coûte 1500 francs.

Mme Dubois Oui, la robe noire coûte moins cher mais elle est aussi moins élégante. Laquelle préfères-tu, mon chéri?

M. Dubois Tu me ruines. Sortons (d'ici) aussi vite que possible.

F Au restaurant

Le Serveur Bonjour, messieurs-dames. Voici le menu. Nous recommendons le plat du jour (*today's special*), le poulet chasseur.

Christian Qu'est-ce que tu veux pour commencer, Annick? Un potage, ou des crudités (*raw vegetables*)?

Annick Pour commencer, des carottes râpées (*grated*) au citron.

Christian Et pour moi une tranche de pâté de campagne.

Le Serveur Très bien. Carottes râpées pour madame et pâté de campagne pour monsieur. Et ensuite?

Annick Qu'est-ce que c'est le poulet chasseur?

Le Serveur C'est du poulet, cuit avec des échalottes (*shallots*) et des champignons dans du vin blanc, auquel on ajoute (*one adds*) de la crème fraîche.

Annick Mmm, mmm. Ça me va très bien. Un poulet chasseur pour moi.

Christian Et pour moi un bifteck-frites avec une salade verte.

Le Serveur Comment voulez-vous votre bifteck, monsieur? Saignant (*rare*)? A point (*medium*)? Ou bien cuit (*well done*)?

Christian Bien cuit.

Le Serveur Et pour boire?

Annick De l'eau minérale . . .

Christian . . . et une carafe de vin rouge.

Le Serveur Merci, messieurs-dames.

Lesson 14

A ils donneront, je vendrai, finira-t-il? elle ira, tu seras, nous verrons, je ferai, ils viendront, elle pourra, vous voudrez, nous recevrons, ils auront, j'achèterai, il jettera, vous paierez

B lui et moi, avec eux, devant elle, chez nous, c'est lui, ce sont eux (elles), il est plus grand que toi (*or* vous), après moi, chez elle, viens (*or* venez) avec elles

C j'écris, nous écrivons, ils reçoivent, reçoit-il? je connais l'anglais, ils connaissent la rue, je fais une promenade à vélo, il voyage en bateau, nous faisons une promenade à cheval, ils voyagent par avion

D   Kingston, le 13 mars 1993
Cher Pierre,

Je viens de recevoir ta lettre du 5 mars et je suis très content de savoir que je te verrai enfin le mois prochain.

Je serai à la Gare Victoria à 16.30 samedi et je t'attendrai à la sortie du quai. Si tu ne me vois pas tout de suite ne prends pas de taxi mais attends devant la boîte aux lettres à droite. Tu sais que toutes les boîtes aux lettres en Angleterre sont rouges.

Mon oncle Charles, qui connait bien ton père pourra peut-être venir avec moi. Il parle le français mieux que moi.

Pendant la première semaine nous visiterons le Parlement, l'Abbaye de Westminster, la cathédrale St Paul et beaucoup d'autres endroits intéressants à Londres.

Après cela, s'il fait beau, nous irons à Windsor et tu verras le château et le collège d'Eton. Mon oncle y va souvent en voiture et il nous emmènera. Il connait bien Oxford.

J'aurai beaucoup de nouveaux timbres à te montrer quand tu arriveras. Mon frère Robert, qui a trois ans de plus que moi, a aussi une belle collection. Lui et moi nous avons l'intention d'aller camper en Ecosse à la fin de juillet. Il te prêtera son vélo, et nous pourrons aller faire des promenades à la campagne.

Maintenant j'ai beaucoup de devoirs à faire.

Amicalement,
John.

E Rennes, le 9 juin 1993
Chère Madame Desmoulins,

J'ai enfin l'occasion d'accepter votre aimable invitation d'aller passer quelques jours chez vous en Dordogne.

En effet, mon fils qui, vous vous en souvenez peut-être, est Ingénieur des Ponts et Chaussées (*Civil Engineer*), doit aller passer plusieurs jours à Périgueux à la fin du mois à propos d'un projet de construction d'autoroute et de ponts dans la région. Il m'a téléphoné hier soir pour m'annoncer son voyage et j'ai tout de suite pensé à vous. Il est d'accord pour m'emmener en voiture et me déposer chez vous à Neuvic si cette date vous convient. Je rentrerai à Rennes avec lui trois ou quatre jours plus tard si vous n'y voyez pas d'inconvénient.

Cela fait bien vingt ou vingt-cinq ans depuis notre dernière rencontre – à Marseille, n'est-ce pas?

Je suis tout heureuse à la pensée de vous revoir bientôt.

Je vous embrasse,
Yvonne Deugaul

Lesson 15

A nous avons vendu, il a fini, nous avons parlé, j'ai pris, ils ont vu, elle a fait, vous avez eu, j'ai été, tu as reçu, nous avons écrit
B 1 mis 2 trouvés 3 écrite 4 finis(ies) 5 vendus(ues) 6 achetées 7 vues 8 choisi 9 suivis(ies) 10 parlé.
C en plein air, de temps en temps, le lendemain, la semaine prochaine, jeudi dernier, bordé

d'arbres, par le métro, de vieux soldats, il vient d'arriver, je suis à
Londres depuis une semaine
D la maison dont j'ai parlé, nous
l'avons reconnue, les châteaux que
j'ai vus, le crayon avec lequel j'ai
écrit, il lui a écrit, la lettre que j'ai
écrite, l'ami dont j'ai rencontré la
fille, il leur a vendu, je les ai choi-
sis(ies), ils en ont acheté

E   Chantenay, le 12 avril 1993
Mon cher Pierre,
    Maman te remercie beaucoup
pour ta lettre du 9 avril. Les cartes
postales que tu lui as envoyées sont
très intéressantes.
    Elle est très occupée aujourd'hui
parce que les Lenoir viennent passer la soirée avec nous.
    Il n'y a pas beaucoup de nou-
velles depuis ton départ. Médor a
été très vilain. Mardi dernier il est
allé faire une promenade avec
Maman et quand elle a rencontré
Madame Lebrun il a attrapé un
morceau de viande dans son
panier et il l'a emporté dans un
jardin où il l'a mangé. Tu peux
imaginer la tête de Madame
Lebrun!
    Hier Papa m'a emmenée à Paris
et j'ai passé la journée avec mon
amie Louise. Ses parents viennent
d'acheter un appartement splendide près de la Tour Eiffel. Nous
avons regardé un vieux film anglais
sur sa vidéo. C'est l'histoire d'un
chien qui s'appelle Lassie.
    Papa dit que demain nous irons
à Fontainebleau en voiture, s'il fait
beau. Nous ferons un pique-nique

dans les bois, et nous visiterons le
château, et les jardins qui sont si
beaux au printemps, comme dit
Maman.
    Papa dit qu'il espère que tu n'as
pas oublié de lui rapporter des
blondes, et Maman veut savoir si tu
as appris beaucoup d'anglais. Si tu
me dis l'heure de ton arrivée je
viendrai à la Gare du Nord.
N'oublie pas de nous envoyer une
carte postale avant samedi.
    Salut Pierre et à bientôt.
        Ta sœur,
            Marie.
F Ma chère Julie,
    J'espère que tu vas bien et que tu
passes d'excellentes vacances chez
tes amis à Rome. Je te remercie
beaucoup pour ta jolie carte du
Colisée. Parles-tu l'italien couram-
ment (*fluently*) maintenant? Je suis
impatiente de t'entendre parler . . .
    Moi, comme tu sais, je passe mes
vacances en Bretagne comme
d'habitude. Cette année il fait très
chaud tous les jours, comme en
Italie!
    Hier je suis allée visiter
Guérande, une petite ville médié-
vale dont les remparts sont intacts.
Christophe, que tu connais, m'a
emmenée en voiture avec Nicolas.
Nous avons d'abord fait une promenade tout autour des remparts,
puis nous sommes entrés dans la
vieille ville par la porte (*gate*) St
Michel qui est magnifique. Nous
avons visité le musée folklorique et
puis toutes sortes de petites bou-
tiques d'artisans (*craftsmen*) et

d'artistes. Ensuite nous avons visité l'église qui est extrêmement intéressante. Nous avons décidé de rester dîner à Guérande afin d'écouter un grand concert de musique baroque donné dans l'église ce soir-là. Nous avons trouvé une petite crêperie pas chère et nous avons mangé des galettes (*buckwheat pancakes*) et bu du cidre nouveau.

Je te quitte, sinon (*otherwise*) ma lettre ne partira pas ce soir. En vitesse (*hurriedly*),

Grosses bises (*love and kisses*)
Josiane

Revision
(Lessons 11 – 15)
A (a) nous écrivons, écrit-elle?, ils peuvent, est-ce que je peux?, tu peux, nous recevons, il ne reçoit pas, ils veulent (ils désirent), veux-tu? (est-ce que tu veux?), nous désirons (nous voulons), il connaît la rue, ils savent où il est, connaissez-vous Rouen?, je sais l'allemand, nous savons nager.

(b) je serai, ils auront, il ira, nous courrons, je viendrai, tu verras (vous verrez), ils pourront, nous voudrons (nous désirerons), il fera, vous recevrez (tu recevras).

(c) j'ai eu, ils ont été, elle a fait, nous avons bu, elle a mis, j'ai voulu (désiré), vous avez écrit, il a reçu, nous avons pris, ils ont lu.
B (a) soixante et un, soixante-dix-sept, quatre-vingts, quatre-vingt-onze, deux cents, deux cent quarante, trois mille, en mille neuf cent cinquante-deux, Louis premier,

Louis quatorze, vingt voitures environ, des milliers de livres, la moitié du pain, une heure et demie, deux fois sept font quatorze.

(b) une pièce plus grande, une maison mieux que . . ., un livre plus intéressant, les plus jolies robes, le chien le plus intelligent, il marche le plus vite, elle chante mieux, j'écris moins souvent, nous sommes aussi riches qu'eux, il ne travaille pas si dur que toi (vous).

C 1 Cette robe-ci est verte et cette robe-là est bleue. Laquelle préfères-tu? 2 Quelles jolies fleurs! J'aime celles-ci mieux que celles que tu as choisies.. 3 C'est elle qui a écrit ces lettres. Elles sont très intéressantes. 4 Viens avec moi, et je vais te montrer (je te montrerai) la maison que j'ai achetée. 5 C'est un beau gâteau, n'est-ce pas? Voici un couteau avec lequel tu peux le couper. 6 Je connais Pierre depuis plusieurs années. Il est plus intelligent que toi. 7 L'hôtel dont j'ai parlé est excellent. C'est le meilleur hôtel de Londres. 8 Lui et moi, nous voulons savoir ce que vous venez de voir. 9 La banlieue dans laquelle j'habite est très agréable. C'est vrai. 10 Je les ai vus, mais je ne leur ai pas parlé.

D L'Angleterre
Pour les Français, l'Angleterre c'est toute l'île qui se trouve de l'autre côté de la Manche, et tous les gens qui parlent anglais sont des Anglais. Comme en France il y a

des Bretons, des Alsaciens, des Provençaux, alors en Angleterre, il y a des Gallois et des Ecossais! Il ne savent pas, la plupart du temps, que les Gallois ne sont pas des Anglais et les Ecossais non plus. Ils ne comprennent pas pourquoi l'Angleterre a plusieurs noms, la Grande Bretagne, le Royaume-Uni, les Iles Britanniques. Pour eux la France c'est la France, c'est tout. Qu'ils sont compliqués ces Anglais! Et l'Angleterre, c'est un vrai mystère.

Londres

Londres pour les Français c'est les œufs au bacon le matin au petit déjeuner, et du thé à toute heure du jour. C'est les bus rouges à impériale qui égayent (*brighten up*) les rues sous le ciel gris. C'est aussi la Rue d'Oxford, surtout pour les femmes et les jeunes filles, qui y courent toutes, dès leur arrivée, acheter des pulls et des jupes. Tout le monde veut voir le Palais de Buckingham parce qu'il y a là une vraie reine et des princes et des princesses, alors qu'en France il n'y en a que dans les contes de fées (*fairy tales*).

Lesson 16

A 1 Nous sommes partis de bonne heure. 2 Elle a reçu un coup de téléphone. 3 Ils se sont assis au bord de la route. 4 Vous avez acheté un journal. 5 Elle s'est un peu reposée. 6 Nous sommes arrivés à Caen. 7 Marcel a gagné l'étape. 8 Les coureurs sont venus bientôt. 9 Je les ai vus de près. 10 Ils ont filé très vite.

B Le docteur Lenoir, la vieille Marie, le lieutenant Duval, le petit Pierre, elle a les yeux gris, les vélos coûtent cher, j'aime les chevaux, les hommes aiment le tabac, le français est facile, le pain n'est pas cher, elle s'est coupé le doigt, elle s'est blessée.

C **Louise** Qu'est-ce que tu as fait hier, Marie?

Marie Pierre et moi nous sommes allés au bord de la mer. Le capitaine Leblanc nous a invités à l'accompagner à Sablon en voiture.

Louise Je connais bien Sablon. J'y suis allée plusieurs fois l'été dernier.

Marie Nous nous sommes bien amusés. Nous sommes partis de bonne heure, et nous avons fait le voyage à toute vitesse. Nous y sommes arrivés avant midi. D'abord nous sommes descendus à la plage, où nous nous sommes baignés. Puis nous avons déjeuné dans un petit restaurant près du port, où nous avons vu plusieurs bateaux de pêche. L'après-midi, je me suis assise sur les rochers avec Madame Leblanc et le petit Yannick a joué sur le sable, mais Pierre est allé faire une promenade à pied sur les falaises avec le capitaine, qui lui a raconté beaucoup de ses aventures. Nous sommes restés là-bas jusqu'à cinq heures et demie et nous sommes rentrés chez nous très tard. Je me suis endormie plusieurs fois dans la voiture, mais Pierre m'a réveillée.

D Hier il a fait une journée d'hiver splendide. Le matin il a gelé dur et il a fait froid, mais à midi le soleil a fait monter la température. Alors, j'ai sorti mon vélo, j'ai mis un gros anorak, un bonnet de laine (*woolly hat*), et des gants et des chaussettes bien chauds, et je suis partie faire une promenade. Je suis d'abord allée à la poste puis j'ai acheté une carte et un petit pot de fleurs pour mon vieux voisin qui est malade. Ensuite je suis sortie de la ville et j'ai suivi la route qui longe la mer. J'ai vu beaucoup de promeneurs et même un véliplanchiste (*windsurfer*). Brrr . . . Puis j'ai fait demi-tour (*turned back*) et je suis rentrée tranquillement à la maison préparer le goûter (*afternoon tea*) pour toute la famille.

Lesson 17

A J'ai sonné, elle s'est levée, nous avons reçu, ils sont restés, elle a coupé, nous croyons, ils croient, nous devons, ils doivent, je dois partir. **B** 1 qui; 2 qui; 3 qu'est-ce qu'; 4 qui; 5 quoi; 6 qu'est-ce que; 7 qu'est-ce que; 8 qui; 9 que; 10 qui. **C** 1 A qui parlez-vous? 2 De quoi parlez-vous? 3 Qu'est-ce qui est dans la boîte? 4 Qu'est-ce qu'ils ont? 5 Qu'est-ce qu'il y a? 6 qui avez-vous vu? 7 Qui est sorti? 8 A qui est ce parapluie? 9 Qu'est-ce que c'est

que ce livre? 10 Quel est le mot français pour traduire '*fountain-pen*'?

D 1 le vôtre; 2 la nôtre; 3 les leurs; 4 la mienne; 5 le vôtre et les siens.

E 1 Votre maison et la sienne. 2 Ce livre est à nous. 3 Mes chiens et le leur. 4 A qui est ce stylo? C'est le sien. 5 Voici des crayons. Ils sont à moi. 6 Ma montre est mieux que la tienne. 7 C'est un de mes amis. 8 Nos maisons et les leurs. 9 Ces cadeaux sont à vous. 10 Sa voiture est plus grande que la sienne.

F (*Pierre et son ami Charles sont dans une salle de classe à l'école.*)

Pierre La leçon va bientôt commencer et j'ai perdu mon dictionnaire anglais. Tu veux bien me prêter le tien, Charles?

Charles Malheureusement j'ai laissé le mien chez moi. Je suis allé au cinéma avec mes parents hier soir, et je suis allé me coucher à onze heures. Je me suis réveillé très tard, et j'ai oublié tous mes livres.

Pierre Ah, il y a un dictionnaire que est tombé par terre près de ton bureau. (*Il se lève et le ramasse.*) A qui est-il? Mais, c'est celui de Marcel, et il n'est pas encore arrivé aujourd'hui. Quelle chance!

Robert Ce n'est pas à toi, Pierre. Marcel me l'a prêté. Donne-le-moi, s'il te plaît.

(*Le professeur entre.*)

Le Professeur Asseyez-vous tous.
Ouvrez vos livres. Qu'est-ce que
vous avez écrit pour
aujourd'hui? Robert, à qui par-
les-tu? Qu'est-ce qu'il y a?
Robert Pierre a pris le dictionnaire
de Marcel, monsieur.
Le Professeur Montre-le-moi.
Qu'est-ce que c'est que ce nom?
Ah oui, c'est le nom de Marcel.
Pierre, pourquoi l'as-tu pris?
Pierre J'ai perdu le mien, mon-
sieur, et j'ai emprunté le sien
pour cette leçon.
Le Professeur Très bien.
Commençons la leçon. Qui peut
me dire à quelle page nous
devons commencer?

Lesson 18

A je finissais, ils mangeaient, elle
lisait, vous faisiez, il écrivait, je
commençais, ils prenaient, elle
buvait, vous disiez, je connaissais.
B finissant, étant, en lisant,
sachant, écrivant, en disant, après
avoir vu, avant d'arriver, étant
arrivé, assis, couché, sans regarder,
je l'entends chanter, une histoire
amusante, il a rencontré des
hommes qui couraient.
C nous rions, est-ce qu'il rit?, il
conduit une voiture, nous l'y conduisons, je porte mes lettres à la
poste.
D Quand j'étais à l'école notre professeur de français était très distrait. Il s'appelait Lerouge, et
c'était un petit homme maigre qui
avait une soixantaine d'années. Il
avait les cheveux blancs et de très

grandes lunettes.

Il se mettait très en colère
lorsque nous bavardions pendant
ses leçons, et quelquefois il jetait
un livre à (la tête d') un élève qui
ne travaillait pas.

Un jour le directeur l'a invité à
passer la soirée chez lui, pour
jouer aux cartes.

En arrivant, le vieux Lerouge,
qui ne jouait pas bien, s'est assis
dans un coin du salon en espérant
regarder les autres jouer.
Cependant son hôte l'a vu et lui a
demandé d'aller chercher des
cartes dans une autre pièce.

Après une demi-heure, comme il
ne revenait pas, le directeur est allé
voir où il était. Il l'a trouvé endormi dans une des chambres.

Le pauvre Lerouge était si
distrait qu'il avait oublié les cartes,
et pensait qu'il était chez lui.
E Ma tante Marthe a toujours été
une personne très impulsive et
autoritaire (*bossy*). Quand nous
étions petits, mon cousin Jean-Luc
et moi, nous avons un jour essayé
de fumer la pipe de son père.

Le soir même, Jean-Luc était
malade. Il avait mal à la tête et
avait mal au cœur (*felt sick*). Sa
mère voulait appeler une ambu-
lance pour l'emmener à l'hôpital,
aussi a-t-il vite avoué (*owned up*)
que c'était parce qu'il avait fumé la
pipe qu'il était malade. Ma tante
Marthe s'est alors tournée vers son
mari qui fumait paisiblement en
lisant son journal, et elle lui a
arraché la pipe de la bouche et l'a

jetée par la fenêtre en criant:
'Henri, je t'ai dit et répété que
fumer la pipe c'est mauvais pour la
santé. A partir (*from*)
d'aujourd'hui je ne veux plus la
voir dans la maison.'

Et c'est depuis ce jour-là que
mon pauvre oncle Henri ne fume
sa pipe que lorsqu'il sort avec son
chien.

Lesson 19

A 1 Il n'a pas d'argent. 2 Je
ne l'ai jamais vu à Paris. 3 Nous
n'avons que 20.000 francs
aujourd'hui. 4 Elle n'achète ni
fleurs ni légumes. 5 Ils n'ont
trouvé aucune lettre. 6 Il ne
leur parle guère. 7 Je n'ai rencontré personne. 8 Je ne l'aime
point. 9 Nous n'avons rien
trouvé. 10 Ne l'entendez-vous
plus?

B 1 Je ne vais jamais. 2 Il ne
lit plus. 3 Nous n'avons que 10
francs. 4 Ils ne font rien. 5
Personne ne vient ici. 6 Je ne le
connais guère. 7 Il n'a pas de
livres. 8 Rien n'est perdu. 9
Je n'ai jamais vu. 10 Il n'a rencontré personne. 11 C'est
mieux de (*or* Mieux vaut) ne pas
parler. 12 Ils n'ont ni stylo ni
crayon. 13 Je n'ai jamais perdu.
14 Il ne peut pas sortir. 15
Que voyez-vous? Rien. 16 Qui
l'a vendu? Personne. 17 Qui
veut partir? Pas lui. 18 Ni moi
non plus. 19 Viens avec nous,
pas avec lui. 20 Non loin de la
ville il y avait un château. 21 Il
ne vient à Paris que le lundi. 22

Ça ne fait rien. 23 Personne
n'était ici. 24 Je n'achète jamais
rien. 25 Pas du tout.

C Un jeune paysan, qui habitait un
village isolé où il y avait très peu de
voitures, est allé à Paris passer
quelques semaines avec son oncle,
qui avait un petit café.

Quand il est arrivé à la gare il n'a
trouvé ni son oncle ni sa tante sur
le quai. Il a cherché partout, mais
en vain. Personne ne l'attendait. Il
n'avait jamais visité Paris et ayant
peur de se perdre dans la grande
ville, il a pris un taxi et a donné
l'adresse de son oncle au chauffeur.

Le taxi roulait si vite que le
paysan avait peur, et le chauffeur
n'a évité un autobus qu'en mon-
tant sur le trottoir.

Le paysan, très étonné, a crié au
chauffeur: 'Faites attention! C'est
la première fois que je voyage en
taxi.' 'Monsieur,' a répliqué le
chauffeur en souriant, 'c'est la première fois que j'en conduis un.'

D Le chien intelligent

Un jour, un paysan a pris le train
pour aller à la ville voisine. Il a
choisi un compartiment-fumeurs
afin de pouvoir fumer sa pipe pendant le voyage. Il s'est assis en face
d'une vieille dame, qui avait l'air
de mauvaise humeur, et de son
petit chien qui aboyait sans cesse.

La dame ne voulait pas qu'il
fume et le lui a dit. Comme le
paysan continuait de fumer, la
vieille dame est devenue toute
rouge de colère et au bout d'un

moment elle a arraché la pipe de la bouche du paysan et l'a jetée par la fenêtre. Le petit chien aboyait toujours. Alors, pour se venger, le paysan l'a attrapé et l'a mis derrière la porte du compartiment en disant: 'Toi, va chercher ma pipe.' La vieille dame a poussé un cri d'horreur, et allait donner un coup de parapluie au paysan, mais, à ce moment, elle entendait le chien aboyer. Alors, elle lui a ouvert la porte.

A leur grand étonnement, il tenait une pipe entre les dents.

Revision

(Lessons 16 – 19)

A (a) il conduit, nous conduisons, je ris, ils rient, croyez-vous? elle ne croit pas, ils croient, je dois, nous devons, ils doivent

(b) elle est arrivée, ils sont venus, nous nous sommes levés, elle s'est assise, ils se sont parlé

(c) j'écrivais, il mangeait, vous lisiez, nous faisions, elle commençait

(d) finissant, ayant, écrivant, lisant, faisant

B 1 Qui est arrivé? Qu'a-t-il apporté? 2 Qui avez-vous vu? A qui parliez-vous? 3 Qu'est-ce que c'est que ça? De quoi parlez-vous? 4 A qui sont ces livres? Ils sont à moi. 5 Voici notre voiture. La vôtre est plus grande.

C 1 Il ne nous donne jamais rien. 2 Personne ne pourra les trouver. 3 Je lui ai dit de ne pas y aller. 4 Elle ne porte ni gants ni chapeau. 5 Nous n'avons

sonné qu'une fois. Il n'y avait pas de réponse.

D 1 'Nous nous sommes levés à sept heures et demie,' dit-il, 'et nous y sommes arrivés avant neuf heures.' 2 'En arrivant au café nous avons rencontré nos amis, qui nous attendaient,' a-t-elle expliqué. 3 Il a écrit quelques lettres, puis il est allé se coucher, parce qu'il était fatigué. 4 Ils allaient au bord de la mer tous les étés, et ils se baignaient souvent. 5 Ce soir-là, assis sur la barrière, le vieux Pierre regardait les voitures passer.

E Composition

A la foire agricole du département, Jules Piquette, le marchand de vins de Trifouilly-les-Oies, a gagné un voyage organisé de trois jours à Paris.

Le séjour comportait une visite au musée du Louvre et une soirée à l'Opéra.

Jules trouvait que le musée du Louvre était très fatiguant et que La Joconde (*Mona Lisa*) n'était pas aussi belle fille que Brigitte Bardot. Mais il était très content d'aller à l'Opéra. Ce soir-là on donnait *Rigoletto*.

Il s'est installé à son aise, après avoir enlevé son veston (*jacket*) et dénoué sa cravate (*undone his tie*), et a attendu.

Jules est devenu complètement immergé dans l'action, et lorsque Rigoletto, un tout petit italien, devait faire des efforts énormes pour traîner le sac dans lequel se trouvait 'sa fille', une prima donna allemande pesant au moins quatre-vings kilos, Jules, plein de sympa-thie, n'a pu s'empêcher de crier à tue-tête (*as loud as he could*) 'Fais deux tours, mon vieux. C'est trop lourd pour toi tout seul.'

Tout la salle a éclaté de rire (*burst out laughing*) et s'est mis à applaudir. Jules était un peu sur-pris mais très heureux de son suc-cès à l'Opéra.

Lesson 20

A j'irais, nous irions; j'aurais, nous aurions; je courrais, nous cour-rions; je serais, nous serions; je ferais, nous ferions; je mourrais, nous mourrions; je pourrais, nous pourrions; je viendrais, nous vien-drions; je verrais, nous verrions; je voudrais, nous voudrions.

B 1 J'aimerais aller avec lui. 2 Il a dit qu'il irait. 3 Il a dit qu'il irait quand ils arriveraient. 4 Il y allait souvent l'année dernière. 5 Elle était en colère, et ne voulait pas partir. 6 Voudriez-vous fermer la porte, s'il vous plaît? 7 Je me demandais si vous vien-driez. 8 S'il venait je serais con-tent(e). 9 S'il vient demain, je le verrai. 10 Je ne sais pas s'il viendra.

C M. Dubois Qu'est-ce que vous voulez faire cet après-midi, les enfants?

Marie Nous aimerions aller en voiture à Talmont pour voir les coureurs du Tour de France. C'est la première étape aujourd'hui. Maurice a dit qu'ils passeraient par Talmont. Ce serait intéressant de les voir.

M. Dubois O.K., mais demandez à votre mère si elle aimerait venir avec nous.

Pierre Maman a dit ce matin qu'elle viendrait s'il faisait beau.

M. Dubois Alors ça va. La météo a dit qu'il ferait beau.

Pierre Maurice a dit que si nous arrivions là-bas avant deux heures, nous pourrions voir tous les coureurs passer et ça serait très bien. Je verrais mon ami René. Je suis sûr qu'il serait con-tent si j'étais là pour l'encour-ager.

D Plus tard j'aimerais être archéo-logue. Depuis mon enfance j'ai toujours aimé gratter et creuser la terre à la recherche (*in search*) de fossiles ou de coquillages (*shells*). J'aimerais découvrir (*discover*) des objets qui ont servi (*have been used*) à (*by*) des gens ordinaires comme vous et moi, qui ont vécu des cen-taines d'années, quelquefois des milliers d'années, avant nous. J'aimerais savoir comment ils vivaient dans leurs maisons, com-ment ils élevaient (*brought up*) leurs enfants, comment leurs femmes faisaient la cuisine. Ce ne sont pas les sites de grandes batailles qui m'intéressent, mais la vie quotidienne et domestique. Et puis quand on est archéologue on peut travailler au grand air pen-dant tous les mois d'été et moi je n'aime pas du tout vivre enfermé entre quatre murs à longueur d'années (*year after year*).

Lesson 21

A 1 à; 2 de; 3 de; 4 à; 5 à; 6 de; 7 de; 8 de; 9 à; 10 d'

B 1 Nous allons trouver nos amis. 2 Il finit par le vendre. 3 Donnez-moi quelque chose à boire. 4 Elle s'est assise pour lire un livre. 5 Je l'entends chanter. 6 Ils étaient contents de nous voir. 7 Nous sommes prêts à commencer. 8 Elle envoie chercher le docteur. 9 Je lui ai fait porter le fusil. 10 Il n'a pas le temps d'écrire.

C Quand Monsieur Dubonnet était prêt à partir sa femme lui a dit: 'Je serais très contente d'avoir quelques lapins, parce que j'ai invité plusieurs amis à dîner ce soir et je veux leur préparer un bon repas.'

Son mari a promis d'en rapporter un ou deux et il a essayé toute la journée de tuer quelque chose, mais il n'a pas réussi à trouver quoi que ce soit.

Il a dit à son ami Duval, en revenant de leur expédition de chasse, que sa femme serait très fâchée.

'Pourquoi n'achètes-tu pas quelques lapins à la ferme là-bas?' a dit Duval.

'C'est une bonne idée,' a répliqué Dubonnet. 'J'aimerais bien rapporter quelque chose. Je vais aller frapper à la porte pour demander au fermier de m'en vendre un.'

Il est allé frapper à la porte mais personne n'a répondu. Il se demandait s'il devrait frapper une autre fois quand un chien à l'air féroce est apparu et commençait à aboyer, alors il se sont enfuis à toute vitesse.

Quand Dubonnet est enfin rentré chez lui, sa femme lui a dit d'aller acheter quelque chose à manger chez le boucher.

D Madame Pinsec détestait voir son mari partir tous les dimanches matins à la chasse au lapin dans les bois du voisinage (*neighbourhood*). Elle adorait les lapins vivants et ne pouvait pas regarder un lapin mort sans s'évanouir.

Un jour, elle a acheté un gros lapin en plastique. Le dimanche suivant quand son mari était parti à la chasse, elle a attaché le lapin à une ficelle (*string*) derrière un arbre et elle est allée se cacher un peu plus loin avec l'autre bout de la ficelle. Quand elle tirait sur la ficelle le lapin montrait ses oreilles derrière l'arbre.

Un peu plus tard son mari sur le chemin du retour passait devant l'arbre et, voyant les oreilles du lapin, il a tiré. Mais, un instant après, les oreilles ont réapparu. Il a tiré de nouveau, et ainsi de suite pendant une demi-heure. Il était si furieux, frustré et épuisé qu'il jurait de ne plus jamais retourner à la chasse.

Lesson 22

A il avait donné, il aura donné, il aurait donné; ils étaient arrivés, ils seront arrivé, ils seraient arrivés;

elle sera sortie, vous auriez lu, j'étais allé me coucher, ils se seront levés.

B 1 Il était souvent venu à Londres et je l'avais admiré. 2 Dès que la voiture s'était arrêtée, il est sorti. 3 Elle avait appris le français pendant deux ans. 4 Quand ils étaient arrivés, il a fermé la porte. 5 Ils venaient de sortir quand Pierre est apparu. 6 A peine avais-je parlé lorsque Marie entrait. 7 Nous l'aurons bientôt oublié. 8 Il vous téléphonera quand il aura fini son travail. 9 Si j'avais su, je vous aurais écrit. 10 Elle a dit qu'elle viendrait dès qu'elle serait habillée.

C elle est aimée (on l'aime), il a été saisi (on l'a saisi), je serai attrapé, il a été tué, on nous a dit, ici on parle anglais, on vend du thé, elle s'appelle Marie, il était aimé de ses soldats, j'étais attaqué par un lion; nous devons partir, je devrai partir, vous auriez dû partir, vous devriez partir, il a dû courir.

D Un anglais, qui malheureusement avait épousé une femme qui avait très mauvais caractère, a acheté une ferme en Afrique.

La ferme était très isolée et il y avait beaucoup de lions dans cette région, aussi portait-il toujours un fusil lorsqu'il travaillait dans les champs.

Un jour le fermier venait de partir aux champs quand un ami, qui était venu pour le trouver, était très étonné de voir un énorme lion entrer dans la maison du fermier dont la porte était ouverte.

Cet ami, remarquant le fermier au loin, l'a immédiatement suivi et lui a raconté ce qu'il avait vu. 'Vous devriez faire demi-tour tout de suite,' a-t-il crié, 'si vous voulez sauver votre femme.' Le fermier cependant ne semblait pas s'alarmer. 'Je retournerai chez moi quand j'aurai fini mon travail. C'est le lion qui va perdre la vie,' a-t-il répliqué en souriant. 'S'il entre dans la cuisine, où ma femme prépare le déjeuner, elle le tuera certainement. Le pauvre animal aurait dû choisir une autre maison.'

E Voici une histoire d'animal que j'ai entendue à la radio. C'est une histoire belge, c'est-à-dire l'équivalent d'une histoire irlandaise pour les Anglais.

Il y avait cet homme d'affaires belge qui allait passer des vacances-safari au Kénya. Il adorait chasser le gros gibier (*big game*) parce qu'il était gros lui-même et que pour lui 'gros, c'est beau'.

Alors voilà notre Belge à la chasse au lion. Il s'éloigne seul, le fusil à la main, sans peur. Mais tout d'un coup il se trouve nez à nez avec un énorme lion à l'air terrible. Il ne peut pas tirer, il est trop près. Alors il regarde le lion dans le blanc des yeux fixement sans baisser les yeux. Peu à peu le lion commence à fermer les siens très lentement: il est hypnotisé par la force de caractère du Belge. Alors quand le lion a complètement fermé les yeux, l'homme fait demi-tour et prend la fuite à toute vitesse avant que le lion rouvre (*opens again*) les yeux.

Paraît-il (*they say*) que c'est un truc (*trick*) très connu en Belgique et qu'il réussit à tous les coups (*works every time*).

Lesson 23

A 1 chez; 2 du; 3 dans; 4 au; 5 d'; 6 à; 7 à; 8 au; 9 à; 10 à; 11 de; 12 au; 13 aux; 14 à; 15 à.
B 1 Nous écouterons la musique. 2 Elle regardait par la fenêtre. 3 Le voyageur a demandé un billet. 4 L'élève lit un livre. 5 Mon oncle a payé le dîner. 6 Vous devez attendre un bus. 7 Mes sœurs rient de moi. 8 Le voleur l'a dérobé (*or* volé) au marchand. 9 Je buvais dans une tasse. 10 Le professeur enseigne l'anglais à Marcel.
C Un soir, au siècle dernier, quelques jours avant Noël, un voyageur est entré dans une auberge. Dehors le sol était couvert de neige.

Le nouveau venu cherchait une place près du feu, mais personne n'a bougé pour lui faire place.

Quand l'aubergiste lui a demandé ce qu'il voulait le voyageur lui a répondu à haute voix: 'Apportez-moi une bouteille de vin, s'il vous plaît, et portez une douzaine d'huîtres à l'écurie pour mon cheval.'

L'aubergiste l'a regardé avec étonnement et a hésité un moment.

'Dépêchez-vous, il a très faim, et il les attend,' lui a dit le voyageur.

Tous les paysans se sont levés immédiatement et ont suivi l'aubergiste pour voir cet animal remarquable.

Alors, l'étranger s'est approché du feu et après avoir choisi la meilleure place, il s'est assis pour se chauffer.

Au bout de quelques minutes tout le monde était revenu, et l'aubergiste a dit: 'Monsieur, votre cheval ne veut pas manger les huîtres.'

'C'est dommage,' a répliqué le voyageur en riant. 'Comme je les ai payées, je vais les manger moi-même, alors.'
D L'autre jour un ami africain m'a parlé des hippopotames de son pays. Les dames hippos, m'a-t-il dit, vivent ensemble avec leurs petits sur une île de sable au milieu du Niger. Les enfants grandissent ensemble et au cours des jeux des amitiés se nouent entre garçons et filles hippos. A un certain âge les garçons sont mis à la porte (*thrown out*) par leurs mères et ils vont rejoindre les pères dans le fleuve.

Quand, devenu adulte, Monsieur Hippo désire prendre femme, il sort du fleuve, grimpe sur l'île et immédiatement, pour ne pas effrayer ces dames, il se couche sur le sable en signe de soumission. Alors il commence à regarder dans les yeux celle qu'il a choisi et il lui fait des clins d'œil pendant une heure ou deux. Puis il retourne se reposer dans le fleuve.

Le soir venu, il ressort de l'eau et va s'installer sur son territoire qu'il a bien délimité et là il attend sa belle qui vient l'y retrouver.

Faire la cour à la mode hippo, c'est peut-être moins spectaculaire que la danse des gazelles, mais que voulez-vous, quand on pèse quarante tonnes il n'y a pas trente-six façons d'être romantique sans perdre sa dignité!

Lesson 24

A environ 32, vers 9 heures, devant le château, avant minuit, en voiture, dans sa voiture, à la campagne, dans une heure, aux yeux bleus, au-dessus du mur, les mains dans les poches, j'irai pour 3 jours, je suis ici depuis 3 jours, il attendait pendant une heure, on l'a fait en une heure, lundi, un beau jour, en avril, en été, le soir **B** la même maison, ils ont même crié, il a fait la même chose, tous les hommes, elle est toute pâle, quelques stylos, il y en a quelques-unes ici, chaque chaise, chacune d'elles, un tel animal, un animal si grand, tous les deux, quelqu'un, en même temps, trois fois **C** en 1815, sous le règne de Louis XVI, une bouteille de vin, couverte de fumée, une douzaine d'hommes, à quelques kilomètres, il grimpe dans un arbre, tout droit, de la tête aux pieds, de temps en temps **D** Il y a quelques années M. Dubois et sa famille passaient leurs vacances d'été à Fleury, un petit port près de Boulogne.

Un soir, Pierre et sa sœur ont décidé d'aller faire une promenade jusqu'à l'église du village, qui se trouvait au sommet des falaises.

Quand ils y sont arrivés, ils se sont assis pour se reposer sur le mur du cimetière. Il était presque dix heures et il commençait à faire nuit.

'J'espère qu'on ne va pas voir de fantômes,' dit Marie. Au même moment, ils ont entendu un bruit dans les buissons derrière les tombes.

'Il y a certainement quelque chose ou quelqu'un par là,' a dit Pierre, en ramassant un caillou. Il l'a jeté de toutes ses forces vers les buissons et une forme grise en est sortie. Marie est devenue toute pâle et ils sont restés tous les deux immobiles.

A chaque pas le fantôme s'approchait d'eux. 'J'ai peur. Courons,' a crié Marie.

Soudain la lune s'est montrée entre les nuages, éclairant le fantôme qui s'était mis à braire. Ce n'était qu'un âne.

E Avant d'arriver à mon village, près de la route s'élève une magnifique petite chapelle, isolée sur la lande (*moor*). A la nuit tombée un soir de tempête, l'endroit est solitaire et prend un air tragique.

Un vieux maçon m'a raconté comment son grand-père a vu de vrais fantômes dans la petite chapelle.

On savait bien dans le pays que la nuit, parfois, on voyait de la lumière dans la chapelle et on entendait chanter. On y avait même vu des gens qui priaient, et un curé (*priest*) qui disait la messe (*mass*), mais ce n'était ni le curé ni les gens du village.

Un soir de grande tempête, le grand-père du maçon revenait au village si trempé (*drenched*), si fatigué, qu'il est entré dans la chapelle pour s'abriter (*to take shelter*). A sa grande surprise toutes les bougies (*candles*) étaient allumées et le curé disait la messe, mais il n'y avait personne pour la répondre. Alors le grand-père du maçon, qui était un jeune homme à l'époque, a répondu la messe, en tremblant de peur car le curé et tous les assistants n'avaient pas de visage. C'étaient des âmes damnées (*damned souls*)! Elles avaient été condamnées à venir à cette messe jusqu'à ce qu'un vivant (*living person*) vienne (*came*) y répondre. Depuis ce soir-là personne n'a plus jamais vu de lumière ni a entendu des chants venir de la chapelle les soirs de tempête.

Revision

(Lessons 20 – 24)

A (a) Je vendrais, il verrait, ils viendraient, nous serions, elle aurait, ils iraient, vous pourriez, je ferais, il faudrait, ils courraient.

(b) J'avais vu, nous étions venus, ils s'étaient assis, à peine avais-je parlé, nous aurons fini, il sera sorti, ils seront allés se coucher, il aurait fini, je serais resté, ils se seraient cachés.

(c) Il doit aller, je devais aller, ils devaient aller, j'aurais dû aller, elle devra aller.

B (a) 1 Je lui ai dit d'aller. 2 Nous les avons invités à venir. 3 Elle espère se baigner. 4 Ils essayent de courir. 5 Vous avez promis de chanter. 6 Elle commencera (se mettra) à pleurer. 7 Ils ont oublié d'écrire. 8 Nous irons nous asseoir. 9 Je suis content(e) de vous voir. 10 Il voulait quelque chose à manger.

(b) 1 J'achète des œufs au fermier. 2 Il buvait dans un verre. 3 Ils ont montré le chemin au voyageur. 4 Elle vous remercie de votre lettre. 5 Nous paierons pour le dîner. 6 J'empruntais des livres à mes amis. 7 Il regarde par la fenêtre. 8 Elle ressemblait à sa mère. 9 Nous utilisons un couteau. 10 Ils écouteront la chanson.

C 1 Avez-vous un livre sur les chiens? 2 Nous irons là-bas pour trois jours. 3 Il a sauté par-dessus le mur. 4 Voici une vieille dame aux cheveux blancs. 5 Chaque maison a son jardin; chacune a un garage. 6 Voici quelques pommes: quelques-unes sont mauvaises. 7 Elles avaient les mêmes robes. 8 Même s'il vient. 9 Il a une si grande maison. 10 Je n'ai jamais vu un tel arbre.

D Un vieux capitaine excentrique a rapporté un jour d'un de ses lointains voyages un perroquet extraordinaire. Il l'a si bien dressé que l'oiseau avait appris à s'exprimer en longues phrases suivant la situation. Un petit discours aimable pour accueillir un ami du capitaine, un autre avec une voix terrible pour effrayer les gamins du voisinage, etc . . .

Un jour le capitaine, qui vieillissait, a oublié de refermer la cage du perroquet. Celui-ci a remarqué la chose immédiatement. Il a attendu que le capitaine eût quitté la pièce, puis il a poussé la porte de la cage et est sorti. A petits coups d'aile il s'est dirigé vers la fenêtre ouverte. Une fois là il a pris son envol et d'un trait s'est dirigé vers les bois de l'autre côté de la rivière.

Ivre de liberté, il sautait bruyamment de branche en branche, si bien qu'il a attiré l'attention d'un paysan qui revenait de la chasse.

Le paysan pensait qu'un perroquet empaillé (*stuffed*) serait un bel ornement dans sa maison et que sa femme serait enchantée de recevoir un tel cadeau. Il a levé alors son fusil, a épaulé . . . mais au moment de tirer, le perroquet a tonné (*thundered*) d'une voix majestueuse et tragique: 'Mon fils, je suis l'âme de ta grand-mère. Quand ton heure sera venue, tu deviendras ce que je suis, ainsi que . . .'

Le paysan terrifié n'a pas attendu d'entendre la suite. Il s'est sauvé à toutes jambes et ne s'est arrêté de courir qu'une fois rentré chez lui, après avoir fermé ses portes à double tour, et s'être versé un grand verre d'armagnac.

French–English vocabulary

For days, months, and seasons, see Lesson 9. For countries, inhabitants, etc., see Lesson 10.

à *to, at*

aboyer *to bark*

acheter *to buy*

adieu *good-bye, farewell;*
  faire ses adieux *to say good-bye*

adorer *to adore, worship*

s'adresser à *to address oneself to, speak to*

une affaire *affair, deal, matter;*
  les affaires *business*

afin de *in order to*

affreux *awful, frightful*

un âge *age*

âgé *aged, old*

s'agenouiller *to kneel (down)*

agiter *to move quickly, agitate; to wave;* **s'agiter** *to be troubled*

agréable *pleasant, agreeable*

agricole *agricultural*

aider *to help*

aigu *pointed, sharp; shrill*

une aile *wing*

aimer *to like, love*

aîné *elder, eldest*

ainsi *thus, so;* **ainsi que** *even as*

un air *air, look;* **en plein air** *in the open (air);* **avoir l'air (de)** *to seem (to)*

ajouter *to add*

aller *to go;* **s'en aller** *to go away*

allons! *come now! come on!*

allumer *to light*

alors *then*

amener *to bring*

un ami *friend*

amuser *to amuse;* **s'amuser** *to enjoy oneself*

un an *year*

ancien *old, former*

un âne *donkey, ass*

anglais *English*

l'Angleterre (f.) *England*

une année *year*

annoncer *to announce*

apercevoir *to perceive, catch sight of*

apparaître *to appear*

un appartement *flat, suite*

appartenir *to belong*

appeler *to call;* **s'appeler** *to be called (named)*

apporter *to bring*

apprendre *to learn; to hear*

s'approcher (de) *to approach, go up to*

après *after*

un après-midi *afternoon*

un arbre *tree*

l'argent (m) *silver; money*

une armoire *wardrobe*

arracher *to snatch, pull up, tear out*

arrêter *to stop, arrest;* **s'arrêter** *to stop*

en arrière *back(wards)*

une arrivée *arrival*

arriver *to arrive, come (along); to happen*

articuler *to articulate, pronounce*

s'asseoir *to sit down*

assez *enough, sufficiently; fairly, rather*

assis *seated, sitting*

assister (à) *to be present (at), to witness*

atteindre *to attain, reach*

attendre *to await, wait for, expect*

une attente *wait*

faire attention *to be careful, to pay attention*

attentivement *attentively, closely*

attraper *to catch*

attristé *saddened*

une auberge *inn*

aucun (+ ne) *no, none*

au-dessus (de) *above*

aujourd'hui *today*

aussi *also, too*

aussitôt *at once, immediately*

autant *as much*

autour de *round*

autre *other*

s'avancer *to advance, go (come) forward*

avant *before;* **en avant** *forward, in front;* **avant que** (+ subj.) *before*

avec *with*

une aventure *adventure*

avoir *to have*

se baigner *to bathe, dip*

le balai *broom*

le banc *bench, seat*

la barque *(sailing-) boat*

bas (adj.), *low;* (adv.) *quietly*

battre *to beat;* **se battre** *to fight*

beau (f. **belle**) *beautiful, fine, handsome, nice*

beaucoup *(very) much, a great deal*

la besogne *task, job*

le besoin *need;* **avoir besoin** *to need*

la bête *creature, animal, beast*

bête *stupid, dull-witted*

le beurre *butter*

bien *well, very, certainly, duly;* **eh bien!** *well!*

bientôt *soon, presently*

le billet *ticket*

blanc (f. **blanche**) *white*

le blé *corn, wheat*

blesser *to injure, wound*

bleu *blue*

le bœuf *ox, beef*

boire *to drink*

le bois *wood*

la boîte *box*

bon (f. **bonne**) *good, kind, right*

le bond *bound*

bondir *to leap*

la bonne *maid*

le bord *side, edge, brim, shore*

border *to border, line*

la bouche *mouth, lips*

le boulevard *boulevard*

la bourse *purse*

le bout *end*

la bouteille *bottle*

la boutique *shop*

le bras *arm*

la Bretagne *Brittany*

briller *to shine, show bright*

se briser *to break*

le brouillard *fog, mist*

brouillé *uncertain, not clear*

le **bruit** *noise*
brûler *to burn*
la **brume** *mist*
brusquement *quickly, sharply*
le **buffet** *sideboard*
le **buisson** *bush*
le **bureau** *office, study*

ça *that*
le **cabinet** *study, consulting-room*
cacher *to hide*
le **cadeau** *present*
le **café** *coffee*
le **campagne** *country (-side)*
le **canapé** *sofa, settee*
le **canard** *duck*
la **canne** *walking-stick*
car *for, because*
la **carte** *map, card*
la **casquette** *(cloth) cap*
casser *to break (down)*
à **cause de** *because of*
causer *to talk, chat*
celle *she; that; the one*
celui *he; that; the one;*
  celui-ci *this one, the latter*
cependant *yet, however*
cesser *to cease, stop*
ceux *these, those;*
  ceux-ci *these, the latter*
chacun *each one, each person*
la **chaise** *chair*
la **chambre (à coucher)** *bedroom*
le **champ** *field*
la **chanson** *song*
chanter *to sing, carol; to chirp*
le **chapeau** *hat*
chaque *each*
charmant *charming, delightful*
chasser *to hunt, shoot; to drive away*
le **chasseur** *hunter*

le **château** *castle*
chaud *warm*
la **chaussure** *shoe*
le **chef** *chief, head, leader*
le **chemin** *road, way, lane;*
  le **chemin de fer** *railway*
la **cheminée** *chimney, fireplace, hearth*
le **chêne** *oak*
cher (f. **chère**) *dear*
chercher *to seek, look for, get;* **aller chercher** *to fetch*
le **cheval** *horse*
chez *at the house of;* **chez moi** *at my house, at home*
le **chien** *dog*
choisir *to choose*
la **chose** *thing*
le **chou** *cabbage, darling, pet*
le **ciel** (pl. les **cieux**) *sky, heaven*
la **circulation** *traffic*
les **ciseaux** (m) *scissors*
clair *clear, light*
la **classe** *class*
le **clocher** *steeple, church tower*
le **coin** *corner*
la **colère** *anger, rage*
la **colline** *hill*
combien *how much (many)?*
comme *as, like, how*
comment? *how?*
le **compagnon** *companion*
comprendre *to understand*
le **comté** *county*
le **concierge** *caretaker*
conduire *to conduct, lead, drive, take, guide*
le **congé** *holiday*
connaître *to know*
conserver *keep*
content *pleased, glad, satisfied*

contre *against; by*

le contrebandier *smuggler*

la corde *rope*

le corps *body*

le côté *side;* à côté de *beside, next to, close to, by;* de tous côtés *in all directions*

coucher *to lie, to sleep;* se coucher *to go to bed*

couler *to flow*

la couleur *colour*

le coup *stroke, blow; shot;* tout à coup *suddenly*

couper *to cut*

la cour *court; yard*

courbé *bent*

courir *to run, hasten*

court *short*

le couteau *knife*

coûter *to cost*

la cravate *tie*

creuser *to dig*

le cri *cry, shout*

crier *to call (out), cry, shout, yell, scream*

croire *to think, believe;* croire à *to believe in*

la cuisine *kitchen*

cultiver *to cultivate, grow*

le cygne *swan*

d'abord *first (of all)*

la dame *lady*

dans *in, into*

debout *upright, standing, stand up!*

découvrir *to discover, uncover*

défendre *to defend; to forbid*

dehors *outside*

déjà *already*

déjeuner *to have lunch;* le déjeuner *lunch;* le petit déjeuner *breakfast*

demain *tomorrow*

demander *to ask (for);* se demander *to wonder*

demi *half*

la dent *tooth*

le départ *departure*

depuis *since*

déranger *to trouble, disturb; to shift*

dernier *last*

derrière *behind*

descendre *to get down, get out*

devant *in front of*

devenir *to become*

devoir *to owe; to have to, must*

le devoir *duty;* les devoirs *(school) homework*

dicter *to dictate*

Dieu *God;* mon Dieu! *gracious me!*

difficile *difficult*

dîner *to dine;* le dîner *dinner*

dire *to say, tell*

le directeur *manager; (school) headmaster;* P.D.G. (Président Directeur Général) *managing director*

se diriger vers *to make for, go towards*

disparaître *to disappear*

le doigt *finger; claw*

le domestique *servant*

donc *therefore, so, then*

donner *to give*

dont *whose, of which*

dormir *to sleep*

le dos *back*

le douanier *customs officer*

doucement *gently, softly*

doux (f. douce) *sweet, gentle, soft, quiet*

droit *right*

dur *hard*

durer *to last*

l'eau (f.) *water*
(s') échapper *to escape*
éclairer *to light (up), illuminate*
éclater *to burst*
une école *school*
écouter *to listen (to)*
s'écrier *to exclaim, call out*
écrire *to write*
une écurie *stable*
s'effondrer *to collapse, to give way*
une église *church*
s'élancer *to rush, dash*
s'élever *to rise (buldings, etc.)*
embrasser *to embrace, kiss*
emmener *to take (away), lead (away)*
empêcher *to stop, prevent*
un emploi *job; use*
un employé *employee, clerk*
emporter *to carry (take) away; to carry along*
en *in*
encore *yet, again, still, further*
s'endormir *to go to sleep*
un endroit *place, spot*
un(e) enfant *child*
enfin *finally, at last*
énorme *huge*
enseigner *to teach*
ensemble *together*
ensuite *then, afterwards*
entendre *to hear*
entourer *to surround*
entre *between*
l'entrée (f.) *hall*
entrer *to enter, come in, go in*
environ *about*
envoyer *to send*
épais (f. **épaisse**) *thick*
une épaule *shoulder*
un épicier *grocer*
une époque *time*

épuisé *exhausted, tired out*
un équilibre *balance*
un escalier *staircase, stairs*
une espèce *kind, sort*
espérer *to hope*
essayer (de) *to try (to)*
une étable *(cow-) shed*
un étage *floor, storey*
l'été (m.) *summer*
l'étonnement (m.) *astonishment, surprise*
étonner *to surprise, astonish;* **s'étonner** *to be surprised (astonished)*
étrange *strange*
un étranger *stranger, foreigner*
être *to be*
étroit *narrow*
étudier *to study*
examiner *to examine, inspect*
excepté; à l'exception de *excepting, with the exception of*
expliquer *to explain*
extérieur *external, outside*

en face *opposite, facing, right in front*
fâché *annoyed*
facile *easy*
le facteur *postman*
la faim *hunger*
faire *to make, do*
la falaise *cliff*
falloir *to be necessary*
farouche *wild, untamed*
fatigué *tired, weary*
le fauteuil *arm-chair*
faux *false*
la femme *woman, wife;* **la femme de chambre** *maid*
la fenêtre *window*
le fer *iron; steel*

la **ferme** *farm*
fermer *to close, shut*
la **fermière** *farmer's wife*
la **fête** *celebration, festivity, birthday;*
  un **jour de fête** *holiday*
le **feu** *fire*
la **feuille** *leaf*
fidèle *faithful*
fier *proud*
la **figure** *face*
filer *to travel* (cars, etc.)
la **fille** *girl, daughter*
la **fillette** *little girl*
le **fils** *son*
la **fin** *end*
finir *to finish*
la **fleur** *flower;* en **fleurs** *in bloom, in*
  blossom
le **fleuve** *(great) river*
la **foire** *fair*
la **fois** *time;* une **fois** *once*
le **fond** *bottom, far end*
formidable *frightful, formidable;*
  (colloquial) *wonderful*
fort (adj.) *strong;* (adv.) *very loud*
la **foule** *crowd*
frais (f. **fraîche**) *fresh, cool*
frapper *to hit, knock, strike*
le **frère** *brother*
froid *cold;* le **froid** *cold*
la **fumée** *smoke*
fumer *to smoke*
le **fusil** *rifle, gun*

gagner *to earn*
gai *gay*
le **gant** *glove*
le **garçon** *boy; waiter*
garder *to keep, preserve*
la **gare** *station*
gauche *left*

le **gendarme** *policeman*
généralement *generally, usually*
les **gens** *people*
la **glace** *ice; (carriage) window*
glisser *to slide, slip*
la **grange** *barn*
la **grappe** *bunch, cluster*
gravir *to climb* (hill, etc.)
grimper *to climb* (trees, etc.)
gros (f. **grosse**) *big, stout*
guetter *to watch for, look out for*

(Words beginning with **h aspiré**
are marked with an asterisk.)
s'**habiller** *to dress*
habiter *to live (in)*
une **habitude** *habit;* **comme**
  d'habitude *as usual*
la ***haie** *hedge*
le ***hangar** *shed*
le ***hasard** *chance*
en ***hâte** *in haste, hurriedly*
***haut** *high, tall;* en **haut** *above, at*
  the top
l'**herbe** (f.) *grass*
une **heure** *hour, time;* de **bonne**
  heure *early*
heureusement *fortunately*
hier *yesterday*
une **histoire** *story*
l'**hiver** (m.) *winter*
un **homme** *man*
une **horloge** *clock*

ici *here*
une **idée** *idea*
un **imperméable** *raincoat*
une **injure** *insult*
inquiet *anxious*
s'**inquiéter** *to worry*
s'**installer** *to settle oneself, settle down*
un **instant** *instant, moment*

intéressant *interesting*
un invité *guest*
isolé *lonely*

jamais (+une) *never*
la jambe *leg*
le jardin *garden*
jaune *yellow*
jeter *to throw*
le jeu *game*
jeune *young*
joli *pretty*
jouer *to play*
le jour *day, daylight*
le journal *newspaper; diary*
la journée *day*
la jupe *skirt*
jurer *to swear*
jusqu'à *as far as, up to, until*
justement *precisely*

là *there, here*
laisser *to leave, let*
le lait *milk*
le lapin *rabbit*
large *wide, broad*
la leçon *lesson*
léger *light, slight*
le légume *vegetable*
le lendemain *the next day*
lentement *slowly*
lequel (laquelle) *which*
lever *to raise;* **se lever** *to get up*
libre *free*
le lieu *place;* **avoir lieu** *to take place;*
  au lieu de *instead of*
le lit *bed*
le livre *book*
loin *distant, far;* **au loin** *in the*
  distance
long (f. longue) *long;* **le long de**
  along

longtemps *long, a long time*
lorsque *when*
lourd *heavy*
la lumière *light*
la lune *moon*
le lycée *grammar-school*

le magasin *shop*
la main *hand*
maintenant *now*
le maire *mayor*
mais *but*
la maison *house*
mal *badly, ill*
malade *ill*
malgré *in spite of*
malheureusement *unfortunately*
malheureux *unhappy, unfortunate*
maman *mother, 'mummy'*
manger *to eat*
manquer *to lack; to miss; to fail*
le marchand *merchant, dealer,*
  shopkeeper
le marché *market;* **la place du**
  marché *market-place*
marcher *to walk*
le mari *husband*
le marin *sailor* (profession)
le matelot *sailor* (rank)
le matin *morning*
la matinée *morning* (whole)
mauvais *bad, wretched, nasty*
méchant *wicked, nasty*
meilleur *better, best*
même *same, self, very, even*
mener *to take, lead*
la mer *sea*
la mésaventure *misadventure*
mettre *to put, to take* (time);
  se mettre à *to start to*
les meubles (m.) *furniture*

midi *midday, noon*
le mien (la mienne, etc.) *mine*
mieux *better;* **aimer mieux** *to prefer*
le milieu *middle*
mille *(a) thousand*
misérable *miserable, wretched*
la mode *fashion*
moindre *smallest, slightest*
moins *less, least; not so;* **au moins** *at least*
le mois *month*
la moitié *half*
le moment *moment;* **au moment où** *at the moment when, just as*
le monde *world;* **tout le monde** *everybody*
le monsieur *(the) gentleman*
la montagne *mountain, hill*
monter *to rise, mount, go up, get in*
la montre *watch*
montrer *to show*
le morceau *piece, bit, fragment*
mort *dead*
le mot *word*
le mouchoir *handkerchief*
le moulin *mill*
mourir *to die*
le mouton *sheep*
le moyen *means, way*
le mur *wall*
le musée *museum*

nager *to swim*
le navire *ship*
ne . . . plus *no longer;* **ne . . . que** *only*
neiger *to snow*
neuf *new, newly made; nine*
le nez *nose*
Noël *Christmas*
noir *black*

le nom *name*
nouveau (f. **nouvelle**) *new;* **de nouveau** *again, afresh*
la nouvelle *piece of news*
le nuage *cloud*
la nuit *night, dark, darkness*
le numéro *number*

obéir *to obey*
une occasion *opportunity, chance*
occupé *occupied, busy*
un œil (pl. **les yeux**) *eye;* **un coup d'œil** *glance*
un œuf *egg*
offrir *to offer*
un oiseau *bird*
l'ombre (f) *shade, shadow*
l'or (m) *gold*
oser *to dare*
ôter *to take off, take from*
oublier *to forget*
ouvert *open*
ouvrir *to open*

le pain *bread, loaf*
le palais *palace*
le panier *basket*
le papier *paper*
le paquet *parcel, packet*
par *by, through; out of*
paraître *to appear, seem, look*
le pardessus *overcoat*
pareil (f. **pareille**) *such, similar, like*
parler *to talk, speak*
parmi *among*
la parole *word*
la part *share;* **de la part de** *on the part of, from*
partir *to leave, to set off;* **à partir de** *starting from*
partout *everywhere*
le pas *step, footstep, pace*

le passant *passer-by*

passer *to pass; to go by; to spend* (time); **se passer** *to happen, take place*

la patte *foot*

pauvre *poor*

payer *to pay (for)*

le pays *country*

le paysan *peasant*

la peau *skin, hide*

le pêcheur *fisherman*

la peine *difficulty;* **à peine** *hardly, scarcely*

se pencher *to lean forward, bend forward*

pendant *during;* **pendant que** *while*

pendu *hanging*

penser *to think*

le père *father*

permettre *to permit, allow*

le perroquet *parrot*

la personne *person;* **personne + ne** *nobody*

petit *small*

peu *little, few*

la peur *fear;* **avoir peur** *to be afraid*

peut-être *perhaps*

la pièce *room;* **la pièce de monnaie** *coin*

le pied *foot*

la pierre *stone*

le pistolet *pistol*

la place *place; square; room*

la plage *beach*

plaire *to please*

le plat *dish*

plat *flat*

plein *full*

pleurer *to cry, weep*

pleuvoir *to rain*

plier *to bend*

la pluie *rain*

la plume *pen (nib)*

la plupart *most*

plus *most*

plusieurs *several*

le pneu *tyre*

la poche *pocket*

la pointe *point*

le poisson *fish*

la pomme *apple;* **la pomme de terre** *potato*

le pommier *apple-tree*

le pont *bridge;* (of a ship) *deck*

le port *port, harbour*

la porte *door, gate*

la porte-fenêtre *French window*

porter *to carry, bear, wear*

la portière *door* (of a conveyance)

poser *to put, place, stand; to ask* (a question)

possible *possible*

le poulet *chicken*

pour *for; in order to*

pourquoi? *why?*

pousser *to push* (forward); *to utter*

la poussière *dust*

pouvoir *to be able*

précipiter *to throw;* **se précipiter** *to rush*

premier (f. **première**) *first*

prendre *to take*

se préparer à *to prepare for, get ready for*

près (de) *near (to, by);* **de près** *at close quarters;* **à peu près** *almost, nearly*

présenter *to introduce;* **se présenter** *to present oneself*

presque *almost, nearly*

pressé *pressed, in a hurry*

prêt *ready*

prêter *to lend*
prier *to pray (to), beg*
le prix *price*
prochain *next*
la promenade *walk*
se promener *to walk, go about*
propre *own, clean*
le propriétaire *owner*
puis *then, next*
puisque *since*
punir *to punish*

le quai *quay (railway) platform*
quand *when*
quant à *as for*
le quart *quarter*
quelque (adj.) *some*
quelquefois *sometimes*
quelqu'un *somebody*
quitter *to leave*
quoi *what*
quoique *although*

raconter *to relate, tell*
la raison *reason;* **avoir raison** *to be right*
ramasser *to pick up*
se rappeler *to remember*
rapporter *to bring (take) back*
rare *rare*
recevoir *to receive*
se réchauffer *to warm oneself, get warm*
reconnaître *to recognize*
reculer *to recoil, retreat*
le regard *glance*
regarder *to look at, watch; to concern*
le règne *reign*
regretter *to regret, be sorry*
remarquer *to notice*
remercier *to thank*
remplacer *to replace, substitute*

remplir *to fill*
rencontrer *to meet, encounter*
rendre *to render;* **rendre visite (à)** *to call upon*
rentrer *to come (go) in; to go (come) home*
renverser *to overturn, upset*
le repas *meal*
répliquer *to reply*
répondre *to answer, reply*
se reposer *to rest*
rester *to stay, remain*
en retard *late*
le retour *return*
retourner *to return, go back;* **se retourner** *to turn (look) round*
réussir *to succeed*
se réveiller *to waken, wake up*
revenir *to come back, return*
au revoir *good-bye*
le rez-de-chaussée *ground floor*
riant *laughing*
le rideau *curtain*
rien (+ ne) *nothing*
rire *to laugh*
la rive *bank*
la rivière *river*
la robe *dress*
le rocher *rock*
le roi *king*
le roman *novel*
rôti *roast*
la roue *wheel*
rouler *to roll, go along, travel*
la route *(main) road, highway*
la rue *street, road*
la ruisseau *brook*

le sable *sand; gravel*
le sac *bag*
saisir *to seize, grip*

la saison *season*

sale *dirty, filthy*

la salle *(living) room;* la salle à manger *dining-room;* la salle de bain *bathroom*

le salon *lounge*

le sang *blood*

sans *without*

la santé *health*

le sapin *fir (-tree)*

le saut *jump, leap*

sauter *to jump*

sauvage *wild*

sauver *to save;* se sauver *to run away, decamp*

savoir *to know (how)*

sec (f. sèche) *dry*

le sécateur *pruning-shears*

secouer *to shake*

au secours! *help!*

le séjour *stay*

la semaine *week*

sembler *to seem*

le sentier *path, pathway*

sentir *to feel; to smell (of)*

serrer *to grip, clasp;* se serrer la main *to shake hands*

le serveur *waiter*

servir *to serve;* servir de *to serve as;* se servir de *to use, make use of*

seulement *only*

si *if; yes; so* (adv.)

siffler *to whistle*

le sifflet *whistle;* un coup de sifflet *a whistle blast*

le signe *signe;* faire signe *to beckon*

le singe *monkey*

la sœur *sister*

la soif *thirst*

le soir *evening*

la soirée *evening*

le soldat *soldier*

le soleil *sun*

sombre *dark (-coloured)*

le sommeil *sleep*

le sommet *top*

le son *sound, notes, ringing*

sonner *to ring (the bell), ring for*

la sorte *kind, sort*

sortir *to go (come) out; take out*

le sou *penny, copper, small coin*

souffler *to blow*

souffrir *to suffer*

soulever *to raise, lift*

le soulier *shoe*

sourire *to smile;* le sourire *smile*

sous *under, beneath*

soutenir *to hold up, support*

le souvenir *memory, recollection*

souvent *often*

suivant *next, following*

suivre *to follow*

le sujet *subject;* au sujet de *about*

sur *on*

surtout *especially*

le tabac *tobacco;* le bureau de tabac *tobacconist's*

la table *table*

le tableau *picture*

se taire *to be silent, keep quiet*

tant *so much (many)*

la tante *aunt*

le tapis *carpet*

tard *late*

le tas *heap*

tel (f. telle) *such; such and such*

tellement *so, to such a degree*

la tempête *storm*

le temps *time; weather;* en même temps *at the same time;* de temps en temps *from time to time*

tenir *to hold*

terminer *to finish, end*

le terrain *ground*

la terre *earth; ground;* **par terre** *on the ground;* **à terre** *to the ground*

la tête *head;* **lever la tête** *to look up*

tiens! *here! look! I say!*

timide *shy*

tirer *to pull, draw, take out; to shoot, fire*

le toit *roof*

tomber *to fall;* **laisser tomber** *to drop*

avoir tort *to be wrong*

tôt *early, soon*

toujours *always, still; all the same;* **comme toujours** *as usual*

la tour *tower*

le tour *turn, tour;* **faire le tour** *to go round*

tourner *to turn*

tout *all; any*

tout de suite *at once*

tranquille *quiet*

trapu *thick-set*

le travail (pl. **travaux**) *work*

travailler *to work*

à travers *through, across*

la traversée *crossing, voyage*

traverser *to cross, pass through*

très *very*

triste *sad*

se tromper *to be mistaken, make a mistake*

trop *too much (many)*

le trou *hole*

troué *in holes*

trouver *to find;* **se trouver** *to be (found)*

tuer *to kill*

usé *worn, threadbare*

une usine *factory*

la vache *cow*

le vagabond *tramp*

la vague *wave*

vendre *to sell*

venir *to come;* **venir de (faire)** *to have just (done)*

le vent *wind*

le verre *glass*

vers *towards*

à verse *in torrents*

verser *to pour*

vert *green*

le vêtement *garment;* **les vêtements** *clothes*

la viande *meat*

vide *empty*

la vie *life;* **gagner sa vie** *to earn one's living*

vieille (f. of **vieux**) *old*

vieux *old*

la vigne *vine, small vineyard*

le vigneron *vine-grower*

le vignoble *vineyard*

le vin *wine*

la ville *town*

le visage *face*

la visite *visit;* **faire, rendre visite à** *to call upon, pay a visit to*

visiter *to visit; to inspect*

vite *quickly*

la vitesse *speed*

la vitrine *shop-window*

voici *here is*

voilà *there (here) is (are);* **me voilà!** *here I am!*

la voile *sail*

voilé *veiled*

voir *to see*

le voisin (f. **la voisine**) *neighbour*
voisin *neighbouring*
le voisinage *neighbourhood*
la voiture *carriage, vehicle, car*
la voix *voice*
voler (1) *to fly;* (2) *to steal*
le volet *shutter*
le voleur *thief, robber*
vouloir *to wish, want;* **vouloir dire**
  to mean

le voyage *journey, travel*
voyager *to travel*
le voyageur (f. **la voyageuse**)
  traveller
vrai *true, right*
vraiment *really, indeed*

les yeux (pl. of **l'œil**, m.) *eyes;* **lever**
  les yeux *to look up*

English–French vocabulary

Irregular verbs are indicated by an asterisk.

able, to be pouvoir*
about (= *approximately*) environ;
  (= *time*) vers; (= *about to*) sur le
  point de
abroad à l'étranger
to accept accepter
accident un accident
to accompany accompagner
across à travers
address une adresse
to advance s'avancer
adventure une aventure
to advise conseiller
Africa l'Afrique (f.)
afraid, to be avoir* peur
after(wards) après
afternoon un(e) après-midi
again encore, de nouveau
ago; (a month) ago il y a (un mois)
alarmed, worried (to be) s'inquiéter
all (sing.) tout, toute; (pl.) tous
  toutes; *not at all* pas du tout
to allow permettre,* laisser
alone (tout) seul
along le long de
already déjà
also aussi
although bien que (*or* quoique) +
  subj.
always toujours
among parmi

to amuse amuser
angry fâché; *get angry* se fâcher
animal un animal (pl. des
  animaux); la bête
another un(e) autre
answer la réponse
to answer répondre
anything quelque chose; *not
  anything* ne . . . rien
to appear paraître,* apparaître*
apple la pomme; *apple-tree* le
  pommier
to approach s'approcher (de)
arm-chair la fauteuil
arrival une arrivée
to arrive arriver
as comme; *as far as* jusqu'à
to ask (for) demander; (= *to request*)
  prier (*to* = de)
asleep endormi
astonished étonné
astonishment l'étonnement (m.)
attack attaquer
to attend (= *to be present*), assister (à)
aunt la tante
autumn l'automne (m.)
avoid éviter

back le dos
bad mauvais
bag le sac

balcony le balcon
ball la balle
bank la bord, la rive
to bark aboyer
barn la grange
basket (*small*) la corbeille; (*large*) le panier
to bathe se baigner
beach la plage
to beat battre*
beautiful beau (f. belle)
because parce que
to become devenir
bed le lit; *to go to bed* se coucher
bedroom la chambre (à coucher)
beef le bœuf
before (*time*) avant; *before* (*doing*) avant de (faire)
to begin (*to*) commencer (à), se mettre (à)*
behind derrière
to belong appartenir*
below en bas
to bend down se baisser, se pencher
beside à côté de, auprès de
besides d'ailleurs
best (adj.) meilleur; (adv.) mieux
better (adj.) meilleur; (adv.) mieux
between entre
bicycle la bicyclette, le vélo
big gros (f. grosse), grand
bird un oiseau
black noir
blue bleu
boat le bateau
book le livre, le cahier (*exercise book*)
bordered (*with*) bordé (de)
to borrow emprunter
both tous (les) deux
to bother déranger
bottle la bouteille

bottom le fond, le derrière
box la boîte
boy le garçon, l'enfant
bray braire
bread le pain
bridge le pont
to bring (*a thing*) apporter; (*a person*) amener; *to bring back* rapporter, ramener
brook le ruisseau
brother le frère
brown brun
building le bâtiment
built bâti
to burn brûler
bus un autobus; *by bus* en autobus
bush le buisson
busy (*doing*) occupé à (faire)
but mais
butcher le boucher
butter le beurre
to buy acheter
by (= *near*) près de

cabbage le chou (pl. les choux)
café le café
cake le gâteau
to call appeler; *to call out* crier
calm calme
calmly tranquillement
captain le capitaine
car la voiture
card la carte; *to play cards* jouer aux cartes
care le soin
caretaker le (la) concierge
to carry porter; *to carry off* emporter
castle le château
cat le chat
to catch attraper; (*a train*) prendre*
to cease cesser (de)

certainly certainement
chair la chaise
charming charmant
to chat causer
chauffeur le chauffeur
cheese le fromage
chief le chef
child un(e) enfant
choose choisir
Christmas Noël
church une église
cinema le cinéma
city la ville
class la classe
classroom la (salle de) classe
clean propre (*after noun*)
clear clair
clerk un employé
cliff la falaise
to climb (= *to clamber up*) grimper
  sur (*or* dans); (= *to walk up*)
  gravir, monter
clock (big) une horloge, (*small*) la
  pendule
close près (de); *quite close* tout près
to close fermer
clothes les vêtements (m.)
cloud le nuage
cloudless sans nuage
coast la côte
coat (woman's) le manteau
coffee le café
coin la pièce
cold froid; *to be cold (person)* avoir*
  froid
to collect collectionner
to come venir*; *to come back*
revenir*; *to come down* descendre;
  to come home revenir* (rentrer) à
  la maison; *to come in* entrer; *to
  come out* sortir*; *to come up*

monter; *to come up to* s'approcher
  (de)
comfortable confortable
compartment le compartiment
corn le blé
corner le coin
to cost coûter
cottage la petite maison, la
  chaumière
to count compter
country le pays; (= *countryside*) la
  campagne; *in(to) the country* à la
  campagne
courage le courage
of course bien entendu,
  naturellement
cousin le cousin, la cousine
covered with couvert de
cow la vache
to cross (= *go across*) traverser
crowd la foule
to cry pleurer; (= *to exclaim*) crier,
  s'écrier
cup la tasse
cupboard le placard
to cure guérir
customs-officer (-man) le douanier
to cut couper
to cycle aller* à bicyclette

dance le bal (pl. les bals)
danger le danger
to dare oser
to dash s'élancer
day le jour, la journée; *(the) next
  day* le lendemain
dead mort
dear cher (f. chère)
death la mort
to decide (to) décider (de)
deeply profondément

to depart partir
departure le départ
to desire désirer
desk le bureau; *(school)* le pupitre
dictionary le dictionnaire
to die mourir*
difficult difficile
to dine dîner
dinner le dîner
disagreeable désagréable
to disappear disparaître*
to discover découvrir*
to disembark débarquer
to dismount descendre
distance la distance; *in the distance*
  au loin
to disturb déranger
to do faire*
doctor le médecin; *(title)* docteur
dog le chien
donkey un âne
door la porte; *(carriage)* la portière
down, to go descendre
downstairs en bas
dozen la douzaine
to draw tirer
drawer le tiroir
drawing le dessin
dress la robe
to dress s'habiller; *dressed in* habillé
  de
to drink boire*
to drive conduire*
to drop laisser tomber
during pendant

each (adj.) chaque; *each (one)*
  chacun(e)
ear une oreille
early de bonne heure, tôt; *earlier*
  plus tôt; *so early* si tôt

to earn gagner
Easter Pâques
easy facile
employee l'employé (f. employée)
end (= *finish*) la fin; *(of a thing)*
  le bout
to enjoy jouir de; *to enjoy oneself*
  s'amuser
enormous énorme
enough assez (de)
to enter entrer
to escape s'échapper
especially surtout
estate la propriété
even même
evening le soir, la soirée
ever jamais
every chaque; *every day* tous les
  jours
everybody tout le monde
everything tout
everywhere partout
evidently évidemment
examination un examen
excellent excellent
except sauf
to exclaim s'écrier
excursion une excursion
exit la sortie
to explain expliquer
to expose exposer
eye un œil (pl. des yeux)

face le visage, la figure
fair (of persons) blond
fair la foire
fairly assez
to fall tomber
family la famille
far loin; *as far as* jusqu'à
farm la ferme; *farmyard* la cour

(de ferme)
farmer le fermier
farthing le sou
fast vite
father le père
to fear avoir* peur (de), craindre*
ferocious féroce
to fetch (or go and fetch) aller
  chercher
a few quelques
field le champ
to fight se battre
film le film
finally enfin
to find trouver
fine beau (f. belle)
finger le doigt
to finish finir, terminer
fire le feu
first premier (f. première); *first(ly)*
  d'abord
fish le poisson
to fish pêcher
fisherman le pêcheur
fishing-boat le bateau de pêche
flower la fleur
to fly voler; *to fly away* s'envoler
foggy, it is il fait du brouillard
to fold plier
to follow suivre*
fond; to be (very) fond of aimer
  beaucoup
foot le pied; *on foot* à pied
football le football; *to play football*
  jouer au football
footstep le pas
for (conj.) car; (prep.) pour;
  (= *during*) pendant
to forbid défendre
to forget (to) oublier (de)
formerly autrefois

fortnight quinze jours; une
  quinzaine (de jours)
fortune la fortune; *to make one's
  fortune* faire fortune
franc le franc
to freeze geler; *it freezes* il gèle
friend un(e) ami(e)
to frighten effrayer, faire* peur
in front of devant
fruit le fruit
full plein
funny drôle, amusant
furniture les meubles (m.)

gaily gaiement
garage le garage
garden le jardin
gardener le jardinier
gate la barrière
to gather cueillir*
gay gai
generally généralement
gentleman le monsieur
to get chercher; *to go and get* aller*
  chercher; *to get up* se lever; *to get
  in (a conveyance)* monter; *to get out
  (of a conveyance)* descendre
girl la jeune fille
to give donner; *to give back* rendre
glad content
glass le verre
glove le gant
to go aller*; (= *to start off*) partir*; *to
  go away (off)* s'en aller*, partir*; *to
  go back* retourner; *to go back into*
  rentrer (dans); *to go down*
  descendre; *to go in* entrer; *to go on*
  (= *continue*) continuer; *to go out*
  sortir*; *to go through* traverser; *to
  go up* monter; *to go up to*
  s'approcher (de)

gold l'or (m.)
good bon
good-bye au revoir; *to say good-bye* faire* ses adieux
grandfather le grand-père
grandmother la grand-mère
grass l'herbe (f.)
green vert
grey gris
grocer's (shop) l'épicerie (f.), chez l'épicier
ground la terre
group le groupe
gun le fusil

hair les cheveux (m.)
half la moitié; *half an hour* une demi-heure
hall l'entrée (f.)
ham le jambon
hand la main; *in one's hand* à la main
handbag le sac à main
handkerchief le mouchoir
handsome beau (f. belle)
to happen arriver, se passer
happy heureux
harbour le port
hard dur; *to work hard* travailler ferme (dur)
hardly à peine, ne . . . guère
hat le chapeau
to have avoir*
head la tête
headmaster le directeur
health la santé
to hear entendre
heavy lourd
hedge la haie
to help aider; *help!* au secours!
here ici; *here is (are)* voici

to hesitate (to) hésiter (à)
to hide cacher
high haut
hill la colline
hire louer
history l'histoire (f.)
to hit frapper
to hold tenir*
hole le trou
holidays les vacances (f.)
at home à la maison, chez moi (nous, etc.); *to come home* rentrer, revenir* à la maison; *to go home* rentrer
homework les devoirs (m.)
honest honnête
to hope espérer
horse le cheval
hot chaud
hotel un hôtel
hour une heure; *half an hour* une demi-heure
house la maison
however cependant
huge vaste
hundred cent; *hundred-franc note* le billet de cent francs
hungry, to be avoir* faim
hunter le chasseur
to hurry se hâter, se dépêcher (*to* = de); *to be in a hurry* être* pressé
hurt faire* mal (à), blesser
husband le mari

idea une idée
if si
immediately immédiatement
impossible impossible
in dans (*future*), en (*duration*)
inhabitant un habitant
ink l'encre (m.)

inn une auberge
innkeeper un aubergiste
in spite of malgré
instant un instant
instead of au lieu de
intelligent intelligent
interesting intéressant
to invite inviter (*to* = à)
isolated isolé

journey le voyage
to jump sauter
just; I have just (done) je viens de
(faire); *I had just (done)* je venais
de (faire); *just as* au moment (à
l'instant) où

to keep garder; (*shop*), tenir*
key la clef
to kill tuer
kilometre le kilomètre
kind bon; aimable
king le roi
kiosk le kiosque
kitchen la cuisine
knapsack le sac
knife le couteau, le canif
(*pocket-knife*)
to knock frapper; *to knock down*
renverser
to know savoir*; (*acquaintance or
place*) connaître*

lady la dame
lake le lac
lamp la lampe
land la terre; *on land* sur terre
lane le petit chemin
language la langue
large grand
last dernier (f. dernière); *last night*
(= *evening*) hier soir; *at last* enfin

late tard; *later* plus tard; *late* (= *after
time*) en retard
latter, the celui-ci (celle-ci)
to laugh rire*
lawn la pelouse
lazy paresseux
to lead mener, conduire*
to leap bondir
to learn apprendre*
to leave laisser; (*a place*) quitter;
(= *to start off*) partir*
left gauche; *to (on) the left* à gauche
leg la jambe
to lend prêter
less moins (de)
lesson la leçon
to let laisser
letter la lettre; (*-box*) la boîte aux
lettres
library la bibliothèque
life la vie
light la lumière
light léger; (*of colour*) clair
to light allumer; *light up* éclairer
to like aimer
like comme; *what is he like?*
comment est-il?; *to be like*
ressembler (à)
to listen to écouter
little (adj.) petit; (adv.) peu (de); *a
little* un peu (de)
to live (*in or at*) habiter
to lock fermer à clef
London Londres
lonely solitaire
long long (f. longue); (= *a long
time*) longtemps; *no longer*
ne . . . plus
to look (at) regarder; *to look for*
chercher; *to look round* se
retourner; *to look* (= *to seem,*

appear) avoir* l'air
to lose perdre
a lot of beaucoup de
lounge le salon
to love aimer
luck la chance
luggage les bagages (m.)
lunch le déjeuner; *to lunch, have lunch* déjeuner

madam madame
magazine le magazine, la revue
maid la bonne
mail le courrier
main road la route
to make faire*; *to make for (towards)* se diriger vers
man un homme
manager le directeur
mantelpiece la cheminée
many beaucoup (de); *so many* tant (de); *as many* autant (de); *too many* trop de
mare la jument
market le marché
marry épouser
master le professeur, le maître
match une allumette
matter; what is the matter? qu'y a-t-il?; *what is the matter with you?* qu'avez-vous?
meadow le pré, la prairie
meal le repas
meat la viande
to meet rencontrer
merchant le marchand
metre le mètre
midday midi
middle le milieu
midnight minuit
mile le mille

mine le mien (la mienne)
minute la minute
mirror la glace
to miss manquer
mistaken, to be se tromper
mistress la maîtresse
moment un instant
money l'argent (m.)
month le mois
moon la lune
more plus (de); *no more (not any more)* ne . . . plus
morning le matin; *good morning* bonjour; *(the) next morning* le lendemain matin
most (of) la plupart (de)
mother la mère
motionless immobile
mount monter
mouth la bouche
to move bouger
much, very much beaucoup (de); *so much* tant (de); *as much* autant (de); *too much* trop (de)
mushroom le champignon
music la musique
myself moi-même

name le nom
narrow étroit
naughty méchant
near près de
nearly presque
necessary, it is . . . to (do) il faut (faire)
neck le cou
to need avoir* besoin (de)
neighbouring voisin
neither . . . nor ni . . . ni . . . (= ne *with verb*)
never ne . . . jamais

new nouveau (f. nouvelle);
(= *brand new*) neuf (f. neuve)
newcomer le nouveau venu
newspaper le journal (pl. les
journaux)
next prochain; *(the) next day* le
lendemain; *(the) next morning* le
lendemain matin; *next to* à côté
de
nice aimable, gentil (f. gentille),
beau (f. belle)
night la nuit; *last night* hier soir;
good night bonsoir, bonne nuit
nobody personne (+ ne)
noise le bruit
noon midi
nose le nez
note le billet; *notebook* le carnet
to notice (a thing) remarquer,
apercevoir* (*a fact*) s'apercevoir*
(de)
novel le roman
now maintenant
number le numéro (*specified*); le
nombre

to offer offrir
office le bureau
officer un officier
often souvent
O.K. d'accord
old vieux (f. vieille); (= *former*)
ancien
on sur
once une fois; *at once* tout de suite,
immédiatement, aussitôt; *all at
once* tout à coup
only ne . . . que, seulement
to open ouvrir*
open ouvert
opposite en face (de)

or ou
orchard le verger
to order commander
other autre
out (of) hors de; *to look out of*
regarder par
outside dehors
over sur; (= *over and above*) par-
dessus; *over there* là-bas
overcoat le pardessus
ox le bœuf
oyster une huître

page la page
pair la paire
pale pâle
paper le papier
to pardon pardonner
parent le parent
park le parc; *park-keeper* le gardien
to pass passer; *to pass through*
traverser
passenger le voyageur
passport le passeport
pathway le sentier
pavement le trottoir
to pay (for) payer
peasant le paysan
pen la plume
pencil le crayon
perhaps peut-être
permission la permission
person la personne
pheasant le faisan
to pick cueillir*; *to pick up* ramasser
picnic le pique-nique
piece le morceau
place le lieu, un endroit; (*seat*) la
place; *to take place* avoir* lieu
to place mettre, poser
plant la plante

plate une assiette
platform (railway) le quai
to play jouer
pleasant agréable
please s'il vous plaît
pleased content
plenty of beaucoup de
pocket la poche
policeman un agent (de police);
  police station le poste de police
polite poli; *politely* poliment
poor pauvre
port le port
porter le porteur
postman le facteur
post office le bureau de poste
possible possible
potato la pomme de terre
to prefer préférer, aimer mieux
to prepare préparer
present le cadeau
to pretend (to) faire* semblant (de)
to prevent empêcher
probably probablement
to promise promettre*
proud fier
to punish punir
pupil un(e) élève
to put mettre*; *to put on* mettre*

quarter le quart; *a quarter of an hour*
  un quart d'heure
quay le quai
question la question
quickly vite
quiet silencieux, tranquille
quietly (tout) doucement

rabbit le lapin
radio la radio
railway le chemin de fer
rain la pluie

to rain pleuvoir*
raincoat un imperméable
rarely rarement
rather assez
to reach arriver à
to read lire
ready prêt; *to get ready (to)* se
  préparer (à)
really vraiment
to receive recevoir*
to recognize reconnaître*
red rouge
to refuse refuser
region la région
to regret regretter
to relate raconter
to remain rester
to remember se souvenir (de); se
  rappeler
to reply répondre
to resemble ressembler (à)
to rest se reposer
restaurant le restaurant
to return retourner
return le retour
revolver le revolver
rich riche
right droit; *on (to) the right* à droite;
  to be right avoir raison
to ring sonner
river la rivière
road le chemin; (= *main road*) la
  route
roadway la chaussée
robber le voleur
rock le rocher
room la pièce; la salle;
  (= *bedroom*) la chambre; (= *space*)
  la place
round rond; (prep.) autour de; *to
  look round* se retourner

to run courir*; *(away)* se sauver;
  (out) sortir en courant

same même
sand le sable
save sauver
to say dire*
school une école; *(secondary)* le
  lycée, le collège
schoolboy un écolier; *(secondary)* un
  lycéen, collégien
sea la mer; *seaside* le bord de la mer
to search chercher
seat le banc, le siège; *(in theatre,
  train, etc.)* la place
to see voir
to seem sembler
to seize saisir
to sell vendre
to send envoyer*; *to send back*
  renvoyer*; *to send for* envoyer
  chercher
serious grave, sérieux
servant le (la) domestique
set (radio, TV) le poste de radio, le
  poste de télé(vision)
to set off partir*
settee le canapé
several plusieurs
shade l'ombre (f)
to shine briller
ship le navire
shoe le soulier, la chaussure
shoemaker le cordonnier
shop le magasin; *(small)* la boutique
shop assistant le vendeur, la
  vendeuse; *shopkeeper* le
  marchand, la marchande
shot le coup
shoulder une épaule
to shout crier

to show montrer
side le côté
since depuis
to sing chanter
sister la sœur
to sit down s'asseoir*
sitting assis
situated situé
sky le ciel
to sleep dormir*; *to go to sleep*
  s'endormir*
to slip glisser
slow lent; *slowly* lentement
to smile sourire*
smoke la fumée
to snatch arracher
snow la neige; *to snow* neiger
so si; *(= therefore)* donc
softly doucement
soldier le soldat
some du, etc., quelques *(a few)*
somebody quelqu'un
something quelque chose
sometimes quelquefois
son le fils
song la chanson
soon bientôt; *as soon as* dès que,
  aussitôt que
sorry, to be regretter, être* fâché
sound le bruit
to speak parler
spectacles les lunettes (f.)
to spend (time) passer
spring le printemps
square la place
stable une écurie
stairs l'escalier (m)
stamp le timbre (-poste)
to stamp (a ticket) composter
to stand se tenir*; *to stand up* se
  lever

to start commencer; (= *to set out*) partir*

station la gare, la station (Métro)

to stay rester, demeurer

to steal voler

step le pas

stick le bâton; (*walking-stick*) la canne

still encore, toujours

stone la pierre

to stop s'arrêter; (*cease*) cesser

street la rue

to strike frapper

suburb le faubourg, la banlieue

to succeed (in doing) réussir (à faire)

suddenly soudain, tout à coup

sugar le sucre

suitcase la valise

sun le soleil

sure sûr

surrounded by entouré de

to swim nager

table la table

to take prendre*; (*a person*) mener, conduire*; *to take* (= *to carry*) porter; *to take off* ôter, enlever

to talk parler; (= *to chat*) causer

tall grand

taxi le taxi

tea le thé

to tell dire; (= *relate*) raconter

tennis, to play jouer au tennis

to thank (for) remercier (de)

theatre le théâtre

then alors; (= *next*) puis; (= *afterwards*) ensuite; (= *therefore*) donc

there y; là

thief le voleur

thin maigre

thing la chose

to think croire*, penser

thirsty, to be avoir* soif

to throw jeter

ticket le billet

to tie attacher

time le temps; *a long time* longtemps; *from time to time* de temps en temps; *at the same time* en même temps; *in time* à temps; (*as in* once, twice, *etc.*) la fois

tired fatigué

to (in order to) pour

tobacco le tabac

today aujourd'hui

together ensemble

tomorrow demain

top le sommet, le haut

towards vers

town une ville; *to go to (into) town* aller en ville

traffic la circulation

train le train

to travel voyager; (*vehicles*) filer, rouler

traveller le voyageur

trolley le chariot (à bagages)

true vrai; *truly* vraiment

trunk la malle

to try (to) essayer (de)

to turn tourner; *to turn round* se retourner

umbrella le parapluie

uncle un oncle

under sous

to understand comprendre*

to undress se déshabiller

unfortunately malheureusement

uniform un uniforme

unpleasant désagréable

until (prep.) jusqu'à; (conj.)
  jusqu'à ce que (+ subj.)
upstairs en haut
to use se servir* de; employer
usually généralement; d'habitude
in vain en vain
valley la vallée
vegetable le légume
very très; *very much* beaucoup, bien
view la vue
village le village
visit la visite; *to visit* visiter; faire*
  visite à *(people)*
voice la voix
to wait (for) attendre
waiter le serveur
to wake up (se) réveiller
to walk marcher; *to go for a walk* se
  promener, faire* une
  promenade
walk la promenade
wall le mur
wallet le portefeuille
to want vouloir*, désirer
war la guerre
wardrobe une armoire
warm chaud; *to be warm (of persons)*
  avoir* chaud
to warm oneself se chauffer
to wash se laver
watch la montre
to watch regarder
water l'eau (f)
way le chemin, la route
weak faible
to wear porter
weather le temps
weather forecast la météo
week la semaine

well bien
what! comment!
wheat le blé
wheel la roue
when quand, lorsque
where où
whether si
to whistle siffler
white blanc (f. blanche)
whole tout(e)
why pourquoi
wife la femme
will you (do)? voulez-vous (faire)?
to win gagner
window la fenêtre
wine le vin
winter l'hiver (m)
to wish vouloir*, désirer
with avec
without sans
woman la femme
to wonder se demander
wonderful merveilleux
wood le bois
word le mot, *(spoken)* la parole
work le travail
to work travailler
to wound blesser
to write écrire*
wrong, to be avoir tort
yard la cour
year un an, une année; *a happy New
  Year!* bonne année!
yellow jaune
yesterday hier; *yesterday evening* hier
  soir
yet encore
young jeune
your votre